급진주의자를 위한 규칙
—— 현실적 급진주의자를 위한 실천적 입문서

급진주의자를 위한 규칙
− 현실적 급진주의자를 위한 실천적 입문서

사울 D. 알린스키 지음

박순성 · 박지우 옮김

Rules for Radicals: A Practical Primer for Realistic Radicals
Copyright ⓒ 1971 Saul David Alinsky

This translation is published by arrangement with Random House,
a division of Penguin Random House LLC
All rights reserved.

Korean Translation Copyright ⓒ 2016 by Arche Publishing House
This translation is published by arrangement with Random House,
a division of Penguin Random House LLC through Imprima Korea Agency

이 책의 한국어판 저작권은 Imprima Korea Agency를 통해 Random House,
a division of Penguin Random House LLC 와의 독점계약으로 도서출판 아르케에 있습니다.
저작권법에 의하여 한국 내에서 보호를 받는 저작물이므로 무단전재와 무단복제를 금합니다.

【일러두기】
1. 고유명사는 원음 그대로 써 주되, 괄호로 영어를 병기함.
2. 본문의 주는 장별로 1), 2), …로, 역자가 붙인 주의 경우는 *, **, … 〔역주〕로 표기함.

추 · 천 · 사

힘없는 사람들에게 희망을 심어준 알린스키

1

　내가 알린스키Saul Alinsky를 만난 것은 1966년 여름이었다. 7월 하순에 미국 LA근처의 한 연수원에서 미국의 주민조직가들 30명과 같이 2주간의 특별훈련을 받은 것이다. 우리는 전원 합숙을 했고 알린스키의 강의와 토론은 매일 점심 후에 시작해서 밤늦게까지 진행되었다. 그 대신 오전은 자유시간이었다.

　당시 나는 미국 Yale대학교 신과대학을 졸업하고 귀국할 일만 남았었는데 미국 장로교회의 사회선교부장이었던 조지 토드George Todd 목사가 여름방학 프로그램을 기획해 주었다. 그 덕분에 버스를 타고 미국 주요 도시들을 돌면서 각 지역의 흑인운동 현장을 체험할 수 있었다. 그 두 달의 여행 끝에서 알린스키의 연수 프로그램에 참가하게 되었다.

2주간의 강행군 연수과정에서 알린스키의 도전은 참신했고, 그때까지 한국기독학생운동을 통해서 경험한 나의 지혜와 방법을 바꾸기에 충분했다. 나는 귀국 후 다시 기독학생운동으로 복귀하여 기독학생운동 단체들의 통합과정에서 한국학생사회개발단(학사단)을 결성할 것을 제안했다. 그리고 1967년에 출범한 학사단 운동에 사회문제에 대한 알린스키의 접근방법을 풀어 넣었다. 훈련받은 학생들은 두세 명으로 팀을 구성하여 서민들의 수많은 삶의 현장에 투입되었고 신분을 밝히지 않은 채 현장의 목소리와 울음소리를 수록하였다. 현장의 상황을 정확하게 파악한 후, 선동하지 않고 차분하게 그들을 조직하는 것이 목적이었다. 이렇게 접근한 수많은 현장 가운데 하나가 1970년 전태일 분신자살 사건이었다. 이 비극적인 사건은 노동자들의 운동을 활성화시키는 기폭제가 되었다. 기독학생운동이 노동운동과 손을 잡고 1970년대의 '민주화운동'을 시작하게 된 것이다.

2

　　알린스키는 1909년, 시카고 남부 빈민촌의 유대인 가정에서 태어났다.
　　아버지는 재혼이었고 가난했기 때문에 부모들은 집에서 운영하는 가게와 성당 주변의 세계에 묻혀있었다. 그런 환경 탓이었는지 알린스키는 어려서부터 반항아로 자랐다. 사사건건 비뚤어지게 대답하고 행동했다고 했다.
　　"물론 길을 가다가 잔디밭에 안 들어가는 것은 상식이었지만 '잔디밭에 들어가지 마시오'라는 팻말을 보면 들어가고 싶어져 들어가서 걸어 나갔었다"고 고백한 적이 있다. 그가 살던 동네 옆에는 폴란드 사람들이 살고 있었는데 언제나 그쪽 아이들과 싸움이 잦았다고 했다. 그는 언제나 유대인 아이들의 골목대장 노릇을 했다.

18세 때 그의 부모는 이혼하고 아버지는 멀리 캘리포니아로 이사를 가버렸다. 그래서 알린스키는 시카고의 어머니와 캘리포니아의 아버지 사이를 왕래하면서 고등학교를 나왔고 대학입학 때에는 네 개의 고등학교에서 수업증명서를 제출해야 했다고 한다. 그는 시카고 대학에 입학하였고 고고학에 관심이 많았으나 사회학 강의도 많이 들었다. 대학교육을 받으면서 그는 학문세계와 학자들이 사람들의 삶의 현장과 많이 동떨어져 있는 것에 불만을 품기 시작했다. 가난이 무엇인지를 몸으로 살아온 그에게 대학 사회학이 접근하는 빈곤은 우스꽝스러운 수사들이었다. 그가 대학을 졸업할 때쯤 미국에는 대공황이 불어 닥쳤고 그가 전공하려던 고고학은 쓸모가 없게 되었다. 그때 그는 끼니를 굶으면서 하루하루를 살았다. 그래서 큰 식당을 돌면서 거짓말도 하고 속이기도 하면서 끼니를 채웠다. 이런 그의 행동이 알려져 같은 처지의 친구들이 몰려들었고, 알린스키는 그들을 지도해서 배를 채우게도 했다. 말년에 어느 잡지사와의 대담에서 이 대목의 이야기를 듣고 '그것은 범죄행위가 아닌가?'라고 묻자 알린스키는 '아니, 그것은 생존의 문제였다. 생존권은 재산증식의 권리보다 우선한다고 지금도 믿는다' 고 대답한 적이 있다. 그렇게 어려울 때에 뜻밖에도 시카고대학교 대학원의 전액장학금을 받게 된다. 과목은 범죄학. 이것을 계기로 그는 가난에서 구제를 받고 공부를 계속할 수 있게 된다. 그는 이왕 범죄학을 공부할 것이면 당시 전국에서 악명 높았던 시카고의 알 카포네Alphonso Capone 폭력단을 연구하기로 마음먹었다. 그러나 그는 학문적인 접근보다는 그들과 어울려 살면서 직접 체험해보아야 한다고 생각하고 여러 가지 방법을 동원해서 그 폭력단에 들어갔고 우두머리 급의 사람들과 살기 시작한다.

이 일은 알린스키의 삶의 자세와 사물에 대한 접근방법을 보여주는 한 에피소드이다. 그는 또 노동운동에도 큰 관심을 가졌다. 대학생활이 끝날 무렵 그는 친구들과 함께 일리노이 주 남부의 탄광노동 현장을 방문했다. 문자 그대로 굶주린 그들을 보고 그는 학생들을 선동하여 모금을 하고 식량을 가져다가 노동자들에게 주기도 했다. 알카포네 사건 이후 그는 당시의 과격 노동단체인 CIO Congress of Industrial Organizations에 큰 관심을 갖고 접근하여 마침내 그 단체를 지휘하던 존 루이스 John Lewis와도 친분관계를 두텁게 쌓았다. 그러나 그는 성격상 한 곳에 정착하는 것을 싫어했다. 노동자들의 고통과 그들의 신음소리를 듣고 분노로 접근했지만 그곳에 정착하고 싶지는 않았다.

알린스키가 심혈을 기울여 전적으로 주민조직을 한 것은 시카고 증권시장 뒤안길에 있는 구라파 이주민들의 달동네 Back of the Yard였다. 1939년의 일이다. 전국을 휩쓴 경제공황은 삽시간에 나라를 무정부 상태로 만들고 빈민촌은 문자 그대로 지옥이었다. 그는 여러 친구의 만류에도 증권시장 뒷골목 달동네에 들어가서 서로 다른 민족끼리 매일같이 싸우던 사람들을 조직해냈다. 대부분의 사람이 가난을 숙명으로 받아들이고 바닥에 처져 있을 때 알린스키는 그들에게 종교적 설교를 하지 않았다. 또 이론적인 설명이나 설득을 시도하지도 않았다. 대신에 절망에 빠져있는 사람들 옆에 앉아서 조용한 말로 '당신을 구할 사람은 당신뿐'이라고 격려했던 것이다. '자산은 돈이 아니라 사람'이라고. 사람들끼리 손을 잡게 되면 시청과 시장하고도 협상할 수 있다고 선동했다. 이렇게 해서 조직된 증권시장 뒷골목은 유명한 사례로 떠올랐고 폭동이 일어날 것을 걱정했던 시카고 시장도 그들과 대화하는 것을 주저하지 않았다.

이렇게 신선한 바람을 일으킨 알린스키의 방법에 감동을 받은 재산가

마샬 필드 III세Marshal Field III가 기금을 희사했으며, 알린스키는 곧 산업사회재단Industrial Area Foundation을 1940년에 시카고에 설립했다. 알린스키는 IAF를 통해서 지역사회 조직가들을 전문적으로 양성하는 한편 가난한 지역사회를 조직하는데 전념했다. 조직이란 힘없는 사람들의 힘을 키워주는 것, 자포자기해 버린 사람들에게 생기를 불어넣어 삶의 의욕을 선동하고 그들이 스스로 일어서서 걸을 수 있는 힘과 그에 대한 확신을 갖게 하는 것이다. 그들이 손을 잡고 일어나서 운동이 시작될 때 조직가는 그 바람을 타고 주인 행세를 해서는 안 된다고 알린스키는 강조했다. 훈련된 조직가는 선택한 현장에서 3년 이내에 운동을 일으켜야 하고 운동이 일어나면 그 곳을 떠나라고 그는 가르쳤다.

3

알린스키는 그의 말년에 많은 회상을 털어놨다. 그는 미국의 대공황으로 많은 사람이 하루아침에 절망의 늪에서 헤매게 되었을 때 그들을 조직적으로 도운 사람들은 공산주의자들이었다고 했다. 그는 또 그들과 많은 일을 같이 했다. 그러나 그가 그들을 떠난 것은 활동과정에서 그들이 교조주의자가 되어가는 것을 보았기 때문이다. 그는 어느 개인이나 집단도 우상화해서는 안 된다는 것, 어떤 선동이나 설명도 교조적인 교리가 될 수 없다는 것을 자신의 삶의 걸음과 운동을 일으키면서 자신과 동료들이 받는 유혹을 통해서 터득하고 그것을 지켜냈다. 그는 가난을 설명하기 위해서 형이상학적 논리를 동원하고 종교적 수사를 말하는 당대의 지식인들을 무책임한 자유주의자라고 비웃었다. 그 대신 가난한 사람들의 손을 잡고 '세상에 믿을 사람은 당신 자신뿐'이라고 부추기고 그 선동에 책임을 지는 일 이야말로 사회개혁의 근간이며 급진주의라고 그는 갈파했다. 사회개혁을 선동한 그의 급진주의는 공산주의라고 사방에서 비난을 받았었다. 이런 누명을 쓰고도 그는 1950년대의 메카시즘의 광란에서 살아남았다. 알린스키의 말년에 그와의 대담을 열두 번이나 연재한 잡지 《플레이보이》*Playboy*는 "알린스키야말로 미국이 낳은 가장 위대한 비사회주의 좌파 지도자의 한 사람"이라고 했다.

    1960년대에 들어오면서 그는 이미 IAF를 통해서 훈련된 조직가들을 많이 갖게 되었고 그들의 빈민조직 활동은 미국사회에서 신화를 만들어 갔다. 경제적으로 가난한 사람들뿐 아니라 인종적 차별, 문화적 차별, 사회적 천대, 종교적 멸시를 받아 바닥에 처져있는 사람들에게 알린스키는 신화적인 존재였다. 그러나 그는 신화적 상징으로 추앙받는 것을 거부했다. 이번에는 미국사회의 중산층에 주목하기 시작했다. 1960년대에 7천만에 가까운 중산층과 침묵하는 대중들은 정치권력의 횡포, 기업들의 몰상식한 이윤추구와 환경오염 그리고 군부의 독선적 행태에 대해서 무관심했다. 1930~40년대에 무산대중을 선동하던 나치조직과 맞서고 1950년대에는 '메카시즘의 홀로코스트'에 대항해서 살아남은 알린스키는 1960년대에 들어와서 침묵하는 중산층을 조직해야 한다고 선동했다. 그는 결코 체제 밖에서 체제를 전복하려고 하지 않았다. 그는 체제 안에서 사회규범과 법질서 안에서 사람들이 자각하고 행동하는 것이 사회개혁이며 개혁을 유지할 수 있는 사회적 자산이 양성되어야만 혁명이 가능하다고 믿었다. 그는 사회운동가들이 입버릇처럼 말하는 혁명을 낭만주의라고 꼬집었다. 또한 혁명적 변화를 이른바 보수주의자들이 아닌 진보주의자들만이 할 수 있다는 발상도 비판했다. 무관심했던 사람들이 자각하고 또 할 수 있다는 의욕을 갖고, 사회변혁운동을 위한 끈질긴 지구력을 양성해서 참여하고 행동하는 것이 혁명의 시작이라고 그는 믿었다. 사회적 행동의 급진주의는 보수와 진보로 구분되는 것은 아니다. 많은 경우에 보수주의자들은 자기들이 믿는 것을 실천하는 데 더 철저하고 진보주의자들은 행동보다는 생각하고 논쟁하는 데 더 많은 시간을 보낸다.

 급진주의야말로 사물을 있는 그대로 판단할 수 있는 능력을 갖는 것이다. 또 행동이란 주어진 시간과 상황 안에서 시작해야지 절대로 낭만적인 기대나 이상적인 그림을 그리고 시작해서는 안 된다. 그래서 그는 주어진 체제와 조건 안에서 사회활동 조직을 시작해야 한다고 역설했다. 1960년대 후반 미국은 월남전에 깊이 파묻혀 있었고 기업들은 UN의 후진국개발연대Development Decade를 등에 업고 세계 각지로 진출하고 있었다. 알린스키는 월남사람들에게 '전쟁을 일으킨 것이 잘못이었다' 고 사과할 용기가 없는 미국의 위상을 보았다. 그리고 다국적기업으로 변장한 미국기업들이 세계 각처에서 까발린 탐욕작전을 꿰뚫어 보았다. 더 안타까웠던 것은 이런 모국의 행태 앞에서 인구의 40%가 넘는 중산층의 무관심이었다. 그래서 그는 중산층을 조직하자고 선동했다. 중산층이 깨어나지 않으면 나라와 사회는 군부와 재벌들의 놀음에 놀아날 것이다. 사람들이 현상에 대한 불만을 말하게 하고, 지금 전개되는 것이 건국이념에 위배된다는 것을 느끼게 하고 그리고 이대로는 다음 세대를 위한 희망도 없다는 것을 알게 하면 그들을 조직할 수 있다고 말했다. 그들이 사회를 변혁하는 데 앞장서지는 않아도 행동하는 사람들을 가로막지만 않는다면 변혁은 시작되는 것이다. 이렇게 해서 사회개혁의 기반이 형성되고, 그런 기반이 있어야만 사회의 혁명적 변혁이 가능한 것이다. 사회개혁 기반이 없는 혁명은 충돌을 자초할 뿐이라고 그는 거듭 강조했다. 이런 갈급한 마음으로 그는 당시 방향을 잃은 젊은이들을 선동했고 그 일환으로 이 책을 썼다. 그는 대부분의 시간을 선동하고 작전을 짜고 행동하는 데 썼고 저술하거나 기록하는 데 쓰지 않았다. 그의 행동하는 급진주의자들에 대한 애정은 오랜 역사를 가졌다. 1946년에 이미 그는 《급진주의자여 일어나라》Reveille for Radicals는 첫 번째 단행본을 냈었다. 그로부터 25년 후에 씌어진 이 책은 행동하는 사람들의 지침서일 뿐만 아니라 전후 4반세기 동안에 미국사회를 휩쓸던 자유주의의 논객들, 종교적·사회적 진보주의자들에 대한 도전적 비판으로 가득 차 있다. 아쉽게도 알린스키는 이 책이 출판된 다음해인 1972년에 유명을 달리했다. 1966년, 내가 연수를 받을 때 그는 자주 "너희가 정말 행동하는 사람으로 살려면 자기 침대에서 죽을 생각은 말아라"고 했었다. 이 교훈은 자신의 마지막을 거두는 예언이 되었다. 그는 길을 걸어가다가 쓰러졌고, 그것이 그의 마지막이었다.

4

알린스키가 우리 곁을 떠난 지 35년이 지났다. 그러나 그의 신화는 아직도 계속되고 있다. 그가 만든 산업사회재단IAF은 시카고 외에 57개 지부를 가지고 있고 미국 21개 주와 캐나다, 영국, 독일까지 뻗쳐 있다. 최근 미국 민주당의 2008년 대통령 후보인 힐러리 클린턴Hillary Clinton과 바락 오바마Barak Hussein Obama 두 사람 모두 알린스키의 영향을 받았다고 하여 화제가 되기도 했다.

그가 몸과 마음을 바쳐서 우리에게 남긴 교훈은 오늘날의 시민운동과 사회운동에 관계하는 모든 사람들에게 생생한 도전과 구체적인 매뉴얼로 살아서 이어질 것이다. 그는 고정관념과 교조주의를 아주 싫어했다. 우리 생활에는 여러 가지로 다른 차원의 규범과 지침들이나 선택적 도구들이 있다. 가령 종교·도덕·원칙·정책·전략·전술 같은 것이 그 좋은 예이다. 사람들이 행동 현장에서는 전략적인 생각과 전술적인 선택을 하게 마련인데 그런 행동을 설명할 때에는 정책과 원칙을 깔아야 한다. 또 반론이 심해지면 도덕과 종교의 우산을 씌워야 한다. 일반적으로 정책·전략·전술 등은 정부 차원의 행동지침이고 이 차원의 잘못은 얼마든지 발생하기 마련이어서 원칙·도덕·종교 앞에서 겸손하게 잘못을 인정해야 한다. 그런데 실제로 행동물결은 그 반대로 흐른다. 전략적이고 전술적인 선택을 도덕적·종교적으로 포장 해버리면 사회적 대화는 깨지고 양극화로 달리게 된다. 전술적 선택은 수단이다. 행동목표를 달성하기 위한 수단의 선택은 유연하고 상대적일 수밖에 없다. 그런데 수단의 유연성을 인정하지 않으면서 도덕적 포장을 하면 목표는 고정되고 교조적인 언설로만 설명할 수밖에 없다. 사회행동의 이런 딜레마를 알린스키는 과감하게 정리·분석하고 행동주체는 언제나 겸손해야 한다고 권고한다. 도덕과 종교는 관용과 화해를 가르치고 차이와 특성을 인정해 서로 더불어 살아가는 비전을 내보이면서도 사회 갈등의 바닥에는 바로 그 도덕과 종교가 원인으로 드러난다. 이런 논리적 모순과 충돌에는 전략과 전술 차원의 잘못을 인정하지 않으려는 사람들의 교만이 가로 놓여 있기 때문이다.

또 하나의 교훈은 종교와 전략 사이에서 생기는 상대 또는 적에 대한 자세이다. 종교적 차원에서 보면 사람은 다 엇비슷하다. 나빠 봐야 51% 정도일 것이다. 반대로 좋아봐야 역시 51% 정도가 아닐까. 그런데 전략적 차원에서 상대와 싸움이 벌어졌을 때는 상대가 100% 나쁘고 내가 100% 좋아야 이기는 것이다. 이것을 종교화하고 신념화해야만 전투를 할 수 있다. 그러나 전략적 상황이 끝나고 여러 가치와 기준들이 제자리를 잡아야 하는 때에도 자신의 전투행위를 설명할 때는 여전히 전략에 사로잡힌 종교를 내세워야 하는 것이 관행이다. 여기에 알린스키가 말하는 혁명적인 사고와 자세 변화가 요구되는 대목이 있다. 100% 나빴던 사람을 51%로 복원시키기 위해서는 자신을 지배했던 이념 체계에서 탈출할 수 있는 용기가 있어야 한다. 합리적 대응보다는 급진주의적 처방을 받아들일 수 있는 내재적 힘이 있어야 하는 것이다.

그는 종교적 용어나 설명을 최대한 피했지만 그럴수록 그의 인간 본성에 대한 통찰은 종교적이다. 이 책의 2장에서도 다루지만 수단과 목적의 역동관계 설정에서 사람의 개인적 이해관계가 얼마나 큰 비중을 차지하고 있는지를 지적하고 있다. 그가 갈파하는 수단과 목적에 대한 열한 가지 강론은 이 책의 주목할 만한 꼭지 중 하나다.

무엇이 사람을 움직이게 하는가. 노여움은 순발력을 동원하는 자극제다. 그러나 그것은 2~3년 밖에 가지 못한다. 이타심에 넘치는 분노도 사람을 움직인다. 그러나 그것도 부정적 힘이기 때문에 4~5년 안에 소진된다. 학문적이고 이성적으로 다다른 결론과 거기에 근거한 결단은 긍정적인 힘이어서 사람의 끈기를 더 오래 지켜줄 것이다. 그러나 그것도 정치적 전망과 연결된 이념만은 못하다. 이념은 사람의 의지와 저력을 한 15년 정도는 지탱해 줄 것이다. 그보다 오래 행동의 생기를 연장하려면 종교에 기대는 수밖에 없다. 종교의 선동은 그 수명이 무엇보다도 길지만 반면에 사람을 교조주의라는 사슬로 묶어버린다. 이렇게 행동양식을 분석한 알린스키는 사람을 만나라고 선동한다. 사람을 만나서 서로 부대끼는 것만이 조직가를 제도적 종교에서 해방시킨다. 그리고 무관심의 늪으로 빠져 들어가던 사람이 의욕을 갖기 시작하면 그것이야말로 새로운 종교적 감동을 창출하는 것이다. 그는 반복해서 말한다. "나의 유일하고 확고한 진리는 사람에 대한 믿음이다." 그는 '사람들에게 자유롭게 행동할 수 있는 기회가 주어지고 자기들의 운명을 지배할 수 있는 힘이 생기면 올바른 결정을 만들어 낼 수 있다'고 믿었다. "알린스키야말로 미국의 민주주의를 민중의 힘으로 지탱하는 새로운 형태로 바꾸어 놓은 사람"이었다.

5

알린스키는 아시아와도 짧지만 깊은 인연을 가지고 있다. 1968년에 앞서 말한 미국장로교의 조지 타드 목사는 허버트 화이트Herbert White란 조직가를 그의 부인과 함께 한국에 보냈다. 화이트는 연세대학교의 도시문제연구소를 베이스로 하고 수도권선교협의회에 가담해서 서울 청계천의 빈민촌을 중심으로 조직가들을 훈련하기 시작했다. 화이트는 알린스키의 훈련을 받은 사람으로 미국 뉴욕 주의 로체스타Rochester에서 코닥Kodak을 상대로 한 주민조직을 성공시킨 조직가였다. 수도권선교협의회는 위원장 박형규 목사를 중심으로 화이트에게서 훈련받은 젊은 조직가들의 행동반경을 확대시켰다. 이 훈련계획은 2년간 계속되었고 15명에 가까운 사람들이 과정을 마쳤다. 이렇게 조직된 수도권 팀은 도시산업선교회 사람들과 연대하여 1970년대 한국 민주화운동의 근간을 만들어갔다.

화이트는 한국에서의 2년을 마치고 필리핀으로 갔다. 거기에서도 같은 방법으로 필리핀의 젊은이들을 훈련시켰다. 마닐라 시의 빈민촌 조토Zotto 에서 역시 주민과 지역사회조직을 진행했다. 이렇게 훈련된 사람들은 여러 모양의 조직을 만들어서 지방으로 퍼지고 여러 지역에서 주민조직을 실천 했다. 필리핀의 민주화 투쟁에서 '민중의 힘' people's power이란 말이 생겨 난 것은 이런 운동의 결과였다.

1970년 말 나는 아시아기독교협의회의 도시산업선교부CCA-URM 간사로 선임되어 일본 사무실에 부임했다. 1971년 초여름에 동 도시산업선교부위 원회는 알린스키를 아시아에 초청했다. 아시아에서 지역사회와 가난한 주 민조직에 대한 그의 선동과 영감을 얻기 위해서였다. 그는 일본에서 재일 교포들의 문제를 듣고 현장을 시찰했으며 서울에 와서는 주로 청계천 지역 을 방문하고 그동안의 훈련계획에 대한 보고를 받았다. 그리고 그는 싱가 포르를 경유해서 돌아갔다. 아주 짧은 방문이었지만 그가 지나간 후의 자 극은 컸다. 그해 가을에 아시아기독교협의회 도시산업선교부는 가톨릭교 회의 아시아 주교회의 인력개발부ABC-OHD와 공동으로 아시아민중조직위 원회Asia Committee of People's Organizations-ACPO를 결성했다. 개신교와 가톨릭 교회의 합동운동으로 시작한 ACPO는 아시아 각국에서 주민조직가들을 훈 련시켜서 지역사회를 조직하는 데 박차를 가해왔고 그 후 20년 동안 주민 조직가 양성에 헌신해 왔다.

1971년 초여름, 도쿄에서 재일동포들의 주거지를 방문하고 난 알린스 키는 그 후에 마련된 좌담회에서 또 한 번 그들을 격려하기 시작했다. "여 러분의 집에서 쥐를 다 잡아서 차에다 싣고 도쿄의 긴자銀座거리에 가서 다 풀어 놓으시오. 거리의 잘난 사람들이 놀라면 '뭐 그렇게들 놀라시오. 우리 는 이들과 같이 사는 데요.' 하시오"라고 했다.

사회의 개혁을 위해서는 행동할 수 있는 급진주의적 자세가 필요하고,

그 행동을 지속할 수 있는 사회적 인프라가 있어야 한다. 주어진 체제와 조건 안에서 바닥의 힘을 통해서 일상을 바꿔갈 수 있는 끈기와 교양이 필요한 것은 오늘날 우리가 당면한 도전이다. 종교를 전술적 도구로 상품화해서는 안 된다는 사회적 교양이 있어야 한다. 또 전술적 선택을 종교로 만드는 과대망상을 견제할 수 있는 겸손이 일상의 상식으로 자리잡아야 한다.

우리를 포함해서 아시아가 당면하고 있는 민주화와 경제개발 간의 균형잡기는 바로 이런 사회적 도전을 잘 감당해내야만 가능할 것이다. 토론을 모르는 주장, 바닥을 모르는 개혁논쟁, 적과 동지가 협력해야 하는 상상력이 없는 활동가들. 이런 문제들은 민주주의 발전의 제2단계를 앞에 둔 우리가 넘어서야 할 도전이다. 이런 때에 알린스키의 행동과 삶은 교훈으로 남을 것이다.

아주 긴장된 조직과의 대결현장에서도 유머를 잃지 않았던 그, 가장 흥분된 순간에도 언성을 높이지 않고 전술을 생각했던 그, 일이 성공해서 사람들이 흥분하면 슬며시 몸을 감춘 그, 알린스키. 그가 남긴 몸짓과 눈빛, 걸음과 손짓은 아시아의 민주사회를 세우고 지켜 가는 데 깊이, 또 오래 동행하리라고 믿는다.

아시아교육연구원 원장
오재식

차례

RULES
FOR
RADICALS

추천사 | 힘없는 사람들에게 희망을 실어준 알린스키 5

서문 21

지향 39

수단과 목적 65

단어들에 대해 93

조직가의 교육 113

의사소통 137

시작의 순간 159

전술 193

위임장 전술의 기원 239

가야 할 길 263

역자후기 282

서문

오늘날 혁명세력은 두 가지 목표, 즉 물질적 목표뿐만 아니라 정신적 목표도 가지고 있다. 혁명세력의 젊은 주역들은 어느 순간 이상주의적이었던 초기 기독교인들을 떠올리게 하지만, 그들은 폭력을 부추기며 "체제를 전복시켜 버리자!"라고 외치기도 한다. 그들은 현재의 지배체제에 대해서 어떤 환상도 가지지 않았지만, 이 세상을 변화시키는 방법과 관련해서는 환상에 가득 차 있다. 나는 바로 이 점에 맞추어 이 책을 썼다. 사실 절박한 마음으로 이 글을 썼다. 비록 이 이유가 전부는 아니지만, 나를 비롯한 우리 세대의 급진주의자들이 일생을 바쳐 했던 일에 의미를 부여하는 것은 바로 그들이 하고 있고 또한 앞으로 해나갈 일이기 때문이다.

이제는 그들이 선두에 서 있으며, 그들은 거의 백지 상태에서 시작해야만 했다. 우리 중에서 몇 명만이 1950년대 초반의 조 매카시Joe McCarthy 대학살로부터 살아남았으며, 또한 살아남은 이들 중에서도 겨우 몇 명만이 정통 마르크스주의의 변증법적 물질주의를 넘어서는 이해력과 통찰력을 지니고 있었다. 새로운 세대에게 경험과 통찰력의 횃불을 물려주었어야 했던 나의 동료 급진주의자들은 사라지고 말았다. 젊은이들이 자신들 주위의 사회를 바라보았을 때 모든 것은, 그들의 말을 빌리자면, "물질주의적이고 퇴폐적이었으며, 속물적 가치를 지향했고, 파산 상태에 놓여 있었으며 폭력적이었다." 그들이 우리까지도 모조리 부정한 것은 그다지 놀라운 일이 아니었다.

    오늘날의 세대는 그들의 삶과 세계로부터 의미를 발견하고자 각고의 노력을 기울이고 있다. 그들 대부분은 중산층 출신으로 자신들의 물질적 배경을 내던져 버렸다. 높은 임금을 받는 직업, 도시 근교의 집, 자동차, 컨트리클럽의 회원권, 일등석 여행, 사회적 지위, 안정성 등의 목표와 그들의 부모 세대에게는 성공을 의미했던 것들을 거부했다. 그들은 이미 그 모든 것을 가져 보았다. 그들은 그 모든 것이 안정제, 술, 장기간의 애정 없는 결혼 생활이나 이혼, 고혈압, 궤양, 좌절감으로 부모세대의 '좋은 인생'에 대한 환상이 깨어짐을 보았다. 그들은 우리의 정치지도자들이 거의 믿을 수 없을 만큼 어리석다는 사실을 확인하였다. 과거에 사람들은 시장에서부터 주지사, 대통령에 이르는 정치지도자들을 거의 외경에 가까운 존경심을 갖고 바라보았다. 그러나 오늘날 이들은 경멸의 시선을 받고 있을 뿐이다. 이러한 부정적인 관점은 이제 경찰에서부터 재판장, 나아가서는 '현 체제' 자체에 대해서까지 확장되었다. 우리는 오늘날 매일같이 사회의 가장 본질적인 위선과 모순을 그리고 우리의 정치·사회적 삶이 거의 모든 면에서 분명히 나타나고 있는 실패를 드러내 보여주는 대중매체의 세계에서 살고 있다. 젊은이들은 자신들의 '행동주의적' 참여민주주의가 그것의 안티테제인 허무주의적 공격과 살인으로 변하는 것을 보았다. 러시아와 중국의 혁명과 같은 과거의 정치적 만병통치약들은 서로 이름만 다를 뿐 비슷비슷한 낡은 것이 되어 버렸다. 자유의 추구는 어떠한 길이나 목적지도 가지지 못한 것처럼 보인다. 젊은이들은 감당하기 힘든 정보와 사실의 집중포화 속에 갇혀서 세계를 온통 광란에 가득 찬 곳으로 바라보게 되었다. 그 결과 그들은 인간이 태초부터 언제나 찾아 헤매어 온 삶의 방식, 어떤 의미나 가치가 있는 삶의 방식을 찾아서 미친 듯이 날뛰게 되었다. 삶의 방식은 어느 정도의 질서를 의미한다. 이 질서 속에서 사물들은 서로 일정한 관련성을 가지게 되고, 인생이 무엇을 위한 것인지에 대하여 적어도 몇 가지 단서를 제공할 수 있는 하나의 체계로 연결될 수 있게 된다. 인간은 언제나 어떠한 방향성을 갈망하면서, 그것을 찾기 위해 종교를 세우고, 정치철학 이론들을 발명하고, 뉴턴의 체계와 같은 과학적 체계들을 창조하거나 다양한 종류의 이데올로기를 발전시켰다. 이것이 바로 우리가 흔히 사용하는 진부한 표현인 '모든 것을 하나로 정리하는 것'—모든 가치와 요소들은 상대적이며, 유동적이고, 변화하고 있으며, 오직 상대적으로만 '모든 것을 하나로 정리하는 것'이 가능하다는 사실을 알고 있음에도 불구하고—이 의미하는 바이다. 구성 요소들은 회전하는 만화경 속의 변화하는 무늬들처럼 함께 움직이고 변화할 것이다.

과거에는 '세계'가 물리적 의미에서든 정신적 의미에서든 지금보다 훨씬 작고 단순했으며 또한 더 질서정연했다. 세계는 우리에게 믿음을 불러일으켰다. 오늘날은 모든 것이 이해할 수 없을 정도로 복잡해졌다. 다른 사람들이 복지 원조를 받기 위하여 줄지어 서 있거나 또는 자유의 이름으로 베트남에서 부패한 독재정권을 위하여 죽고 죽이고 있는 동안, 인간이 달 위를 걷는다는 것이 대체 어떠한 의미를 갖는다는 말인가? 오늘날은 인간이 숭고한 것을 손에 넣으면서도 동시에 광기의 진흙탕에 허리까지 빠져 있는 시대이다. 기성 질서는 많은 면에서 일부 극좌파와 마찬가지로 자기 파괴적이다. 차이가 있다면 기성사회는 극좌파가 결코 그렇게 될 수 없을 정도로 훨씬 더 파괴적이라는 것이다. 절망과 자포자기의 결과는 음울함이다. 죽음의 그림자가 이 나라를 떠다니고 있다.

오늘날의 신세대는 이 모든 것에 맞서서 이렇게 말한다. "나는 나의 가족과 그들의 친구들처럼 내 인생을 보내고 싶지 않아. 나는 무엇인가를 하고 싶어. 나는 창조하고, 나 자신이 되고, '내 일을 하고' 싶어. 살고 싶다고. 구세대는 이해하지 못해. 더우더 나쁜 것은 그들이 이해하고 싶어 하지도 않는다는 거지. 나는 컴퓨터에 입력되는 데이터 조각이나 공공여론조사의 통계자료, 혹은 신용카드를 가진 유권자 이상의 의미를 갖고 싶어." 신세대들의 눈에, 세상은 미쳐 돌아가고 산산이 부서지고 있다.

다른 한편에는 신세대만큼이나 혼란에 빠져 있는 구세대가 있다. 그들이 신세대만큼 목소리를 높이거나 각성되어 있지 않다면, 이는 아마도 그들이 지금보다 세상이 더 단순했던 과거의 기억 속으로 도피할 수 있기 때문일 것이다. 그들은 모든 것이 어쨌든 그럭저럭 해결되리라는 단순한 기대, 또한 시간이 흐르면서 젊은 세대가 '정신을 차리리라'는 단순한 기대를 바탕으로 여전히 예전의 가치들에 매달려 있을 수 있다. 세상을 있는 그대로 수용할 수 없는 구세대는 "너도 나이가 더 들면 이해할 거야"라는 그 분통 터지게 하는 어구로 신세대와의 모든 갈등에서 도망친다. 만일 한 젊은이가 "당신도 나이가 더 젊어진다면 이해하겠죠. 하지만 결코 그렇게 될 수 없으니까 당연히 절대 이해할 수도 없을 거예요"라고 반박한다면 그들이 어떤 반응을 보일지 궁금해지지 않을 수 없다. 이해하고자 하는 의지가 있다고 주장하는 일부 구세대 성원들은 말한다. "내 자식들이나 그 친구들하고 얘기할 때면 나는 그들에게 말하지. '이봐, 나는 네가 나에게 말하고자 하는 것을 중요하다고 인정하고 또 존중한단다. 너는 나를 고리타분하다며 '저는 그렇게 생각 안 하는데요' 혹은 '뭐 때문에 그러는지 모르겠다니까요' 혹은 '그게 대체 무슨 말인데요' 등과 같이 너희가 사용하는 말들을 내뱉지. 그래 좋아, 네가 하는 말을 다 들어줄 테니까, 한번 말해보렴. 네가 원하는 게 대체 뭐니? 네가 '나는 내 일을 하고 싶어요'라고 말하는 건 대체 무슨 뜻인데? 네 일이라는 건 또 대체 뭔데? 너는 네가 더 나은 세상을 원한다고 말하지. 대체 어떤 게 보다 나은 세상인데? 그리고 제발 평화와 사랑이 가득한 세상 따위의 말은 하지 마라. 사람은 결국 다 거기에서 거기야, 너도 나이가 더 들면 알게 되겠지만. 미안하다, 이런 말을 하려고 했던 건 아냐. 나는 정말 네가 하려는 말을 무엇이든 존중한단다. 그런데 너는 대체 왜 대답을 안 하는 건데? 네가 원하는 게 뭔지는 알고 있는 거냐? 네가 무슨 이야기를 하고 있는 건지는? 도대체 우리가 서로 의견을 모을 수 없는 이유가 어디에 있니?'"

바로 이것이 우리가 세대차라고 부르는 것이다.

현 세대가 원하는 것은 지금까지의 모든 세대들이 항상 원해 왔던 것이다. 어떤 의미, 세상과 인생이 무엇인가에 대한 깨달음, 또는 모종의 질서를 위하여 노력할 수 있는 가능성 등이 바로 그것이다.

만약 오늘날의 젊은이들이 우리의 '독립선언문'을 다시 쓰게 된다면, 그들은 다음과 같이 시작할 것이다. "비인간적인 사건들이 계속됨에 따라…" 그리고 그들이 작성하는 세부목록은 베트남에서부터 우리의 흑인들까지 그리고 멕시코계 노동자들, 푸에르토리코인 슬럼가, 이민노동자들, 빈곤한 애팔래치아 지역, 세상의 증오와 무지, 질병, 기아 등까지 포함할 것이다. 이와 같은 세부목록은 인간사의 부조리함과 절망감, 공허함 그리고 대체 우리의 인생에 어떠한 의미가 있는지조차 알지 못하는 데에서 오는 끔찍한 외로움을 강조할 것이다.

젊은이들이 가치에 대해 말할 때, 그들은 무엇인가 이유를 얻고자 하는 것이다. 적어도 얼마 동안은 그들은 인간의 가장 위대한 질문인 "왜 내가 여기에 있는가?"에 대한 대답을 찾고 있다.

젊은이들은 자신들이 살고 있는 혼란스러운 세상에 대해 서로 각기 다른 방법으로 반응한다. 몇몇은 공포에 질려 도망가고, 현 체제가 어차피 자체의 부패와 부정 때문에 무너질 것이니까 포기한다는 식으로 자신을 정당화하며, 히피hippie, 현실도피 젊은이나 이피yippie, 반체제 젊은이가 되거나 마약을 하고, 공동체 생활을 시도해 보거나 현실에서 도피하기 위해서 무슨 일이든 해본다. 다른 몇몇은 "어쨌든 우리는 노력했고 우리 몫을 해냈어"라고 스스로를 좀 더 강하게 정당화하기 위하여, 실패가 분명한 의미 없는 대결을 벌이고 나서는 역시 도망치고 만다. 죄책감에 찌든 채 어디로 가야 할지 무엇을 해야 할지 알지 못한 이들은 미쳐 버리고 만다. 그들이 바로 웨더맨Weatherman 미국 과격파의 일원-옮긴이을 비롯한 부류로, 결국 궁극의 도피인 자살을 택한 이들이다. 그들에 대해서는 연민 외에 내가 줄 수 있는 것은 아무것도 없다. 물론 죽은 동지들을 버리고 알제리 혹은 다른 곳으로 가버린 자들과 같은 작자들에 대해서는 경멸로 대신하지만 말이다.

나는 이 책을 통하여 부탁받지도 않은 충고를 하는 거만한 행동을 하려는 것은 아니다. 다만 이 책을 통하여 하고자 하는 얘기는 미국 전역의 수백 개 대학 캠퍼스에서 열린 밤샘 모임에서 너무나 많은 젊은이가 나에게 물어왔던 경험과 조언에 대한 것이다. 이 책은 전투에, 곧 인생에 투신하고자 하는 바로 그 젊은 급진주의자들을 위한 것이다.

우리가 신의 계시가 아닌 혁명에 대해 이야기하고 있다는 것을 기억해 주기 바란다. 사실 목표를 너무 낮게 잡는 것이 실패의 요인이 되는 것처럼, 높이 잡는 것 역시 실패의 요인이 된다. 우선, 사랑을 위한 규칙 혹은 행복을 위한 규칙이 없는 것과 마찬가지로 혁명을 위한 규칙은 없지만, 세상을 바꾸고자 하는 급진주의자들을 위한 규칙은 있다. 인간 사회의 정치활동과 관련해서는 상황이나 시대와 무관하게 작동하는 몇 가지 중심 개념들이 존재한다. 이와 같은 중심 개념들을 아는 것 자체가 현 체제에 대한 실질적 공격의 기초가 된다. 이러한 규칙들이 바로 현실적인 급진주의자가 되는 것과 말로만 하는 급진주의자가 되는 것 사이의 차이를 만든다. 말로만 하는 구두선口頭禪식 급진주의자란 낡아버린 옛 단어나 구호를 사용하고 경찰을 '돼지'라든지 '백인 파시스트 인종차별주의자' 혹은 '쌍놈'이라고 부르는 등의 방식으로 오히려 자기 자신을 정형화시킴으로써 남들이 "아, 뭐 쟤는 그냥 저런 애"라고 하는 말로 대응하고는 즉시 돌아서게끔 만들어버리는 사람이다.

의사소통의 기술을 이해하지 못한 젊은 활동가들의 실패는 처참했다. 의사소통은 청중의 경험 안에서 이루어져야 하며 타인의 가치관을 온전히 존중해야 한다는 근본적인 개념에 대한 가장 기초적인 이해만 있었어도, 미국 국기에 대한 공격은 제외되었을 것이다. 책임감 있는 조직가는 국기 자체는 여전히 미국의 희망과 포부에 대한 영광스러운 상징으로 남아 있는 반면 국기를 배신한 것은 정부라는 점을 알아차리고는, 이러한 메시지를 청중에게 전달했을 것이다. 의사소통의 또 다른 차원에서는 유머 감각이 필수적인데, 이는 심각하게 제안할 경우 거부당할 수 있는 많은 것이 유머를 통하여 제안할 경우 받아들여지기 때문이다. 이 세대는 슬프고 외로운 세대이다. 그들은 너무나 적게 웃는데, 이러한 일 역시 너무나 비극적이다.

진정한 급진주의자에게 '자신의 일'을 하는 것은 사람들을 위해서 그리고 사람들과 함께, 사회적 일을 하는 것이다. 모든 것이 너무나 서로 밀접하게 관련된 나머지 대체 어디에서부터 어떻게 붙잡고 행동해 나가야 할지 도저히 모르겠다는 느낌이 드는 세상에서 사람들은 패배감에 휩싸이게 된다. 여러 해 동안 사람들은 사회가 너무 견뎌내기 힘든 곳이라고 느끼고 사회에서 물러나와 '자기만의 일'을 하는 데 집중하게 되었다. 일반적으로 우리는 그들을 정신병원에 가두고 그들에게 정신분열증 환자라는 진단을 내렸다. 진정한 급진주의자가 장발을 하는 것이 의사소통과 조직형성 과정에서 심리적 장애물을 만든다고 느끼면, 그는 머리카락을 자른다. 만약 내가 유대정교 공동체 안에서 조직화 활동을 하고 있다면, 그만 손을 떼려는 구실을 만들어 그들에 의해 거부되기를 원하지 않는 이상 결코 햄이 들어간 샌드위치를 먹으며 그곳으로 걸어 들어가지는 않을 것이다. 만약 내가 조직화 활동을 하고 싶다면, 내 '일'은 공동체 구성원들과의 확실한 의사소통이다. 의사소통을 제대로 하고 있지 못하다면 실질적으로 나는 침묵하고 있는 셈이다. 역사적으로 침묵은 동의로 인식되어 왔다. 그리고 이 경우, 동의는 현 체제에 대한 것이다.

조직가로서 나는 내가 원하는 모습의 세상이 아니라 있는 그대로의 세상에서부터 시작해 나간다. 있는 그대로의 세상을 받아들인다는 것은 그 어떤 의미에서도, 우리가 그렇게 되어야 한다고 믿고 있는 모습으로 세상을 바꾸어 나가려는 우리의 바람을 약화시키지 않는다. 우리가 바람직하다고 생각하는 모습으로 세상을 바꾸기 위해서는 있는 그대로의 세상에서부터 시작하는 것이 필수이다. 그리고 그것은 바로 체제 내부에서 일해 나가는 것을 의미한다.

체제 내부에서 일해야 하는 또 다른 이유가 있다. 도스토옙스키의 말에 따르자면, 새롭게 한 발을 내딛는 것이 사람들이 가장 두려워하는 것이다. 모든 혁명적 변화는 반드시 우리 대중들이 변화를 수동적으로나마 수용하고 거부하지 않는 태도를 보이고 난 다음에야 일어난다. 그들은 현재의 지배체제 안에서 너무나 절망하고, 패배감에 젖고, 상실감을 느끼고, 아무런 미래도 존재하지 않는다는 생각을 하게 되어야만, 비로소 과거를 떠나 미래에 희망을 걸어 보고자 하게 된다. 변화를 수용하는 이러한 태도는 모든 종류의 혁명에 필수적인 의식 변화이다. 이러한 의식 변화를 일으키기 위해서 조직가는 체제 내부에서, 중산층뿐만 아니라 일년에 5천 달러에서 1만 달러 정도를 버는 40%에 달하는 미국 가정들(7천만 명이 넘는다) 가운데에서 일해야 한다. 그들을 블루칼라 혹은 건설노동자 부류라고 불러버림으로써, 우리가 그들을 내팽개치는 꼴이 될 수는 없다. 그들은 언제까지나 다소 수동적이고 도전 의식이 미약한 상태로 남아 있지는 않을 것이다. 만약 우리가 그들과 의사소통을 하지 못하게 된다면 그리고 우리와 연합하도록 그들을 격려하지 않으면, 그들은 보수화될 것이다. 어쩌면 그들이 어쨌건 그렇게 될지도 모르지만, 우리가 아무 일도 하지 않음으로써 그것을 기정사실로 만들어서는 안 된다.

우리의 젊은이들은 의미 있는 행동에 반드시 필요한 예비절차에 대해 조바심을 낸다. 효과적인 조직화는 즉각적이고 극적인 변화에 대한 욕구, 또는 내가 다른 곳에서 말한 것처럼 혁명이 아닌 계시에 대한 요구 때문에 좌절된다. 이는 희곡 쓰기 과정에서 우리가 경험하게 되는 일과도 비슷하다. 제1막에서는 등장인물과 사건이 소개되고, 제2막에서는 청중의 관심을 끌고자 하는 방향에 맞추어서 인물과 사건이 전개된다. 종막에서는 선과 악이 극적으로 대결하고 갈등을 해소하기에 이른다. 현 세대는 앞부분을 건너뛰고 곧바로 종막으로 가고자 하는데, 이렇게 될 경우 연극은 사라지고 오로지 대결을 위한 대결만이 남게 된다. 마치 한 순간 불이 타오른 후 다시 어둠으로 돌아가는 것과 마찬가지다. 강력한 조직을 세우기 위해서는 시간이 필요하다. 그 과정은 지루하지만, 그것이 게임이 진행되는 방식이다. 물론 이는 "심판을 죽여 버려!"라고 소리 지르는 대신 제대로 경기를 하고 싶을 때에 한정된 경우이다.

체제 '내부에서' 일하는 것의 대안으로는 무엇이 있는가? "현 체제를 전복시켜 버리자!"와 관련된 수많은 수사적 쓰레기가 존재한다. 이 피들은 "해버려!", "네 방식대로 하는 거야!"라고 외친다. 또 무엇이 있는가? 폭탄? 저격? 경찰이 죽었을 경우에는 침묵하고, 다른 이들이 죽었을 경우에는 "파시스트 살인자 새끼들"이라고 소리 지르는 것? 경찰을 공격하고 괴롭히는 것? 공개적인 자살? 상대편이 모든 총을 갖고 있을 때, "힘(권력)*은 총구로부터 나오는 거야!"라는 말은 터무니없는 시위용 구호일 뿐이다. 레닌은 실용주의자였다. 유배지에서 당시 페트로그라드라고 불리던 곳으로 되돌아왔을 때, 레닌은 다음과 같이 말했다. "볼셰비키들은 투표를 통해 권력을 획득해야 한다는 입장이지만, 총을 갖게 되면 이를 다시 생각해 볼 것이다." 투쟁적인 구호들? 케네디 공항의 제트기 활주로 위에 놓인 역마차만큼이나, 고도로 기술화되고 디지털화되고 인공 지능적이며 핵기술을 사용하고 대중매체가 지배하는 현대 사회에 적절한^{반어적 표현임-옮긴이} 마오쩌둥, 카스트로, 체 게바라의 말을 읊어대는 것?

급진적 실용주의의 이름으로, 우리는 잊어서는 안 된다. 우리가 현 체제 안에서 그 모든 억압에도 여전히 거리낌 없이 정부를 고발하고 정책들을 공격하고 반대파의 정치 기지를 만들기 위해 일할 수 있다는 사실을. 물론 정부가 괴롭히고 있는 것은 사실이지만, 싸울 수 있는 어느 정도의 자유는 여전히 존재한다. 나는 나의 정부를 공격하고, 그것을 변화시키기 위해

---

* [역주] 영어 단어 power를 힘 또는 권력으로 번역한다. 문맥에 따라, 힘, 권력, 힘(권력), 권력(힘) 등으로 표기할 것이다. '힘(권력)'은 알린스키의 민권운동과 사회철학에서 핵심적인 개념이다.

조직적으로 단결할 수 있다. 그것은 내가 모스크바, 베이징, 아바나에서 할 수 있는 것들을 훨씬 뛰어넘는다. '문화혁명'에 대한 홍위병들의 대응행동과 중국 대학생들의 운명을 기억해야 한다. 우리가 이곳에서 경험한 몇 안 되는 폭력적인 폭발사건이나 법정에서의 총격만으로도 러시아, 중국, 쿠바에서는 전면적 숙청이나 대규모 처형이라는 결과를 낳았을 것이다. 제발 좀 넓은 시야를 가지자.

우리는 정치적 광기를 제외하고는 다른 출발할 곳이 없으므로, 바로 현재의 체제에서부터 출발할 것이다. 혁명적 변화를 원하는 우리 중 일부는 혁명이 개혁으로부터 시작되어야 한다는 사실을 반드시 이해해야 한다. 이는 너무도 중요하다. 정치적 혁명이 대중적 개혁이라는 지지 기반 없이 살아남을 수 있다고 상정하는 것은 정치에서는 불가능을 요구하는 것이다.

사람들은 익숙한 경험이 주는 안전으로부터 갑작스럽게 밖으로 뛰쳐나가고 싶어 하지 않는다. 그들은 스스로의 경험에서부터 새로운 방식으로 나아가기 위한 다리를 필요로 한다. 혁명적 조직가는 그들의 인생을 지배하고 있는 정형화된 행동양식들을 흔들어 놓아야 한다. 그들을 동요시키고, 현재의 가치들에 대한 환상을 깨고 불만을 갖도록 하며, 변화에 대한 열정까지는 아니더라도 적어도 수동적으로나마 수용하고 거부하지 않는 분위기를 만들어내야 한다.

"혁명은 전쟁이 시작되기 전에 이미 실제로 시작되었다"라고 존 애덤스는 썼다. "혁명은 사람들의 가슴과 의식 속에 있었다. … 사람들의 원칙, 견해, 감정 그리고 애정에서 나타난 이러한 급진적 변화야말로 진정한 미국 혁명이었다."‡ 선행한 개혁이 없는 혁명은 좌절하거나 전체주의적 폭정이 되어 버릴 것이다.

개혁이란 우리 국민 중 다수가 과거의 방식과 가치에 대해 환멸을 느끼게 되는 시점에 이르렀음을 의미한다. 그들은 어떤 대안이 있는지를 알지 못하지만, 현재의 지배체제가 자멸적이고 절망적이며 희망이 없다는 사실을 알고 있다. 그들은 변화를 위해 직접 행동하지는 않겠지만, 변화를 위해 행동하는 사람들에 대해 거세게 반대하지도 않을 것이다. 바로 이 때가 혁명이 무르익은 시기이다.

어떠한 이유들이라도 묶어 내어서 개혁에 대한 반대를 부추기는 사람들은 무의식 중에 극우파의 동맹자가 된다. 극좌파 중 일부 역시 둥근 원 모양의 정치이념 지평에서 너무 멀리 나아간 나머지 이제는 극우파와 더 이상 구분이 불가능하게 되어 버렸다. 이는 '인도주의자들'이 당시 정치적 신인이었던 히틀러의 행동을 아버지의 학대와 어린 시절의 정신적 외상이라는 근거 하에 용서했던 시기를 떠올리게 한다. 상원의원 로버트 케네디의 암살이나 맨슨파 연쇄살인사건,‡ 마린카운티 군청사에서의 납치와 살해 그리고 위스콘신 대학에서의 폭탄 투척과 살인 등을 '혁명적 행동'이라고 주장하는 사람들이 있다면, 우리는 정신 이상을 단지 정치적 가면 뒤에 숨기고 있을 뿐인 사람들을 상대하고 있는 셈이다. 대부분의 사람들은 공포와 혐오로 몸서리치면서, 다음과 같이 말한다. "우리가 지금 살아가는 방식은 분명 나쁜 것이고, 우리는 기꺼이 그것을 변화시키려고 할 것이다. 하지만 결코 이와 같은 살인적 광기로 그것을 대체하고자 그렇게 하지는 않을 것이다. 지금의 상황이 아무리 나쁘더라도 그런 광기보다는 낫기 때문

---

‡ [역주] 존 애덤스(John Adams), A letter to H. Niles, 13 Feb. 1818. 존 애덤스는 미국 제2대 대통령이다.

‡ [역주] Charles Milles Manson의 주도하에 샌프란시스코 시에서 만들어진 유사종교집단으로, 1967년 두 차례에 걸쳐 부자들에 대한 집단살인을 저질렀다.

이다." 그래서 그들은 결국 등을 돌리기 시작한다. 그들은 '법과 질서'라는 이름 하에 닥쳐올 대규모 탄압을 받아들이는 쪽으로 후퇴한다.

1968년 민주당 전당대회에서 시카고 경찰과 주 방위군이 저지른 최루가스 분사와 폭력 행사의 한가운데에서, 많은 학생은 나에게 이런 질문을 던졌다. "당신은 여전히 우리가 현 체제 내부에서 일해야만 한다고 생각하시나요?"

이 학생들은 유진 매카시Eugene McCarthy 베트남 전에 반대했던 1968년 민주당 대선후보자-옮긴이와 함께 뉴햄프셔에 있었고, 또 미국 전역으로 그를 따라다녔던 학생들이다. 일부는 로스앤젤러스에서 로버트 캐네디가 암살당했을 때 그곳에 그와 함께 있었다. 시카고에서 흘린 눈물 중 다수는 최루가스 때문이 아니었다. "알린스키 씨, 우리는 모든 예비선거에서 싸웠으며, 사람들은 베트남 전에 대해 반대표를 던졌어요. 저 전당대회를 보세요. 저들은 선거 결과에 아무런 관심도 보이지 않고 있어요. 당신의 경찰과 군대를 보세요. 정말로 당신은 우리가 현 체제 내부에서 일하기를 여전히 바라시나요?"

미국 군대가 총검을 들고 우리의 소년 소녀들에게 진격하는 모습은 나에게 깊은 상처를 주었다. 하지만 나는 나 자신에게 유일하게 현실적이라고 생각되었던 대답만을 젊은 급진주의자들에게 해 줄 수 있었다. "세 가지 중 하나를 하라. 첫째, 가서 통곡의 벽을 쌓고 너 자신을 위로하라. 둘째, 미쳐 버린 후에 폭탄 투척을 시작하라. 하지만 그 방법은 단지 사람을 우파로 돌아서게 만들 뿐이다. 셋째, 교훈을 얻어라. 고향으로 가서 조직화하고, 힘을 모아서 다음 전당대회에서는 너희 자신이 대의원이 되어라."

기억해야 한다. 일단 당신이 환경오염과 같이 일반적으로 모두가 동의하는 어떤 것과 관련해서 사람들을 한번 조직하고 나면, 조직된 사람들이 활동을 시작한다. 거기에서 정치적 오염 그리고 다시 국방부의 오염으로까지 가는 것은 한 걸음 더 내딛는 것만큼 간단하고 자연스러운 일이다.

당신의 후보자들을 선출하는 것만으로는 부족하다. 압력을 계속해서 가해야 한다. 급진주의자들은 프랭클린 D. 루스벨트가 개혁과 대표단에게 했던 대답을 기억해야 한다. "좋아요. 당신들은 나를 설득시켰어요. 이제 가서 나에게 압력을 가하세요!" 행동은 열기를 유지시키는 것에서부터 온다. 그 어떤 정치가도 급박한 이슈를, 당신들이 그것을 충분히 쟁점화시키기만 한다면, 끌어안고 있을 수만은 없다.

그리고 베트남에 대해서는, 나는 우리나라가 인류 역사에서 가장 먼저 다음과 같이 공개적으로 말하는 모습을 보게 되기를 희망한다. "우리가 잘못했다! 우리가 한 일은 끔찍하다. 우리는 발을 들여놓았고, 점점 깊이 들어가기 시작했으며, 그렇게 들어갈 때마다 거기에 머물러야만 하는 새로운 이유들을 만들어냈다. 우리는 4만 4천 명의 사망한 미국인들로 그 값의 일부를 치렀다. 우리가 인도차이나 반도의 사람들에게, 또는 우리 조국의 사람들에게 저지른 잘못을 만회하기 위해서 할 수 있는 일은 아무것도 없지만, 우리는 노력할 것이다. 우리는 이제 유치한 긍지나 자만심을 버리고 우리 자신들의 잘못을 인정하는 것이 더 이상 나약함이나 패배의 상징이 아닌 시대가 왔다고 믿는다." 이와 같이 잘못을 자인하는 것은 모든 국가들의 외교정책의 개념을 뒤흔들어 놓을 것이며, 새로운 세계질서로 향한 문을 열어 줄 것이다. 이것이 바로 베트남에 대한 우리의 대안이다. 이것 이외의 모든 것은 낡은 임시변통적인 잡동사니일 뿐이다. 만약 이렇게 되기만 한다면, 어쩌면 베트남은 그럴 만한 가치가 있었는지도 모른다.

우리의 현 체제에 대해 마지막으로 한마디만 하겠다. 민주주의적 이상은 자유, 평등, 자유선거를 통한 다수결원칙, 소수의 권리에 대한 보호 그리고 국가에 대한 전적인 충성 대신에 종교정치 등 여러 가지 사안에서 다양한 종류의 충성을 바칠 수 있는 자유 등과 같은 개념으로부터 생겨난다. 민주주의 정신은 개인에게 중요성과 가치를 부여하는 사상이며, 개인이 자신의 잠재력을 최대한으로 발휘할 수 있도록 해 주는 종류의 세상에 대해 믿음을 가지는 사상이다.

커다란 기회는 언제나 커다란 위험을 수반한다. 창조의 행위에는 언제나 파괴의 가능성이 내재해 있다. 그리하여 개인의 자유의 가장 큰 적은 바로 개인 자신이다.

그 시작부터, 인민people은 민주주의적 이상의 강점인 동시에 약점이었다. 사람들은 타인의 자유를 보장하기 위해 자신의 이익 중 일부를 희생할 준비가 되어 있지 않으면 자유로워질 수 없다. 민주주의의 가치는 모든 사람이 공동 이익을 지속적으로 추구하는 데에 있다. 135년 전에 토크빌[1]은 개개인의 시민들이 자기 자신들을 통치하는 행위에 규칙적으로 참여하지 않는다면, 자치는 불가능하다고 엄중히 경고하였다. 시민의 참여야말로 시

---

[1] "인생의 사소한 일들 가운데에서 사람들을 노예로 만드는 것이 특히 위험한 일임을 잊어서는 안 된다. 나의 관점에서는 나는, 만약 둘 중 하나가 없어도 다른 한 가지가 보장될 수 있다면 작은 일에서 자유보다는 큰 일에서 자유가 덜 필요하다고 생각하는 편이 되어야만 한다."

"사소한 일에서의 복종은 매일 발생하는 사건이고, 공동체 전체가 차이 없이 느끼게 된다. 이것은 사람을 저항으로 이끌지 않고 오히려 그들이 자신들의 의지를 포기하게 될 때까지 그들을 매번 방해한다. 그리하여 그들의 정신은 점차적으로 파괴되고 품성은 나약해진다. 반면에 중요하지만 드문 몇몇 경우에만 강요되는 복종은 단지 특정 시기에만 예속을 강요하고, 그 짐을 소수에게만 지운다. 중앙권력에 의지하도록 만들어진 사람들로 하여금 때때로 그 권력의 대표자를 고르도록 요구하는 것은 무의미한 일이다. 이와 같이 자신들의 자유로운 선택을 아주 가끔 순간적으로 사용하는 것은 아무리 중요한 일과 관련된 것이라 하더라도, 사람들이 스스로를 위하여 생각하고 느끼고 행동하는 능력을 조금씩 잃어감으로써 점점 인간 이하의 상태로 떨어지는 것을 막아내지 못한다." —알렉시스 드 토크빌, 《미국의 민주주의》.

민의 자발성 위에 세워져 있는 사회를 생동하게 하는 정신이자 원동력이다.

여기에서 우리는 민주적 신념을 설파하면서도 선택과 결정의 부담에서 벗어날 수 있도록 해 주는 맹목적 안전을 갈망하는 사람들에 대해 말하고 있지 않다. 이들은 어른이 되는 것을 싫어하거나 어른이 될 능력이 없어서, 아이로 머물면서 타인의 보살핌을 받고자 한다. 어른이 될 수 있는 사람들의 경우에는 성장할 수 있도록 용기를 북돋워 줘야 한다. 그렇지 못한 사람의 경우에는, 현 체제가 아니라 바로 그들 자신에게 잘못이 있다.

여기에서 우리는 관심이나 기회, 혹은 두 가지 모두의 부족 때문에 시민권이 요구하는 무한한 책임에 참여하지 않고 체념한 채 타인에 의해 결정된 인생을 살아가고 있는 우리 국민들 중의 광범위한 대중들을 위해 절박하게 이야기하고 있다. 민주적 시민으로서의 '정체성'을 잃는 것은 인간으로서의 정체성을 잃는 것에서 단지 한 발짝밖에 떨어져 있지 않다. 사람들은 아예 아무것도 하지 않음으로써 그와 같은 절망감에 반응한다. 매일의 일상적인 시민권의 행사로부터 대중들이 분리되는 것은 민주주의에서 비통한 일이 아닐 수 없다.

민중이 그들의 시민권을 포기하는 것은, 혹은 대도시의 시민이 참여하고자 하는 의지가 있음에도 불구하고 참여의 방법을 갖지 못하는 것은 심각한 상황이라고 할 만하다. 그러한 시민은 무관심에서부터 익명화로 그리고 비인간화로 점점 깊이 빠져들게 된다. 그 결과, 시민은 공권력에 의지하게 되며, 시민사회의 경직화라는 상태가 시작된다.

우리 문밖에는 외부의 적들이 때때로 존재했다. 하지만 내부의 적은 언제나 존재한다. 바로 이 내부의 적은 드러나지는 않았지만 매우 유해한 무기력증이며, 이는 우리의 삶과 미래를 그 어떤 핵무기보다도 더 확실하게 파괴할 수 있다. 자기 자신에 대한 그리고 자신의 미래를 이끌 자신의 힘에 대한 믿음의 소멸보다 더 암울하고 파괴적인 비극은 있을 수 없다.

나는 현 세대에게 경의를 표한다. 젊음의 가장 귀중한 부분 중 하나인 웃음을 꼭 간직하기 바란다. 당신들 중 다수가 웃음을 잃은 것처럼 보이지만, 그것을 잃지 않도록 해야 한다. 웃음은 꼭 필요한 것이기 때문이다. 함께한다면, 우리는 우리가 찾고 있는 것들인 웃음, 아름다움, 사랑 그리고 창조의 기회를 일부 찾을 수 있을지도 모른다.

사울 알린스키, 1971년

Rules for

Radicals

지향

The

인생은 땅 위에서 고역이요 … ― 욥기 7장 1절

이 글은 세상을 지금의 모습에서 마땅히 그렇게 되어야 한다고 자신들이 믿는 모습으로 바꾸고자 하는 사람들을 위한 것이다. 《군주론》은 마키아벨리가 가진 자들Haves*을 위해 권력을 유지하는 법에 대하여 쓴 책이다. 《급진주의자를 위한 규칙》은 가진 것 없는 자들Have-Nots:을 위해 권력을 빼앗는 방법에 대하여 쓴 책이다.

이 책에서 우리는 어떻게 대중조직을 만들어서 권력을 빼앗아 민중에게 돌려줄 것인지를 다룬다. 또한 우리는 어떻게 평등, 정의, 평화, 협력, 평등하고 완전한 교육의 기회, 유용하고 실업자가 없는 고용, 건강 그리고 사람이 인생에 의미를 주는 가치를 추구하며 살 수 있도록 해 주는 사회적 상황의 창조라는 민주주의적 이상을 실현할 것인지를 다룬다. 우리는 스페인

---

* 〔역주〕 이하 특별한 경우를 제외하고는 '유산자' 또는 '유산자들'로 표기한다.
: 〔역주〕 이하 특별한 경우를 제외하고는 '무산자' 또는 '무산자들'로 표기한다.

내전의 신조였던 "무릎 꿇고 사느니 서서 죽는 것이 낫다"‡는 정신에 따라, 모든 사람이 곧게 서서 살 수 있는 곳으로 세상을 바꿀 수 있도록 해 줄 대중 권력조직에 대해 이야기하고자 한다. 이는 혁명을 의미한다.

역사에서 주요한 변화들은 혁명에 의해 이루어졌다. 변화를 가져오는 것은 혁명이 아니라 진화라고 말하는 사람들도 있지만, 진화란 참여하지 않은 사람들이 특정한 일련의 혁명들이 모아져서 어떤 주요한 사회변화로 귀결되는 것을 나타내기 위해 사용하는 단어일 뿐이다. 이 책에서 나는 대중운동의 역학에 대한 그리고 혁명에서의 행동과 대응행동의 순환과정†에서 나타나는 다양한 단계에 대한 몇 가지 일반적인 관찰, 가설 및 개념을 제시한다. 현상유지보다는 변화를 주장하는 것을 이데올로기라고 부를 수 있는 경우를 제외하면, 이 책은 이데올로기적인 책이 아니다. 서로 다른 상황과 시간, 장소에 있는 서로 다른 사람들은 자신들의 시대를 구원하기 위한 자신만의 해결책과 상징을 세울 것이다. 이 책은 그 어떠한 만병통치약이나 독단적 교리도 제시하지 않는다. 나는 독단적 교리를 혐오하고 또 두려워한다. 나는 모든 혁명에는 반드시 그것을 고취시킬 이데올로기가 있어야만 한다는 것을 알고 있다. 하지만 갈등이 증폭되어 가는 과정에서 이와 같은 이데올로기들이 오직 자신들만이 진리나 천국으로 가는 열쇠를 가지고 있다고 주장하는 경직된 독단적 교리로 변질되어 버리는 것은 비극적인 일이다. 독단적 교리는

---

‡ 〔역주〕 이 인용문은 쿠바 혁명가였던 자파티스타스(Jos M. Zapatistas)가 처음 구호로 사용했다고 알려지고 있다.

† 〔역주〕 '행동과 대응행동의 순환과정'의 원문은 'cycle of action and reaction'이다. 'action and reaction'을 '작용과 반작용'으로 번역하지 않고, 인간이 하는 행동과 그에 대응한 행동이라는 의미를 살려서 '행동과 대응행동'이라고 번역하였다.

인간의 자유에 대한 적이다. 혁명적 운동의 모든 순간과 계기마다 우리는 독단적 교리를 경계하고 또 두려워해야만 한다. 인간의 정신은 과연 우리가 옳은지를 살펴보는 내적 의심이라는 작은 불빛을 통해서만 빛날 수 있다. 반면 자신이 진리를 소유하고 있다고 완전히 확신하고 있는 자들은 내적으로는 어둠에 가득 차 있고 외적으로는 잔혹함과 고통, 불의로 세상을 어둡게 한다. 무산자들, 혹은 가난한 자들을 신격화하는 사람들은 다른 교조주의자들과 똑같은 잘못을 저지르고 있으며, 또한 그들만큼이나 위험하다. 이데올로기가 독단적 교리로 타락할 위험을 감소시키고, 인간의 자유롭고 열려 있으며 탐구적이고 창조적인 정신을 보호하고 동시에 변화가 가능하도록 하기 위해서는, 그 어떤 이데올로기도 '모두의 행복을 위해서' 라는 미국의 헌법 제정자들의 이데올로기보다 더 구체적이어서는 안 된다.

위대한 핵물리학자인 닐스 보어Niels Bohr는 교조주의에 대한 세련된 입장을 아주 훌륭하게 표현하였다. "내가 말하는 모든 문장은 확언이 아니라 질문으로 이해되어야만 한다." 나는 인간의 희망이 변화의 위대한 법칙을 받아들이는 데에 있다고 논할 것이다. 또한 변화의 법칙들에 대한 일반적인 이해가 이성적으로 행동하는 데에 필요한 실마리를 제공하고, 수단과 방법 사이의 현실적인 관계와 양자가 서로를 결정하는 방법을 이해할 수 있도록 해 줄 것임을 논할 것이다. 나는 이 책이 오늘날의 급진주의자들의 교육에 기여하기를 그리고 거칠고 감정적이며 충동적이지만 무기력하고 절망에 빠진 열정이 계획적이고 목적지향적이며 효과적인 행동으로 바뀌는 데에 공헌하기를 희망한다.

오늘날의 소위 급진주의자들 중 다수가 보여주는 정치적 무감각과 기회상실의 한 예가 시카고 7인의 재판* 중에 일어난 일화에 잘 나타나 있다.

주말 동안 전국 각지로부터 온 150여 명의 변호사가 호프만 판사가 내린 변호사 4인에 대한 구속조치에 항의하는 연방정부 빌딩 앞의 시위에 참석하기 위하여 시카고로 모여들었다. 13명의 하버드 법대 교수의 지지를 받고 있을 뿐만 아니라 다수의 다른 교수들을 포함하고 있던 이 대표단은 법정 조언자로서, 호프만 판사의 행동을 "사법절차 전체에 대한 미국인들의 신뢰를 파괴할 수도 있는 우스꽝스러운 정의 …"라고 평가하는 소송사건적요서를 제출하였다. 10시경이 되자 성난 변호사들은 연방정부 건물 주변을 행진하기 시작했으며, 그곳에는 수백 명의 급진주의적 학생들, 몇 명의 흑표범단원들* 그리고 백여 명 이상의 푸른 헬멧을 쓴 시카고 경찰들이 모여들었다.

정오가 되기 직전에, 시위 중이던 변호사들 중 40명 정도가 입구 옆의 유리벽에 붙어 있던, 연방정부 건물 내에서의 그와 같은 시위를 금지하는 캠벨 판사의 서명이 들어간 경고문에도 불구하고, 피켓을 들고 연방정부 건물 현관으로 들어갔다. 하지만 그 변호사들이 진입하자마자, 검은 판사

---

* 〔역주〕 '시카고 7인 재판(The Chicago Seven Trial)'은 시카고 시 반전시위 주동자들과 관련된 재판을 가리킨다. 베트남 전 반대 시위가 확산되자 상원이 1968년 4월 반폭동법(Anti-Riot Act)을 통과시킨 가운데, 1968년 8월 시카고에서 개최된 대통령 후보 지명을 위한 민주당 전당대회에 맞추어 급진주의자들을 중심으로 반전운동이 조직?전개되었다. 이 사건으로 일곱 명(처음에는 여덟 명이었으나, 한 명은 제외됨)의 급진주의자들이 재판에 회부되었다. 재판은 1969년 9월에서 1970년 2월까지 진행되었으며, 다섯 명이 유죄판결을 받았다. 그 후 1972년 11월 상소심 판결에서 모두 무죄판결을 받았다. http://www.law.umkc.edu/faculty/projects/ftrials/Chicago7/chicago7.html 참조.

: 〔역주〕 흑표범당 혹은 '자기방어를 위한 흑표범당'은 미국에서 1960년대 후반부터 1970년대에 걸쳐 활동한, 시민권과 자기방어를 고양하기 위해 만들어진 아프리카계 미국 흑인 조직이다.

복을 입고 연방 보안관, 속기사, 법원 서기를 동행한 켐벨 판사가 로비로 내려왔다. 그들 자신이 한 무리의 경찰과 연방 보안관들에게 둘러싸여 있던 성난 변호사들에게 에워싸인 켐벨 판사는 바로 그 순간 그 장소에서 재판에 착수하였다. 그는 시위대가 즉시 물러나지 않는다면, 그들을 모욕죄로 고발하겠다고 선포하였다.

그렇게 하고 나서 그는 이번에는 그들의 모욕죄가 재판정에서 일어났으므로 즉결처분을 틀림없이 내릴 것이라고 경고하였다. 하지만 그가 이 사실을 공표하자마자, 군중 속의 한 목소리가 "켐벨 판사는 엿이나 먹어라"고 외쳤다.

잠시 동안의 긴장된 침묵 후에 군중의 환호가 이어졌고, 경찰들은 눈에 띄게 어색해졌으며, 켐벨 판사가 그 자리를 떠났다. 그러자 변호사들 역시 로비를 떠나서 보도에 있던 시위대에게 돌아갔다.

—제이슨 엡스타인, 《거대한 음모의 재판》 *The Great Conspiracy Trial*,
Random House, 1970

시위 중이던 변호사들은 전국적으로 관심을 불러일으킬 수 있었던 더 없이 좋은 기회를 자기 손으로 버리고 말았다. 그 상황에서 판사로 하여금 논쟁을 계속하도록 만들고 사건의 쟁점이 유지되도록 할 수 있는 방법이 두 가지가 있었던 것으로 보인다. 군중 속의 한 목소리가 "켐벨 판사는 엿이나 먹어라"고 외친 후에 변호사들 중 한 명이 켐벨 판사에게로 걸어나가 그들은 개인에 대한 욕설을 지지하지는 않지만 나가지는 않을 것이라고 말할 수도 있었고, 모든 변호사가 한목소리로 "켐벨 판사는 엿이나 먹어라"고 함께 외칠 수도 있었다. 그들은 이 두 가지 방법 중 그 어떤 것도 실천하지 않았다. 이는 주도권이 그들에게서 판사에게로 넘어가도록 하였고, 변호사들은 결국 아무것도 이루지 못했다.

급진주의자들은 유연해야 하며, 유동적인 정치적 상황에 적응할 줄 알아야 하며, 자신들의 전술 때문에 스스로가 친 덫에 걸려 자신들이 선택하지도 않은 길로 빠지지 않도록 행동과 대응행동의 진행과정에 대해 충분히 민감하여야 한다. 한마디로 급진주의자들은 사건의 흐름에 대해 일정 수준 이상의 통제력을 갖고 있어야 한다.

여기에서 나는 변화와 관련된 특정한 사실들과 일반적인 개념들을 정리해서 하나의 체계로 보여 주려고 한다. 나는 혁명학 science of revolution에 한 걸음 다가가려고 하는 것이다.

모든 사회는 현재 유지되고 있는 지배질서를 위협하는 모든 사상과 저술을 억압하고 처벌한다. 그런 면에서 유산자 사회의 문헌들에서 사회적 변화에 대한 글들을 찾아내고자 하는 것은 사막에서 물을 찾는 것과 같다. 일단 미국 독립전쟁이 완료된 뒤에는, 독립선언문에 기본권으로 명시된 혁명의 권리, 그로부터 73년 후 소로 David Thoreau의 '시민불복종의 의무'에 대한 간략한 에세이 그리고 1861년 링컨의 혁명의 권리에 대한 재확인[1] 외에 우리가 찾아볼 수 있는 것은 거의 없다. 혁명, 즉 과거 혁명들의 신성함을 찬양하는 문구는 많이 있다. 신성한 혁명의 권리에 대한 우리의 감격은 시간이 지날수록 커지고 또 커진다. 혁명이 오래될수록 그것은 역사의 저편으로 더욱 멀리 밀려나고, 그럴수록 그것은 더욱 신성화된다. 소로가 언급한 제한된 지적들 외에는, 우리 사회는 사회변화를 활성화하는 방법에

---

1) 링컨의 첫 번째 취임사. "이 나라와 그 제도들은 여기에 살고 있는 인민들에게 속한다. 인민들은 현 정부에 대하여 싫증이 나면 언제라도 그것을 고칠 수 있는 헌법 제정의 권리, 또는 그것을 재편성하거나 전복시킬 혁명의 권리를 행사할 수 있다."

대하여 우리에게 충고나 제안을 거의 해 주지 않고 있다.

반면에 유산자들은 현존하는 질서 또는 현상유지를 정당화하는 문헌을 쉴 새 없이 쏟아내고 있다. 종교, 경제, 사회, 정치, 법과 관련된 문헌들은 변화를 위한 모든 혁명적 사상과 변화를 위한 행동을 부도덕하고, 불합리하며, 신과 조국, 어머니에 대한 반역이라고 끊임없이 공격한다. 현존 질서를 옹호하는 이런 진정제들은 그와 같은 혁명적 운동들이 모두 비애국적이고 파괴적이며 지옥의 산물일 뿐만 아니라 뱀과 같이 비열하고 교활하기 때문에 그 지지자들에게는 끔찍한 형벌이 내려질 것이라는 협박 역시 포함하고 있다. 기독교 사상, 다양한 개혁, 민주주의, 자본주의 그리고 사회주의를 포함하는 모든 위대한 혁명들은 탄생할 때에 그와 같은 모욕을 받아야만 했다. 대중에게 비친 모습을 중시하는 현존 지배질서에게 혁명은 모습을 갖고 있지는 않지만 다가올 일들에 어둡고 불길한 그림자를 드리우는 유일한 세력이다.

현재의 격변에 휩쓸려 절박하게 혁명적 문헌을 찾고 있는 세상의 무산자들은 공산주의자들—그들이 적색이든 황색이든—에게서만 오직 그러한 문헌을 찾을 수 있다. 거기에서 그들은 혁명을 일으키는 데에 필요한 전략, 책략, 전술 그리고 행동원칙들에 대해 읽을 수 있다. 이러한 문헌들에서 모든 생각들은 공산주의의 언어에 파묻혀 있으므로, 혁명은 공산주의와 동의어인 것처럼 보이게 된다.[2] 혁명적 열정의 최고조 상태에서 무산자들이 기

---

2) 미국 연방 대법원 판사 윌리엄 O. 더글러스의 "미국과 혁명"(민주제도연구소 현안분석 116호 Center for the Study of Democratic Institutions Occasional Paper No. 116) 참조.
　"아시아로 여행을 갔을 때 저는 삼사십 대의 남성들에게 그들이 18살 때 어떤 책을 읽었는지에 대해 종종 물어보곤 했습니다. 그들은 보통 '칼 마르크스'라고 대답했죠. 그리고 제가

아상태에서 생존상태로의 첫 번째 전환점에 서서 우리에게 간절한 바람을 담은 시선을 돌렸을 때, 우리는 자유, 도덕성, 평등에 대한 추상적 개념의 황당하고 믿을 수 없으며 의미도 없는 혼합물을 가지고 그리고 공산주의적 이데올로기에 의한 지적 노예화의 위험이라는 내용으로 그들에게 답하게 된다. 이러한 답변과 함께 우리는 우리에 대한 무조건적인 정치적 충성이라는 꼬리표를 달고 있으며 동시에 도덕적 원칙과 '자유'라는 띠를 두른 자선전단을 뿌린다. 러시아와 중국에서 혁명이 일어났을 때, 우리는 갑작스러운 도덕적 전향을 하게 되었고 전 세계 모든 형제들의 복지에 대하여 관심을 갖기 시작했다. 무산자들의 혁명은 유산자들 사이에서 도덕적 계시를 불러일으키는 경향이 있다.

 무산자들에 의한 혁명은 편집증적 공포도 불러일으킨다. 그리하여 이제 우리는 세계의 모든 부패하고 억압적인 정부들이 "돈과 군사를 우리에게 제공하지 않으면 혁명이 일어나게 될 것이고, 새로운 지도자들은 당신들의 적이 될 것이다"라고 우리에게 말하는 것을 보게 된다. 혁명을 두려워하고 우리 자신을 현존 지배질서와 동일시함으로써, 우리는 공산주의자들이 무산자들을 위한 정의라는 혁명적 후광을 힘들이지 않고 얻을 수 있도

왜 그랬냐고 물으면 그들은 대답했습니다. '우리는 식민 통치를 받고 있었으며 탈출구를 찾고 있었습니다. 우리는 우리의 독립을 원했지요. 그것을 얻기 위해서 우리는 혁명을 일으켜야만 했습니다. 혁명에 대한 유일한 책들은 공산주의자들이 출판한 것들이었습니다.' 이 사람들은 거의 변함없이 공산주의를 하나의 정치적인 종파로 보는 것을 거부했습니다. 하지만 사회주의적인 색조를 간직하게 되었지요. 저는 그들과 이야기하면서, 우리가 혁명, 자유, 정의의 이념이 아닌 폭탄과 돈으로 공산주의와 싸우는 데에 정신을 팔면서 잃어버린 중요한 기회들을 실감하게 되었습니다."

지향 47

록 허용하였다. 그리고 우리는 어디에서든지 현존 지배질서는 혁명으로부터 보호받고 방어되어야 한다고 인정함으로써 우리의 실수를 정당화한다. 오늘날 혁명은 공산주의와 동의어가 되어 버렸고, 반면 자본주의는 현존하는 질서와 동의어가 되었다. 이따금 우리는 혁명이 우리 편이라는 보장이 되어 있을 때 그리고 혁명이 불가피하다고 느낄 때에만 혁명을 받아들인다. 우리는 혁명을 혐오한다.

혁명과 공산주의가 이처럼 하나가 되어 버렸다는 점에서, 우리는 자기 파괴적 상황이 전개되도록 이미 허용하고 만 것이다. 이 글에서 나는 단단한 원자처럼 되어 버린 이러한 정치적 개념을 깨어 부수는 데에, 즉 공산주의와 혁명을 동일시하는 이러한 배타적 개념규정을 분해하는 데에 힘을 쏟을 것이다. 혁명이 미국에게 필연적으로 냉전이나 열전, 또는 증오를 의미하지 않는다는 사실을 세상의 무산자들이 인지하고 받아들일 수만 있다면, 그것은 그 자체만으로 세계정치와 인류 미래와 관련해서 위대한 혁명이 될 것이다. 바로 이것이 공산주의 아니면 자본주의라는 형태로 양분된 질서에 갇혀 있지 않으면서도, 그들의 피부색이나 정치색에 관계없이 이 세상 무산자들의 안내서가 되어줄 혁명지침서를 제공하고자 노력하는 주요 이유이다. 여기에서 나의 목적은 힘(권력)을 얻기 위하여 어떻게 조직해야 하는지, 즉 어떻게 힘(권력)을 얻고 사용할 것인지에 대하여 제안하는 것이다. 모든 사람에게 삶의 수단을 보다 균등하게 나누어 주기 위하여 힘(권력)을 사용하는 데에 실패하는 것이 혁명의 종말과 반혁명의 시작을 알리는 것이라는 점을 나는 주장하고자 한다.

현존하는 질서가 자신의 이데올로기를 방패로 삼은 것과 마찬가지로, 혁명은 언제나 이데올로기적 창끝을 세우고 진격하였다. 삶의 모든 것은 당파적이다. 공평한 객관성이란 존재하지 않는다. 혁명적 이데올로기는 구체적이고 제한적인 공식에 한정되지 않는다. 혁명적 이데올로기란 "속지 마라. 혁명은 역행하지 않는다"라는 링컨의 1856년 5월 19일 연설문에 바탕을 두고 있는 일련의 포괄적 원칙들이다.

변화의 이데올로기

여기에서 질문이 뒤따르게 된다. 그렇다면 나의 이데올로기는 무엇인가? 자유로운 사회에서 그리고 자유로운 사회를 위하여 일하고 있는 조직가가 가질 수 있는 이데올로기가 있다면, 그 이데올로기는 어떤 종류의 것인가? 이데올로기의 필수불가결한 전제 조건은 기본적 진리를 소유하는 것이다. 예를 들어 마르크스주의자는 모든 악은 자본가들의 무산계급에 대한 착취에서 비롯된다는 근본 진리에서부터 시작한다. 이것으로부터 그는 논리적 추론을 통해 자본주의를 종식시키기 위한 혁명에 도달하고, 다음으로 새로운 사회질서 혹은 무산계급 독재를 위한 재조직화라는 세 번째 단계에 이른 후, 끝으로 마지막 단계인 공산주의라는 정치적 낙원에 이른다. 기독교주의자들 역시 예수의 신성과 신의 삼위일체라는 그들의 근본 진리에서부터 출발한다. 이와 같은 '근본 진리'로부터 단계적 이데올로기가 나오는 것이다.

열린 사회에서 열린 사회를 위해 일하는 조직가는 이데올로기적 딜레마에 빠져 있다. 일단 그에게는 고정된 진리가 없다. 그에게 진리란 상대적이며 변화하는 것이다. 그에게는 모든 것이 상대적이고 변화하는 것이다. 그는 정치적 상대주의자이다. 그는 "자유로운 인간의 징표는 자신이 옳은

지 그른지에 대해 영원히 고뇌하는 내적인 불확실성에 있다"는 고 런드 핸드Learned Hand 판사1872~1961, 자유로운 발언의 신봉자였음-옮긴이가 생전에 한 말을 받아들인다. 결과적으로 그는 인간 고통의 이유들을 그리고 비이성적 세상에서 모종의 의미를 찾을 수 있도록 도와주는 일반적 명제들을 영원히 찾아다니게 된다. 그는 삶의 의미가 무엇인지 조금이라도 이해하기 위하여 자신의 삶을 포함하여 인간의 삶을 끊임없이 관찰해야만 하며, 자신이 스스로 발견한 사실들을 의심하고 시험해야 한다. 탐구과정에서 핵심이라고 할 불경스러움은 필수 요건이다. 호기심은 부득이하다. 그가 가장 자주 하는 말은 "왜?"[3]이다.

그렇다면 이것은 자유로운 사회에서 자유로운 사회를 위하여 일하는 조직가가 아무런 원리·원칙이나 방향성을 갖지 못한다는 말일까? 반대로, 나는 그가 폐쇄적 사회에서 경직된 정치적 이데올로기를 갖고 일하는 조직가보다 훨씬 나은 방향 감각과 중용의 미를 갖추고 있다고 생각한다. 무엇보다도 자유사회의 조직가는 끊임없이 변화하고 있는 사회에 맞추어 자유롭고 유연하고 유동적이며 또한 활동적이다. 그가 독단적 교리의 족쇄에서 자유로울 수 있는 한, 그는 현재 우리 사회에서 나타나는 매우 다양한 상황들에 현실적으로 대응할 수 있다. 종국적으로 그에게는 한 가지 믿음이 있다. 민중에게 행동할 수 있는 힘이 있다면, 장기적으로 볼 때 그들은 대부분의 경우 올바른 선택에 이를 것이다. 이것이 바로 그의 믿음이다. 이게 아니라면 소수 엘리트에 의한 통치, 즉 독재정치나 모종의 귀족정치가 될

---

3) 어떤 사람들은 물음표가 뒤집어진 쟁기 모양인 것이 우연이 아니라고 말한다. 왜냐하면 물음표야말로 낡은 믿음들의 굳은 땅을 갈아엎고 새로운 성장을 준비하는 쟁기이기 때문이다.

것이다. 나는 이와 같은 민중에 대한 믿음이 근본 진리로 인정될 것인가에 대해 우려하지 않는다. 민중에 대한 믿음은 내가 앞에서 말한 것과 모순될지도 모르지만, 사실 인생은 모순으로 이루어진 이야기가 아니던가. 민중에 대한 믿음을 가진 급진주의자는 민중을 조직할 의무가 있다. 그렇게 함으로써 급진주의자들은 평등, 정의, 자유, 평화, 인간 삶의 귀중함에 대한 깊은 관심 등과 같은 가치 그리고 유대-기독교와 민주적 정치 전통에서 제시한 모든 권리와 가치를 위한 영원한 탐색의 길에서 앞으로 나아가면서 부딪히게 되는 모든 예측불가능한 미래의 위기상황을 가장 좋은 방법으로 해결할 수 있는 힘과 기회를 가지게 될 것이다. 민주주의는 그 자체가 목적이 아니라 이러한 가치를 실현하기 위한 가장 좋은 수단이다. 이것이 바로 내가 인생을 통하여 추구하고, 필요하다면 그것을 위하여 목숨을 바칠 준비도 되어 있는 신념이다.

변화의 정치학을 이해하는 데 필요한 기본적인 전제 조건은 세상을 있는 그대로 인정하는 것이다. 세상을 우리가 원하는 모습으로 바꾸기 위해서는 있는 그대로의 세상에서 그것의 법칙대로 일해야 한다. 우리는 일단 세상을 우리가 원하는 모습대로가 아니라 있는 그대로 바라볼 수 있어야 한다. 우리는 모든 정치적 현실주의자들이 그러했듯이, 마키아벨리와 다른 사람들이 "사람들이 해야만 하는 것이 아니라 사람들이 하고 있는 것"이라고 한 바로 그러한 각도에서 세상을 바라보아야만 한다.

현재 위치한 곳에서부터 시작해야 하며, 인생에 대해서 스스로가 쳐 둔 환상의 거미줄에서 벗어나야 한다는 간단한 사실을 온전히 받아들이는 것은 고통스러운 일이다. 우리 중 대부분은 세상을 있는 그대로 바라보지 않고 우리가 원하는 모습대로 바라본다. 우리가 더 선호하는 세상의 모습은 선이 언제나 승리하는 프로그램들이 연속적으로 방영되는 텔레비전에서 매일 저녁 볼 수 있다. 물론 이것은 늦은 저녁 뉴스가 방영되기 전까지만이다. 뉴스가 방영되는 순간, 우리는 다시 순식간에 있는 그대로의 세상 속으로 떨어질 수밖에 없다.[4)]

정치적 현실주의자들은 세상을 있는 그대로 바라본다. 그들이 보는 세상은 눈에 보이는 직접적인 이해관계에 의해 주로 움직이는 권력정치의 현장이며, 그곳에서 도덕은 편의주의적인 행동과 이기심을 충족시키기 위한 수사학적인 근거일 뿐이다. 이에 대한 두 가지 예를 들어볼 수 있다. 주교가 되고 싶은 사제는 아첨과 정치적 술수로 자신의 출세를 도모하면서, "주교가 되고 나면 나의 직책을 기독교 개혁을 위해서 사용할 거야"라는 말로 자신의 행동을 정당화한다. 실업가는 "일단 백만 달러를 모은 후에 진짜 인생을 살 거야"라고 변명한다. 불행히도 사람은 주교직이나 백만장자에 이르는 과정에서 많은 변화를 겪게 되고, 다시 "추기경이 될 때까지 기다릴 거야. 그렇게 되고 나면 더욱 효과적으로 힘을 발휘할 수 있을 거야"라든지, "이백만 달러를 모으고 나면 할 수 있는 일이 더 많아질 거야"라고 말하게 된다. 그리고 이것이 끝없이 반복되는 것이다.[5)] 이 세상에서 법규들은

---

4) 몇 가지 예외도 있다. 아름다운 몬터레이 반도의 해변에 있는 캘리포니아 주 카멜 바이 더 시 Carmel-by-the-Sea라는 곳은 있는 그대로의 세상에서 도망쳐서 도달하기 위한 미국 내 천국 중 하나로, 이곳의 라디오 방송국인 KRML에서는 '긍정적인 것, 오직 세상의 좋은 소식만을 보도하는 선샤인 뉴스!'를 방송했다.

'선샤인 뉴스'를 비웃는 지식인들도 이미 공식화된 대답을 좋아하는 것에서는 예외가 아니다.

5) 몇 해 동안 시카고 근처의 한 주요 가톨릭신학교의 졸업반에 속한 활동가들이 매년 성직 안수식 직전에 하루 동안 나를 찾아와 가치, 혁명적 전술 등에 대해 질문을 하곤 했다. 한번은 그 날이 끝나갈 즈음에, 신학도 중 한 명이 말을 했다. "알린스키 씨, 우리는 여기에 오기 전에 우

'공공선'이라는 고결한 목적을 갖고 만들어지지만, 그 이후 실제적으로는 공공의 탐욕이라는 동기 하에 집행된다. 이 세상에서는 불합리성이 인간에게 마치 그림자처럼 들러붙어서 옳은 일들이 그릇된 이유로 행해진다. 일이 이루어지고 나서야 우리는 정당화를 위하여 옳은 이유들을 긁어모은다. 이 세상은 순수한 천사의 세상이 아니라 간악한 책략의 세상이다. 사람들은 이 세상에서 입으로는 도덕 원칙을 말하지만 실제로는 힘의 원리에 따라 행동한다. 이 세상에서 우리는 언제나 도덕적이지만 적은 언제나 비도덕적이다. '화해'가 의미하는 바는 한쪽은 힘을 가지고 다른 쪽은 그 힘을 수용하게 될 때에야 화해가 이루어진다는 것이다. 이 세상의 종교기관들은 주로 현존 질서를 지지하고 정당화한다. 그리하여 오늘날의 조직화된 종교는 물질적으로는 충만해 있지만 정신적으로는 파산 상태에 이르렀다. 유대-기독교적 윤리는 노예제도, 전쟁 그리고 당대 지배질서가 행한 모든 종류의 추악한 인간 착취를 수용했을 뿐만 아니라 정당화해 주었다. 바로 이 윤리 안에서 우리는 살아가고 있다.

우리는 '선'이 우리가 그것을 원하는지 아닌지의 여부에 따라 결정되

리끼리 서로 만나서 이야기해 보았는데, 당신에게 특별히 이 질문을 꼭 하고 싶다고 의견을 모았습니다. 우리는 사제 서품을 받을 것이고, 각각 다른 본당의, 솔직히 말하자면 보수적이고 반동적인 늙은 주임 사제들의 보좌 사제로 임명될 것입니다. 그들은 당신과 우리가 믿고 있는 것들 중 상당 부분에 대해 반대 의견을 갖고 있을 것이며, 우리는 힘든 일상생활을 시작할 것입니다. 우리의 질문은 이것입니다. 어떻게 하면 우리가 진정한 기독교적 가치에 대한 믿음, 곧 현 체제를 바꾸기 위해 우리가 하고 싶어 하는 모든 것들을 지켜 나갈 수 있지요?"

그것은 별로 어려운 질문이 아니었다. 나는 대답하였다. "여러분이 저 문을 나설 때, 주교가 되고 싶은지 사제가 되고 싶은지에 대한 자기 자신만의 개인적 결정을 내리세요. 그러면 다른 모든 것은 자연스럽게 따라올 것입니다."

는 가치가 되어 버린 세상에서 살고 있다. 있는 그대로의 세상에서는 모든 문제에 대한 해결책이 불가피하게 다른 문제를 만들어낸다. 있는 그대로의 세상에서는 영원히 행복한 결말도, 영원히 슬픈 결말도 없다. 그와 같은 결말들은 환상의 세계, 우리가 그렇게 되었으면 하고 바라는 세계, "그들은 그 뒤 영원히 행복하게 살았어요"라고 이야기하는 동화의 세계이다. 있는 그대로의 세계에서는 죽음만을 유일한 종착역으로 갖고 있는 사건의 흐름이 영원히 계속된다. 지평선에는 영원히 도달할 수 없다. 지평선이란 영원히 저 멀리에 있을 뿐이며, 우리를 앞쪽으로 손짓해서 부르고 있을 뿐이다. 이는 삶 자체를 좇는 것과도 같다. 이것이 바로 있는 그대로의 세상이고, 당신의 출발점이다.

이 세상은 평화와 아름다움, 공평한 이성의 세상이 아니다. 헨리 제임스Henry James가 썼듯이, "삶은 실제로 전쟁이다. 악은 오만하고 강하며, 아름다움은 매혹적이지만 드물며, 선은 약해지기 쉬울 뿐이며, 광기는 너무나도 도전적이기 쉬우며, 사악함이 승리하며, 우둔한 자들이 위대한 자리에 오르고 통찰력 있는 사람들이 보잘것없는 자리에 머물며, 인류는 전반적으로 불행하기 쉽다. 하지만 존재하고 있는 이 세상은 궁색한 환상도, 망령도, 밤의 사악한 악몽도 아니다. 우리는 그 안에서 영원히 다시 깨어난다. 그리고 우리는 그 세상을 잊을 수도, 부정할 수도, 배제할 수도 없다." 헨리 제임스의 말은 욥의 "인생은 땅 위에서 고역이오. …"라는 말에 대한 확인이다. 디즈라엘리Disraeli는 그것을 간략하게 표현하였다. "우리는 정치적 삶을 우리가 바라보는 그대로 받아들여야 한다."

일단 있는 그대로의 세상으로 들어서고 나면, 잘못된 생각들을 하나씩 버릴 수 있다. 우리가 버려야 하는 가장 주요한 환상은 결코 피할 수 없는 사물의 양면성을 분리시켜 파악하는 인습적 사고방식이다. 지적으로 우리는 모든 것이 기능적으로 서로 연결되어 있다는 사실을 알고 있지만, 행동할 때의 우리는 모든 가치와 문제들을 분할하고 고립시킨다. 우리는 주변의 모든 것을 빛과 어둠, 선과 악, 생과 사와 같이 그것과 결코 분리할 수 없는 반대개념의 짝으로서 바라보아야 한다. 우리는 태어나는 그 순간부터 죽어가기 시작한다. 행복과 불행은 분리될 수 없다. 평화와 전쟁 역시 그렇다. 핵에너지로부터 오는 파괴의 위협은 반대로 평화와 풍요의 기회를 동반하고 있으며, 이 우주의 모든 구성물들 역시 이와 같다. 모든 것은 삶이라는 거대한 노아의 방주 안에서 짝지어져 있다.

삶은 우리가 서로 반대되는 것들의 짝이라는 단서를 갖고 바라보기 전에는 개연성이나 논리성, 심지어는 그 어떤 질서의 그림자조차 가지고 있지 않은 것처럼 보인다. 모든 것을 그것의 이원성에 비추어 바라볼 때, 우리는 방향성과 모든 것의 의미에 대한 어렴풋한 단서를 얻게 된다. 이러한 모순 또는 반대개념과 그들 사이에서 끊임없이 상호 작용하는 긴장에서부터 창조가 시작된다. 모순의 개념을 받아들이기 시작하면서 우리는 모든 문제나 논쟁거리가 서로 밀접하게 관련된 속에서 전체를 바라볼 수 있게 된다. 그렇게 되면 우리는 모든 긍정에는 부정이 있으며,[6] 반드시 뒤따라 오는 부정적인 것 없이는 어떠한 긍정적인 것도 없고, 부정적 측면을 갖지 않은 어떠한 정치적 낙원도 없다는 것을 알 수 있게 된다.

---

[6] 중국인들은 4천여 년 전부터 자신들의 철학적 삶 속에서 이러한 상보성의 원리를 잘 알고 있었다. 그들은 광대함(자연, 유일신 혹은 신들)으로부터 그들이 태극이라고 부르는 창조의 원리가 나왔으며, 태극에서부터 두 원리 혹은 두 가지 힘인 양과 음이 나오고, 이로부터 모든 것이 창조되었다고 믿는다. 양과 음은 긍정과 부정, 빛과 어둠, 수컷과 암컷 그리고 서로 반대되는 것들의 수많은 예를 통해 정의되었다.

닐스 보어는 모순이 나타나는 것은 실험이 올바른 궤도에 올랐음을 알려 주는 신호라고 했다. "만약 우리가 단 한 가지 난관에만 부딪힌다면 별다른 희망이 없지만, 두 가지 난관에 부딪히게 되면 그 둘을 서로 상쇄시킬 수 있습니다." 보어는 이를 '상보성'이라고 불렀는데, 이는 겉보기에는 충돌적인 힘들 혹은 반대되는 것들 사이의 상호 작용이 사실상 자연의 조화임을 의미한다. 화이트헤드A. Whitehead 역시 이와 유사한 관찰을 하였다. "형식논리학에서 모순은 패배의 상징이다. 하지만 진정한 지식의 발달에서 모순은 승리를 향한 진보의 첫걸음을 가리킨다."*

어디에서나 모든 변화는 이와 같은 상보성을 보인다. 시카고에서는 당시 미국 최악의 빈민가였던 업튼 싱클레어의 《정글》*에 있던 사람들이 일을 해도 겨우 굶어 죽지 않을 정도의 임금밖에 받지 못하며 희망을 상실하고 타락하고 병들고 썩어가는 판잣집에서 살았지만, 마침내 조직화되었다. 그들은 모든 인종에 대한 평등, 고용 안정 그리고 모든 이들의 인간다운 삶을 기치로 내세웠다. 그들은 스스로의 힘으로 싸우고 승리하였다. 오늘날 그들은 중산층의 일부가 되었을 뿐만 아니라 인종주의적이고 차별주의적인 우리 문화의 일부가 되었다.

테네시 강 유역 개발 공사는 한때 민주주의의 왕관에서 가장 빛나는 보석 중 하나였다. 자유사회가 이룬 이러한 물질적이고 사회적인 성취를 직

---

* 〔역주〕 Alfred North Whitehead, "Religion and Science," The Atlantic Monthly, August 1925.
: 〔역주〕 《정글》(The Jungle, 1906)은 사회주의적 성향의 미국 작가였던 업튼 싱클레어(Upton Beall Sinclair Jr., 1878~1968)가 시카고 시 육류통조림가공공장 지대를 배경으로 쓴 소설이다. 바로 이 소설의 배경이 된 시카고 시 빈민가 지역, 곧 현대판 정글에서 알린스키는 처음 민권 운동을 시작했다.

접 보고 찬양하고 연구하기 위해 세계 각지에서 방문객들이 몰려왔다. 오늘날 이는 석탄을 노천 채굴하고 지역사회에 혼란을 불러일으키는 등, 컴벌랜드 마운틴즈 지역미국의 동남부에 위치하고 있는 지역-옮긴이에서 사회악의 근원이 되고 있다.

미국의 산업별 노동조합 회의C.I.O., Congress of Industrial Organizations는 미국 노동자들의 최고 투사였다. 직접적으로든 간접적으로든 미국의 모든 급진주의자들이 속해 있었다. 그들은 미국의 기업구조와 싸워서 승리했다. 오늘날 미국 노동총연맹A.F. of L., American Federation of Labor과 합병한 산업별 노동조합 회의는 기성질서를 방어하는 요소의 하나이며, 그 지도자들은 베트남 전쟁을 지지한다.

또 다른 한 예는 현재 추진 중인 고층 공공주택 계획들이다. 원래는 도시에서 빈민가를 없애기 위한 주요 발전구상으로 창안되고 추진된 이 계획들은 쥐가 들끓고 썩어가는 공동주택들을 무너뜨리고 현대적 아파트들을 세우는 구상을 포함하고 있었다. 그 계획들은 자국의 일반 대중들이 빈민가의 더러운 아수라장 속에서 사는 것을 용인하지 않겠다는 미국의 결단으로 격찬을 받았다. 하지만 이미 상식이 되어 버렸듯이, 그것들은 결국 공포의 정글로 변했으며, 이제는 그것들을 어떻게 개조할 수 있는가 또는 없앨 수 있는가라는 문제가 이미 대두되어 있다. 그 계획은 경제적 지위와 인종을 근거로 하는 이중의 차별이 결합된 사업이 되었으며, 그 계획에 맞추어 살아가야만 하는 사람들에게는 위험이 되어 버렸다. 아름다운 긍정적인 꿈이 부정적인 악몽으로 되고 만 것이다.

이것은 혁명과 반동의 보편적 이야기이다. 이것은 긍정과 그것의 반대인 부정 사이의 지속적인 투쟁이다. 이러한 투쟁은 오늘날의 긍정이 내일의 부정이 되거나 또는 그 반대가 일어나도록 하는 역할전도를 포함한다.

자연에 대한 이와 같은 관점은 현실이 이원적이라는 것을 인정한다. 물리학의 양자역학 원리는 대중운동의 역학에 더욱 극적으로 적용된다. 이는 '상보성'에서 그러할 뿐만 아니라, 지금까지 보편적으로 받아들여져 온 인과관계의 개념을 거부한다는 점에서도 그러하다. 인과관계의 개념에 따르면, 물질과 물리적 현상은 원인과 결과로 이해되고, 모든 결과에는 언제나 원인이 있으며, 한쪽이 언제나 다른 쪽을 야기한다. 하지만 양자역학에서 인과관계는 대부분 확률로 대체되었다. 전자나 원자는 특정한 힘에 대응해서 특별한 그 어떤 것도 하지 않는다. 단지 그것이 이렇게 혹은 저렇게 반응할 것이라는 확률의 집합이 있을 뿐이었다. 이는 뒤따르는 관찰이나 명제의 토대가 된다. 대중운동, 전술 혹은 걸린 문제의 다른 어떤 측면에 대한 토론이나 분석을 할 때에, 이렇게 하면 저런 결과가 나올 것이라는 말을 할 수 있는 경우는 없다. 우리가 성취하기를 바랄 수 있는 최선의 것은 특정 행동들에 따라 일어날 수 있는 가능성들에 대한 이해 정도이다.

모든 현상의 이원성에 대한 이러한 이해는 우리가 정치를 이해하는 데에 반드시 필요하다. 이를 통해서 우리는 한 가지 접근법은 긍정적이고 다른 한 가지는 부정적이라는 신화에서 벗어날 수 있다. 인생에서 그와 같은 것은 없다. 한 사람에게는 긍정적인 것이 다른 사람에게는 부정적이기 마련이다. 어떤 과정을 '긍정적' 혹은 '부정적'이라고 서술하는 것은 정치적 무지의 표시이다.

혁명의 본질이 이원주의적 관점에서 이해되고 나면, 우리는 혁명에 대한 단일 관점에서 벗어나서 혁명을 그것과 분리할 수 없는 반혁명과 짝지어진 것으로 보게 된다. 우리가 불가피한 반혁명을 받아들이고 예상할 수 있게 되면, 혁명과 반혁명의 역사적 패턴을 이보전진 일보후퇴라는 전통적인 더딘 방식에서부터 후퇴를 최소화할 수 있는 방향으로 변화시킬 수 있다. 각각의 요소들은 긍정적 측면과 그 반대의 측면을 갖고 있으며, 다른 관련 요소들에 일일이 끝도 없이 연결되어 있다. 그리하여 혁명의 역은 한 측면에서는 반혁명이고 다른 측면에서는 개혁이다. 혁명은 서로 연결된 반대 요소들로 이루어진 끝없는 사슬과도 같이 연결되어 있다.

계급 구분: 삼분할체

변화라는 드라마의 배경은 한 번도 변한 적이 없다. 인류는 예전에도 그러하였듯이 지금도 유산자들, 무산자들 그리고 조금 가지고 있지만 더 갖고 싶어 하는 자들 Have-a-Little, Want Mores 이렇게 세 부분으로 나뉘어 있다.

최상부에는 권력, 돈, 음식, 안전 그리고 사치품을 갖고 있는 유산자들이 있다. 무산자들이 기아에 허덕이는 동안 그들은 자신들이 가진 잉여물 속에 파묻혀 있다. 수적으로 보았을 때 유산자들은 언제나 소수였다. 유산자들은 모든 것을 있는 그대로 유지하고 싶어 하며 변화에 반대한다. 열-정치학적으로 thermopolitically 보았을 때 그들은 냉정하며 현존 질서를 그대로 얼려서 고정시키려는 굳은 결심을 갖고 있다.

바닥에는 세상의 무산자들이 있다. 현실 세계에서 그들은 현격한 차이로 수적으로 최대 다수이다. 그들은 빈곤, 형편없는 주거 환경, 질병, 무지, 정치적 무기력 그리고 절망이라는 공통의 불행으로 함께 묶여 있다. 고용된다고 하더라도 그들이 가질 수 있는 일자리는 임금이 가장 낮은 것들이며, 그들은 인간의 성장에 기본이 되는 모든 면에서 부족함을 겪는다. 물리적인 혹은 정치적인 색깔에 갇혀 있는 그들은 실제 인간사의 정치에서 자신들을 내세울 수 있는 기회를 박탈당한 상태이다. 유산자들은 지키고자 하고, 무산자들은 갖고자 한다. 열-정치학적으로 무산자들은 체념과 숙명론의 차가운 잿더미이지만, 그 속에는 권력을 획득할 수 있는 수단을 구축해 냄으로써 다시 타오를 수 있는 빛나는 희망의 불꽃이 있다. 열이 생기기만 한다면, 불은 다시 타오를 것이다. 그들은 위로 올라가는 것 외에는 달리 갈 곳이 없다.

그들은 유산자들의 기성질서와 그 내부의 지나친 풍요, 경찰들, 법정들, 교회들을 증오한다. 정의, 도덕성, 법 그리고 질서는 유산자들이 사용할 때에는 유산자들의 지배질서를 정당화하고 보호하는 단어들에 불과하다. 무산자들의 힘은 그들의 수적 우세 밖에서는 찾을 수 없다. 자신들의 소유물에 대해 가해질 수 있는 각종 위협에 대한 악몽에 시달리는 유산자들은 언제나 "우리는 언제 자지?"라는 질문에 직면해 있고, 반면 무산자들은 "우리는 언제 먹지?"라는 영원한 질문을 던지고 있다. 무산자들이 "우리에게 애정을 베풀어 봐!"라고 외친 적은 결코 없다. 그들은 항상 "우리 등에서 내려오라!"고 외쳐 왔을 뿐이다. 그들이 원하는 것은 사랑이 아니라 숨을 쉴 수 있는 공간이다.

유산자들과 무산자들 사이에는 조금 가지고 있지만 더 갖고 싶어 하는 자들, 곧 중산층이 존재한다. 자신들이 가진 조그마한 것이나마 지키기 위하여 현존 질서를 유지하고자 하는 욕구와 더 많이 갖기 위하여 변화를 추구하려는 욕구 사이에서 그들은 정신분열증 환자가 되고 만다. 그들은 사회적, 경제적, 정치적 정신분열증 환자라고 불릴 만하다. 일반적으로 그들은 변화로 이득을 보지만, 자신들이 가진 조그마한 것이라도 잃어버릴 위험에는 처하지 않도록 해 줄 안전한 길을 찾고자 한다. 그들은 혁명이라는 정치적 포커게임에 참여하기 위해서는 손에 적어도 3장의 에이스를 갖고 있어야 한다고 고집한다. 열-정치학적으로 보았을 때 그들은 미온적이며 관성에 뿌리박혀 있다. 오늘날의 서구 사회, 특히 미국에서는 그들이 전체 인구의 대부분을 차지한다.

하지만 창조력의 원천은 조금 가지고 있지만 더 갖고 싶어 하는 자들 내부에 존재하는 상충하는 이해관계와 모순에 있다. 모세, 사도 바울, 루터, 로베스피에르, 당통, 새뮤얼 애덤스, 알렉산더 해밀턴, 토머스 제퍼슨, 나폴레옹, 가리발디, 레닌, 간디, 카스트로, 마오쩌둥 등 지난 수세기 동안 변화를 이끈 세계의 위대한 지도자들은 몇몇 예외를 제외하고는 모두 이 계급의 소산이었다.

조금 가지고 있지만 더 갖고 싶어 하는 자들 내부의 이해관계 충돌은 그토록 많은 위대한 지도자들을 길러낸 것과 마찬가지로, 상충하는 이해관계 때문에 막다른 골목에 이르러서 결국에는 무기력에 빠지게 되는 특별한 부류도 길러내었다. 아무것도 하지 않는 이들은 정의, 평등, 기회 등의 이상을 위한 사회변화에 헌신하겠다고 공언하지만, 실제로는 변화를 위한 모든 실질적 행동을 삼갈 뿐만 아니라 억누르기도 한다. 그들은 "나는 너희의 목적에는 동의하지만 수단에는 동의하지 않는다"라는 자신들만의 낙인으로 잘 알려져 있다. 그들은 행동의 불꽃으로 타오를 수 있는 모든 불화의 불티를 힘닿는 한 덮어서 꺼버리는 모포로서 작용한다. 아무것도 하지 않는 이들은 정의와 존엄성을 가치 있게 여기는 선한 사람이자 인도주의자처럼 대중들에게 비춰진다. 하지만 실질적으로 그들은 역겨운 족속이다. 이들이 바로 버크Edmund Burke가 "악이 승리하는 데 필요한 유일한 조건은 선한 사람들이 아무것도 하지 않는 것이다"라는 신랄한 말을 내뱉을 때 염두에 두고 있던 사람들이다. 혁명적 지도자들 혹은 행동하는 사람들 그리고 아무것도 하지 않는 사람들 모두 이 글에서 다루어질 것이다.

일반적인 현존 지배질서의 역사는 유산자들의 화려한 물질주의가 부패와 퇴폐에 감염되었음을 보여준다. 유산자들이 자신들의 소유를 정당화하기 위해 치르는 의례들만이 그들의 정신적인 삶이다.

100년 훨씬 이전에 토크빌은, 그 시기에 미국을 연구한 다른 이들이 그랬듯이, 개인적인 물질주의적 복지를 제외한 다른 모든 것에 대한 무관심과 방종이 미국의 미래를 가장 위협하는 요인이라고 말했다. 화이트헤드는 《사상의 모험》Adventures of Ideas에서 "권력을 즐기는 것은 인생의 신비로운 미묘함에 치명적이다. 사회지도층은 뻔한 즐거움에 나태하게 탐닉함으로써 타락한다"라고 지적하였다. 이러한 상태에 있는 인간은 잠든 것과 다름없다고 할 수 있는데, 이는 인간이 잠이 들었을 때 각자 주변의 세상에서 관심을 거두어 자신의 사적인 세상에 빠지기 때문이다.[7] 나는 이 주제와 관련된 또 한 권의 책을 인용하고자 한다. 《이상한 나라의 앨리스》에서 참나리꽃은 앨리스에게 말하는 꽃들에 대해 설명해 준다. 참나리꽃은 말하는 꽃들이 흙이 단단한 곳에서 자라난다는 점을 알려 주고 나서, 다음과 같이 말한다. "대부분의 정원에서는 흙을 너무 부드럽게 만들어. 꽃들이 언제나 잠들어 있도록 말이야." 이는 변화의 위대한 법칙들이 다가오는 사회적 수술에 앞서서 희생자의 마취를 준비하는 것과도 같다.

변화는 움직임을 의미한다. 움직임은 마찰을 의미한다. 갈등의 마모적인 마찰 없이 움직임이나 변화가 일어나는 것은 현실에서는 존재하지 않는 추상적 세계의 마찰 없는 진공에서나 가능한 일이다. 변화의 위대한 법칙

---

7) 헤라클리투스, 《단편들》(Fragments) 참조. "깨어 있는 자들은 하나의 세상을 공유하고, 잠든 자들은 각자의 사적인 세상을 각각 갖고 있다."

과 협력하는 것이 이 책의 공개적인 정치적 목적이다. 그렇지 않기를 바라는 것은 조류와 파도에게 멈추라고 명령을 내리는 카뉴트 왕King Canute*에 비교될 수 있는 행동이다.

현존 질서의 물질주의적 타락에 직면했을 때, 모든 혁명적 운동들이 기본적으로 정신적인 가치와 정의, 평등, 평화, 형제애에 대한 관심으로부터 시작된다는 것은 놀라운 일이 아닐 것이다. 역사는 혁명의 릴레이 경주와도 같다. 이상주의의 횃불은 혁명그룹에 의해 운반되고, 그 그룹이 기성사회가 되었을 때 그 횃불은 땅에 내려져 새로운 혁명그룹이 그것을 집어 들고 다음 구간을 달리게 될 때를 기다리게 된다. 이렇게 하여 혁명의 순환이 계속되는 것이다.

가까운 미래에 일어나야 하는 주요한 혁명은 그 자신의 복지가 다른 모든 사람들의 복지와 분리될 수 있다는 인간의 환상을 없애는 것이다. 인간이 이러한 비뚤어진 신화적 통념의 족쇄에 묶여 있는 한, 인간의 영혼은 그 힘을 찾지 못할 것이다. 우리의 사적이고 물질적인 복리에 대한 염려와 타인의 복리에 대한 경시는 우리의 유대-기독교적 문명의 가르침에 따르면 부도덕한 것일 뿐만 아니라, 심지어 하등동물에게나 어울리는 아둔함이다. 이는 인간이 무지와 단순한 동물의 교활함 속에 빠져 자신의 발을 자신이 태어났던 원시의 진흙 속에서 여전히 질질 끌고 있는 꼴이다. 하지만 인간의 상호의존이 그가 진흙탕에서 빠져 나오도록 해 주는 주요한 힘이라는 것을 아는 사람들이, 인간이 자기 형제의 보호자*라는 사실을 일깨우는 훈

---

* [역주] 1016~1036년 기간 동안 잉글랜드의 왕이었으며, 나중에 잉글랜드, 덴마크, 노르웨이로 구성된 앵글로 스칸디나비아 대제국의 대왕이 된다. 그는 자신에 아첨만 하는 신하들에게 교훈을 주기 위해 바닷가에서 조류와 파도에게 멈추라고 명령을 내린다.

계와 도덕적 선언을 지혜롭게 전달하지 못했다. 인간이 그의 일상적 삶이 요구하는 수준 이상의 높은 도덕성을 추구할 것이라는 그릇된 가정을 했다는 점에서 지나간 세기들은 완전히 실패했다고 할 수 있다. 도덕성을 인간의 일상적인 욕구에서 분리하여 이타주의와 자기희생의 수준으로 격상시킨 것은 미래의 관점에서 볼 때 위해가 될 뿐이었다. 실제로는 인간의 '더 나은 본성' 이 아니라 이기심이 인간으로 하여금 자기 형제의 보호자가 될 것을 요구한다. 우리는 오늘날 그의 이웃이 아무것도 갖고 있지 않다면 그 자신은 식빵 한 덩이도 가질 수 없는 세상에서 살고 있다. 만약 그가 빵을 나누지 않는다면, 그는 이웃에게 죽임을 당할 것이 두려워 잠조차 잘 수 없을 것이다. 안전 속에서 먹고 자기 위하여 인간은 그릇된 이유로 보이는 것에 의해서일지라도 옳은 일을 해야 하며, 실제로 자기 형제의 보호자가 되어야만 한다.

　가장 실용적인 삶이 도덕적인 삶이며 도덕적인 삶이 생존을 위한 유일한 길임을 인간은 이제 막 배우는 참이라고 나는 믿고 있다. 인간은 자신의 물질적 부의 일부를 나누지 않으면 가진 것을 모두 잃게 될 것이며, 문명이 계속되기를 원한다면 다른 정치적 이데올로기들을 존중하고 그것들과 공존하는 방법을 배워야 함을 깨닫기 시작하고 있다. 이는 인간이 자신의 실질적 경험을 통해 이해하고 납득하게 된 종류의 논리이다. 이것은 도덕성을 향해 천천히 나아가는 길‡이다. 다른 길은 존재하지 않는다.

: 〔역주〕 "야훼께서 카인에게 물으셨다. '네 아우 아벨이 어디 있느냐?' 카인은 '제가 아우를 지키는 사람입니까?' 하고 잡아떼며 모른다고 대답하였다." 창세기 4:9.

: 〔역주〕 알린스키는 'high road' (큰길, 간선도로)라는 표현의 대구로 'low road' 라는 표현을 쓰고 있다.

Rules for Radicals

수단과 목적

Of Means

우리는 먼저 생각하고 나중에 행동할 수 없다. 태어나는 순간부터 우리는 행동 속으로 빠져들게 되며, 생각을 통해서 행동을 적절히 이끌어 나갈 수 있을 뿐이다.

— 알프레드 노스 화이트헤드 Alfred North Whitehead

"목적은 수단을 정당화하는가?"라는 그 영원한 질문은 그 형태대로는 아무런 의미도 갖지 못한다. 수단과 목적의 윤리와 관련하여 실제로 의미를 갖는 유일한 질문은 예나 지금이나 "이 특정한 목적이 이 특정한 수단을 정당화하는가?"이다.

인생 그리고 당신이 살아가는 방식이 바로 수단과 목적의 이야기이다. 목적은 당신이 원하는 것이며, 수단은 당신이 그것을 성취하는 방식이다. 우리가 사회 변화에 대해 생각할 때마다, 수단과 목적의 질문은 대두되기 마련이다. 행동하는 사람은 수단과 목적의 문제를 실용적이고 전략적인 관점에서 바라본다. 그는 자신이 가진 실질적인 자원과 다양한 선택의 여지가 있는 행동 방식들의 실현가능성만을 생각한다. 그는 다른 문제를 갖고 있지 않다. 그는 목적에 대해서는 그것들이 성취될 수 있는지 또한 성취를 위해 치러야만 하는 대가만큼의 가치를 갖고 있는지에 대해서만 묻고, 수단에 대해서는 그것들이 잘 작동할지에 대해서만 묻는다. 부패한 수단은 목적도 부패시킨다고 말하는 것은 목적과 원칙과 관련하여 동정수태가 가능하다고 믿는 것과 같다. 현실의 장은 부패했으며 유혈이 낭자하다. 인생은 아이가 잠 잘 시간을 둘러싼 정치에서 엄마를 이용하여 아빠를 상대하는 순간부터 시작되는 부패의 과정이다. 부패를 두려워하는 자는 인생도 두려워한다.

현실적인 혁명가는 "양심은 관찰자들의 덕목일 뿐 행동하는 사람의 덕목은 아니다"라는 괴테의 말을 이해할 것이다. 실질적인 행동 과정에서는 개인적인 양심에 부합할 뿐만 아니라 인류에게 이득이 되는 결정이라는 사치를 부릴 수 있는 상황만 존재하지는 않는다. 언제나 인류의 이득을 위한 선택을 해야만 한다. 행동은 집단의 구원을 위한 것이지 한 사람의 개인적 구원을 위한 것이 아니다. 자신의 개인적 양심을 위하여 집단의 이득을 희생시키는 사람은 '개인적 구원'에 대한 남다른 생각을 하고 있는 사람이다. 그는 사람들을 위하여 '부패' 될 만큼 그들을 염려하지 않는다.

수단과 목적의 윤리에 대한 논쟁과 문헌을 쌓아가는 사람들—그런 논쟁이나 문헌은 아주 예외적인 경우를 제외하고는 그 무의미함이 특징이다—은 인생과 변화라는 영원한 투쟁 중에 자신들이 직접 겪은 경험에 대해서는 거의 쓰지 않는다. 더욱이 그들은 활동상 책임의 부담과 곤란 그리고 즉각적으로 결정을 내려야 하는 끊임없는 압박을 알지 못한다. 그들은 열정을 의심스럽게 여기는 불가사한 객관성에 열정적으로 자신을 바친다. 그들은 인간이 마치 육지에서 항해 지도를 그리듯이 감정에 지배되지 않고 이성적으로 수단과 목적을 계획하고 구상하는 비실재적인 상황을 가정한다. "우리는 목적에는 동의하지만 수단에는 동의하지 않아" 혹은 "지금은 때가 아니야"와 같은 한두 가지 어구를 통해 그들을 알아볼 수 있다. 수단-목적 도덕론자들이나 행동하지 않는 사람들은 언제나 그 어떤 수단도 사용하지 않고 목적에 이른다.

　무산자들이 유산자들에 대항해서 사용하는 수단의 윤리에 대해 끊임없이 집착하는 수단-목적 도덕론자들은 자신의 진정한 정치적 입장에 대하여 자문해 보아야 할 것이다. 사실, 그들은 유산자들의 소극적이지만 진정한 우군이다. 그들이 바로 자크 마리탱Jacques Maritain이 "역사의 맥락 속으로 들어감으로써 스스로를 더럽히는 것을 두려워함은 미덕이 아니라 미덕을 회피하는 방법이다"라는 구절에서 지적하고자 한 사람들이다. 이들 행동하지 않는 자들은 나치와 싸울 수 있는 유일한 방법을 통하여 나치와 싸우기를 선택하지 않은 사람들이다. 그들은 유대인과 정치범들이 길에서 끌려가는 참담한 모습을 보지 않기 위하여 창의 덧문을 닫은 사람들이다. 그들은 그 상황의 끔찍스러움을 개인적으로 한탄하고는 아무것도 하지 않은 사람들이다.

　이것이야말로 가장 저급한 부도덕이다. 그 어떤 수단보다도 가장 비윤리적인 것은 그 어떤 수단도 사용하지 않는 것이다. 공격용 무기와 방어용 무기의 도덕적 차이에 대해 과거 국제연맹에서 벌어졌던 전형적으로 이상주의적인 논쟁에 그토록 열정적으로 그리고 전투적으로 참여한 것도 바로 이 부류이다. 그들의 행동에 대한 두려움은 실제 인간사의 정치와 너무나 동떨어진 나머지 인간이 아니라 오직 천사들에게만 적용될 수 있는 윤리학으로 그들이 도피하게끔 만든다. 판단의 기준은 우리가 살아가는 그대로의 인생의 이유나 원인에, 존재하는 모습 그대로의 세상에 근거를 두고 있어야지, 당연히 그렇게 되어야만 하는 세상이라는 우리가 바라는 환상에 기초해서는 안 된다.

나는 여기에서 수단과 목적의 윤리와 관련된 일련의 규칙들을 제시하고자 한다. 수단과 목적의 윤리에 관한 첫 번째 규칙: 수단과 목적의 윤리에 대한 사람의 관심은 이슈에 대한 그의 개인적 이해관계에 반비례한다. 우리와 직접 관련 없는 일을 다룰 때, 우리는 도덕심에 충만하게 된다. 라 로쉬푸코La Rochefoucauld의 표현을 빌리자면, "우리는 모두 타인의 불행을 견뎌내기에는 충분한 힘을 가지고 있다." 이 규칙에 동반되는 규칙이 있다. 수단과 목적의 윤리에 대한 사람의 관심은 그가 갈등의 현장으로부터 얼마나 떨어져 있나 하는 거리에 비례한다.

수단과 목적의 윤리에 관한 두 번째 규칙: 수단의 윤리에 관한 판단은 판단을 내리는 사람의 정치적 입장에 따라 좌우된다. 만약 당신이 나치의 점령에 적극적으로 저항했으며 레지스탕스 지하조직에 참여했다면, 당신은 암살, 테러, 재산 파괴, 터널과 기차의 폭파, 납치라는 수단을 택했을 뿐만 아니라, 나치를 패배시키겠다는 목적을 위하여 무고한 인질들을 희생하기로 마음을 먹었을 것이다. 나치에 저항한 사람들은 레지스탕스를 자신을 돌보지 않는 애국적 이상주의자들, 더할 나위 없이 용감하며 자신의 도덕적 신념을 위하여 스스로를 기꺼이 버릴 수 있는 비밀군대로 생각하였다. 하지만 점령군 당국자들에게 그들은 목적이 수단을 정당화한다고 믿는 무법적인 테러범, 살인자, 파괴공작원, 암살자였으며, 전쟁의 불가사의한 규칙들에 따르자면 전적으로 비윤리적이었다. 모든 외국 점령군들은 저항세력을 윤리적으로는 그와 같이 평가할 것이다. 하지만 그와 같은 분쟁 상황에서 당사자들은 그 어떤 쪽도 승리를 제외한 다른 가치에는 관심을 두지 않는다. 삶이 아니면 죽음일 뿐이다.

우리에게 독립선언문은 영광스러운 문서이자 인권의 증언이다. 다른 한편으로, 영국인에게 그것은 누락을 통한 기만으로 악명이 높은 성명이었다. 독립선언문에서, 혁명의 이유를 입증하는 세부목록은 식민지 개척자들의 관점에서는 영국이 저지른 모든 불의를 언급한 것이었지만, 반면 그로 인해 얻은 이익에 대해서는 하나도 명시하지 않았다. 기아에 허덕이던 시기에 식민지들이 대영제국으로부터 받은 식료품, 질병이 돌던 시기에 받은 의료품, 인디언들이나 다른 적들과의 전쟁에 파견된 군대 그리고 식민지의 생존에 도움이 되었던 다른 많은 간접적인 지원은 전혀 언급되지 않았다. 또한 영국 하원에서 식민지 개척자들을 지지하고 후원하던 의원들의 수가 증가하고 있던 점이나, 식민지에게 고통을 주고 있던 불공정을 개선하기 위한 수정 입법이 곧 이루어질 것이라는 희망도 전혀 주목받지 못했다.

제퍼슨, 프랭클린 그리고 그 외의 사람들은 존경할 만한 사람들이었지만, 그들은 독립선언문이 전쟁의 나팔소리임을 알고 있었다. 동시에 그들은 대영제국이 식민지 개척자들에게 가져다 준 건설적 이익 가운데 다수를 열거하는 것이 혁명을 위한 군대 동원의 절박성을 희석시켜 자신들이 자멸하게 되리라는 점도 알고 있었다. 그렇게 했다가는 정의가 우리 쪽으로는 적어도 60%나 되고 그들 쪽으로는 40%밖에 안 되지만, 결과적으로는 20%의 차이 때문에 혁명이 일어난다는 사실을 증명할 문서를 작성하게 될지도 모를 일이었다. 인간 세상의 정의의 저울이 나타내는 20%의 차이 때문에 한 가정의 가장이 아내와 자식, 가정, 들판에서 자라고 있는 농작물을 내버려두고 총을 들고 혁명군에 참가하리라고 기대하는 것은 상식을 무시하는 처사였다.

독립선언문은 선전포고문이었으며, 따라서 실제로 당시 발표되었던 내용 그대로가 되지 않으면 안 되었다. 식민지 개척자들의 주장이 100% 정당하다는 성명인 동시에, 영국 정부의 역할이 100% 악하며 정의롭지 못하다는 고발이어야만 했다. 우리의 주장은 천사들이 지원하는, 빛나는 정의 자체이어야만 했다. 그들의 주장은 악마와 결탁된, 전적으로 악한 것이어야만 했다. 그 어떤 전쟁에서도 적이나 명분이 모호한 적이 없었다. 그러므로 그러한 누락은 한쪽의 입장에서는 정당한 것이었으며, 다른 쪽의 입장에서는 의도적 기만이었다.

역사는 정치적 이해에 바탕을 둔 '도덕적' 판단으로 이루어진다. 우리는 1917년 레닌이 독일로부터 돈을 받은 것은 비난하였지만, 우리의 윌리엄 B. 톰슨William B. Thompson 대령이 같은 해에 러시아의 반볼셰비키파에게 수백만 달러를 주었을 때에는 조심스럽게 침묵을 지켰다. 제2차 세계대전 시 우리는 소련의 동맹국으로서 나치의 소련 침공에 대항하여 러시아인들이 공산당 게릴라 전술을 사용했을 때, 그 전술을 찬양하고 응원하였다. 하지만 공산주의 세력들이 세계의 다른 지역에서 우리를 상대로 같은 전술을 사용할 때, 우리는 그것을 비난한다. 우리를 상대로 사용한 반대세력의 수단은 언제나 비도덕적이고, 우리의 수단은 언제나 윤리적이며 인류의 가장 고결한 가치에 뿌리를 두고 있다. 《인간과 초인》에서 버나드 쇼George Bernard Shaw는 사람의 입장에 따라 윤리적 정의定義가 달라지는 것을 지적했다. 멘도사Mendoza가 테너Tanner에게 "나는 강도다. 부자의 돈을 털어서 살지"라고 말하자, 테너는 "나는 신사다. 가난한 사람들의 돈을 털어서 살지. 그러니 악수하자"라고 대답한다.

수단과 목적의 윤리에 관한 세 번째 규칙: 전쟁에서는 목적이 거의 모든 수단을 정당화한다. 포로의 대우에 관한 제네바 규칙에 관한 협정이나 핵무기 사용에 관한 협정이 지켜지는 이유는 순전히 적국이나 적국의 잠재적인 동맹국의 보복 가능성 때문이다.

나치가 소련을 침공하기 몇 시간 전에 윈스턴 처칠이 자신의 개인 비서에게 했던 지적은 전쟁 과정에서의 수단과 목적의 정치를 잘 집어내는 것이었다. 임박한 사태의 추이에 대해 알게 되자, 비서는 처칠에게 어떻게 해서 영국의 지도적 반공주의자인 처칠이 소련과 같은 편이 되는 것을 감수할 수 있는지를 물었다. 처칠에게는 자신의 정부에 공산주의자들을 지원하도록 요청하는 것이 수치스럽거나 어렵게 느껴지지 않았을까? 처칠의 대답은 분명하고 명료했다. "전혀 그렇지 않다. 나에게는 오직 한 가지 목적만이 있다. 그것은 히틀러의 파멸이다. 그것 때문에 내 인생은 훨씬 단순해졌다. 만약 히틀러가 지옥을 침공한다면, 나는 하원에서 악마에 대해 적어도 우호적인 발언을 할 것이다."

남북전쟁 중에 링컨 대통령은 망설이지 않고 인신보호권을 정지하였고 연방 대법원장의 지시를 무시하였다. 게다가 민간인의 재판에서 군사위원회의 적용이 불가피하다고 느꼈을 때, 그는 "공공 치안에 필수적이다"는 말로 이러한 행위의 불법성을 무시해 버렸다. 그는 민간법정이 민간인들의 반란행위를 다룰 힘이 없다고 생각했다. "순진한 어린 병사를 탈영하게끔 유인하는 교활한 선동자는 털 끝 하나 건드리지 못하면서, 내가 탈영병을 쏘아죽여야만 한단 말인가 …"

수단과 목적의 윤리에 관한 네 번째 규칙: 판단은 행동이 일어난 바로 그 시점의 맥락에서 이루어져야지, 전후의 다른 유리한 시점을 기준으로 이루어져서는 안 된다. 보스턴 학살은 그에 해당하는 예이다. "영국 측의 잔학행위만으로는, 살해행위가 3월 5일 밤에 저질러졌다고 사람들을 설득하기에는 충분하지 않았다. 보스턴 시민들이 먼저 공격을 했으며 군인들이 자기방어를 위하여 총을 쏘았다고 패트릭 카아Patrick Carr가 임종할 때 고백하였다. 샘 애덤스Sam Adams가 순교자들에게 부여하였던 고결함 속에서 죽어가던 순교자 중의 한 명에게서 나온 이 뜻밖의 진술은 애국자들의 진영을 당황 속에 빠뜨렸다. 하지만 애덤스는 카아가 아일랜드 '가톨릭교도'이며 필시 로마 가톨릭교회의

고해성사를 하고 죽었을 것이라고, 신앙심이 두터운 뉴잉글랜드 전 주민들 앞에서 지적함으로써 카아의 증언을 거짓으로 치부해 버렸다. 이렇게 샘 애덤스가 패트릭 카아의 문제를 끝내고 나자, 심지어 토리당원들조차 보스턴 학살에 보스턴 주민들의 책임이 있음을 증명하기 위하여 카아의 증언을 인용할 엄두를 내지 못하였다."[1] 영국인 측에서 보았을 때, 이것은 편협성의 기만적이고 썩어빠진 활용이었으며, 독립전쟁 혁명가들, 곧 해방군의 특징을 보여 주는 비도덕적 수단이었다. 해방군과 애국자들에게 샘 애덤스의 행동은 훌륭한 책략이었으며 하늘이 보내준 구원이었다. 오늘날 우리는 그 사건을 되돌아보면서 애덤스의 행동을 영국인들과 같은 입장에서 바라볼 수도 있지만, 우리 자신이 대영제국을 상대로 하는 혁명에 현재 참여하고 있지 않다는 사실을 기억해야만 한다.

윤리적 기준들은 시대에 맞추어 해석될 수 있도록 신축성이 있어야 한다. 정치에서는 수단과 목적의 윤리가 여기에서 제시된 규칙들에 기초해서 이해될 수 있을 것이다. 역사는 대부분 1962년 우리 자신들의 쿠바 해상봉쇄와 대비되는 1812년과 1917년 공해상 자유를 요구한 우리 자신들의 주장, 또는 1942년 독일, 일본, 이탈리아에 대항하여 우리가 소련과 연합하고 그리고 이후 10년도 채 되지 않아 그 반대의 연합을 이루었던 행위 등과 같은 예들로 주로 이루어져 있다.

인신보호권의 정지, 미국 연방 대법원장 지시의 무시 그리고 민간인들의 재판과 관련한 군사위원회의 불법 적용 등은 15년 전 스프링필드에서 다음과 같은 말을 했던 바로 그 사람, 링컨에 의해 취해졌다. "악법은 존재

---

1) 존 밀러(John C. Miller), 《샘 애덤스, 프로파간다의 선구자》(*Sam Adams, Pioneer in Propaganda*).

하지 않는다거나 또는 어떤 법적 규정도 제정되어 있지 않은 배상이나 교정에 대해 불평이 일어나서는 안 된다는 말을 나 자신이 하는 것으로 오해하지 않았으면 합니다. 나는 그런 말을 하고 있지 않습니다. 반대로 제가 하고 싶은 말은 다릅니다. 만일 존재하는 악법들이 비록 폐지되어야 한다고 하더라도 아직 그것들이 유효한 상태에 남아 있는 동안에는, 그 법들은 전례를 위해서라도 엄격히 준수되어야 합니다."

노예해방선언을 선포하기 불과 몇 해 전 그의 첫 번째 취임사에서 다음과 같이 말한 것도 또한 바로 링컨이었다. "제가 '저는 지금 합중국에서 존재하고 있는 노예제도에 직접적이든 간접적이든 간섭할 생각이 없습니다. 저는 제게 그렇게 할 적법한 권리가 있다고 생각하지 않으며, 그렇게 하고자 하는 마음도 없습니다' 라고 선언하였던 연설들 중 하나를 저는 인용할 수밖에 없습니다. 저를 후보로 지명하고 선출한 사람들은 제가 이를 비롯하여 많은 유사한 선언을 했으며 결코 그것들을 번복하지 않았다는 것을 잘 알고 그런 결정을 한 것입니다."

입장을 전환한 링컨의 윤리적 태도에 대해 아마도 비판을 가할 사람들은, 원칙이나 입장이라고 불리는 것들에 대해 사람이 한결같고 헌신적인 태도를 유지하는 움직이지도 변하지도 않는 세상이라는 이상할 정도로 비현실적인 세계관을 갖고 있다. 실제 인간사의 정치에서, 일관성은 미덕이 아니다. 옥스퍼드 대사전Oxford Universal Dictionary에 따르면, 일관성이 있다는 것to be consistent은 "정지하고 있거나 움직이지 않는 것"을 의미한다. 인간은 시대에 맞추어 변화하거나 죽거나 해야 한다.

대통령이 된 이후 제퍼슨Thomas Jefferson 미국의 제3대 대통령-옮긴이의 태도 변화는 이 점을 잘 보여 준다. 제퍼슨은 워싱턴 대통령이 국가이익을 모든 결정의 출발점으로 삼는다고 끊임없이 공격했다. 그는 워싱턴 대통령을 편협하고 이기주의적이라고 혹평했다. 그는 모든 결정이 미국 독립혁명 정신의 확산을 장려하기 위해서 세계이익을 도모하는 방향으로 내려져야 하며 워싱턴이 취한 국가이익이라는 기준의 고수가 미국 독립혁명에 대한 배신이라고 주장했다. 하지만 제퍼슨이 미국의 대통령 자리에 앉는 그 순간부터, 그의 모든 결정은 국가이익에 따라 좌우되기 시작했다. 이것은 지난 세기에 일어난 일이지만, 지금 우리가 살고 있는 세기를 비롯해서 다른 모든 시대에서도 이와 유사한 사례를 찾아볼 수 있다.

수단과 목적의 윤리에 관한 다섯 번째 규칙: 윤리에 대한 관심은 이용 가능한 수단의 숫자에 비례해서 커지며, 그 역 또한 성립한다. 행동가가 어떤 수단을 사용할지를 결정하는 첫 번째 기준은 어떠한 수단들이 이용 가능한지를 평가하는 것이다. 이용 가능한 수단을 검토하고 선택하는 과정은 "그 수단이 효과적인가?"라는 철저히 실용적 원리에 따라 이루어진다. 윤리성은 효과가 동일하면서 서로 대체 가능한 수단들 사이에서 선택할 때에는 쟁점이 될 수 있다. 하지만 선택의 여지가 없고 오직 한 가지 수단만이 존재할 때에는 윤리성에 대한 질문은 결코 대두되지 않는다. 유일한 수단은 도덕적 가치를 자동적으로 부여받게 된다. "내가 달리 무엇을 할 수 있었을까?"라는 외침이 변호 수단이 된다. 반대로, 다수의 효과적이며 강력한 수단들 중에서 선택을 할 수 있는 안전한 위치는 "네 개의 에이스를 들고 있는 기독교인의 침착한 자신감"이라는 말로 마크 트웨인Mark Twain이 잘 표현한 윤리적 관심과 평온한 양심을 언제나 동반한다.

나에게 윤리란 최대 다수에게 최선인 일을 하는 것이다. 한 대기업과의 분쟁 중에, 나는 어느 모델에서 남녀가 함께 쓴 서명 사진과 나와 내 애인의 사진들을 대중들에게 공개하겠다는 협박을 당하는 상황에 직면하였다. "가서 그걸 언론에 넘기세요. 나는 그녀가 아름답다고 생각하고 있지요. 나는 단 한 번도 내가 금욕주의자라고 주장해 본 적이 없습니다. 그냥 공개하세요!'라고 나는 말했다. 협박은 거기까지였다.

이 사건이 거의 끝났을 때, 그 기업의 하급 임원 중 한 명이 나를 찾아왔다. 그는 비밀리에 우리 측에 동조하고 있었던 것으로 밝혀졌다. 그는 자신의 서류가방을 가리키며 말했다. "이 안에는 반대세력의 지도자인 모씨가 동성애자라는 증거들이 가득 있습니다." 내가 "고맙지만 됐어요. 저는 그런 식으로 싸우지 않습니다. 그것들을 보고 싶지도 않고요. 잘 가세요"라고 말하자, 그는 항변했다. "하지만 그들은 그 여자와 관련해서 당신을 음해하려 했잖아요." 나는 "그들이 그런 식으로 싸운다는 사실이 나도 그렇게 해야 한다는 것을 의미하지는 않습니다. 누군가의 사생활을 이런 진흙탕 속으로 끌어들이는 것은 저에게는 혐오스럽고 역겨운 짓입니다"라고 대답했다. 그리고 그는 떠났다.

여태까지는 그런대로 점잖았다고 볼 수 있다. 하지만, 만약 내가 그 증거들을 사용하는 것이 승리를 가능하게 하는 유일한 방법이라고 생각했다면, 나는 무조건 그것들을 사용했을 것이다. 나에게 어떤 대안이 있었을까? 그 잘난 '도덕적' 의분에 가득 차서 "나의 원칙을 더럽히느니 패배를 택하겠다"라고 말하고는, 윤리적 처녀성을 고이 간직하고 집에 돌아가는 것? 4만 명의 가난한 사람들이 절망과 자포자기 상태를 상대로 한 전투에서 패배할 것이라는 현실은 정말 너무나 비극적이다. 기업의 복수심 때문에 그들이 처한 상황이 더욱 악화될 것이라는 점 역시 끔찍하고 불행스러운 일이지만, 인생이란 원래 그런 것이다. 뭐라고 하더라도 우리는 수단과 목적을 기억해야만 한다. 사실 도덕이라는 그 커다란 천사의 날개를 이불로 잘 덮는 것은 시간이 걸리는 일이기 때문에, 잠드는 데에 어려움을 겪을지도 모르겠다. 바로 이런 행동이야말로 나에게는 비도덕성 그 자체이다.

수단과 목적의 윤리에 관한 여섯 번째 규칙: 이루고자 하는 목적이 덜 중요할수록, 사람은 수단에 대한 윤리적 평가에 관여할 여유를 더 많이 갖게 된다.

수단과 목적의 윤리에 관한 일곱 번째 규칙: 일반적으로 성공이냐 실패냐 하는 것이 윤리의 주요 결정요인이다. 역사의 심판은 결과의 성공 혹은 실패 여부에 크게 좌우된다. 성공과 실패가 바로 반역자와 애국적 영웅 사이의 차이를 만든다. 성공적 반역자와 같은 것은 존재하지 않는다. 사실 성공한다면 그는 건국 영웅이 된다.

수단과 목적의 윤리에 관한 여덟 번째 규칙: 수단의 도덕성은 그 수단이 패배가 임박한 순간에 사용된 것인지, 혹은 승리가 임박한 순간에 사용된 것인지에 따라 좌우된다. 같은 수단이라고 할지라도 승리가 확실시되고 있는 순간에 사용되었다면 비윤리적이라고 단정될 수도 있지만, 그것이 절망적 상황에서 패배를 면하기 위해 사용되었을 경우에는 도덕성의 문제가 제기되지 않을 것이다. 간단히 말하자면, 윤리성은 승패 여부에 따라서 결정된다. 태초부터 살인은 자기 방어를 위하여 사용되었을 경우 정당화될 수 있는 것으로 여겨져 왔다.

이 원칙을 현대의 가장 끔찍한 윤리적 질문에 적용하여 보자. 과연 미국이 히로시마에 원자폭탄을 투하한 것은 정당한 행동이었을까?

우리가 원자폭탄을 투하하였을 당시, 미국의 승리는 확실시되고 있었다. 일본은 태평양에서 연속적인 패배만을 겪고 있었다. 바로 그때 우리는 오키나와에 주둔하고 있었으며, 그곳에 있는 공군기지로부터 쉬지 않고 적들을 폭격할 수 있었다. 일본의 공군은 거의 괴멸된 상태였으며, 해군 또한 마찬가지 상황에 놓여 있었다. 유럽에서는 이미 승리가 확정되었으며, 전 유럽의 육·해·공군이 태평양으로 보내어졌다. 러시아는 자기 몫의 전리품을 챙기기 위하여 진군해 오고 있었다. 일본의 패배는 의심할 여지없이 확실하였으며, 최후의 일격이 언제 어떻게 가해질 것인지가 유일한 의문이었다. 우리에게 이미 잘 알려진 그런 이유들 때문에 원자폭탄은 투하되었으며, 이는 전쟁을 종결시킨다는 목적을 위하여 바로 이 수단을 사용하는 것이 도덕적인가 하는 논쟁을 전 세계적으로 불러일으켰다.

일본의 진주만 공습 직후, 우리는 무방비 상태에 놓여 있었고, 우리의 태평양 함대 중 대부분은 바다 밑에 가라앉았고, 전 국민은 태평양 연안에 대한 침공을 두려워하고 있었고, 또한 우리는 유럽에서의 전쟁에 전념하고 있었다. 만약 그러한 시기에 원자폭탄이 개발되었다면, 당시 일본에 대해 원자폭탄을 사용하는 것은 폭탄과 불, 유황의 인과응보로서 국제적으로 널리 선전되었을 것이다. 나는 이 점을 받아들인다. 더욱이 원자폭탄의 사용은 선이 필연적으로 악에 대해 승리한다는 증거로서 환영받았을 것이다. 원자폭탄 사용의 윤리성에 대한 질문은 그 당시에는 절대로 제기되지 않았을 뿐만 아니라, 현재 이루어지고 있는 논쟁의 성격도 상당히 달라졌을 것이다. 이 주장에 동의하지 않는 사람들은 당시의 세계정세에 대하여 전혀 기억하고 있지 못함이 분명하다. 그들은 바보이거나, 거짓말쟁이이거나, 혹은 그 둘 다일지도 모르겠다.

수단과 목적의 윤리에 관한 아홉 번째 규칙: 모든 효과적인 수단은 반대세력에 의해서는 자동적으로 비윤리적이라고 평가된다. 남부 캐롤라이나 주의 프랜시스 매리언Francis Marion은 우리의 가장 위대한 혁명 영웅들 중의 한 명으로, 미국 역사에서 '늪 속의 여우' the Swamp Fox라는 불후의 명성을 얻었다. 그는 철저한 혁명 게릴라였다. 매리언과 그의 부하들은 전통에 따라서 그리고 일반적으로 현대 게릴라 전술이라고 여겨지는 모든 전술을 사용하여 작전을 수행했다. 콘윌리스Cornwallis와 영국 정규군의 작전계획과 군사행동은 매리언의 게릴라 전술에 의해 끊임없이 공격을 받고 혼란에 빠졌다. 매리언의 효율적 작전에 제대로 대응할 수 없었던 영국인들은 격분하여 매리언이 전쟁에서 '신사답게' 혹은 '기독교인답게' 행동하지 않았다는 죄목을 들어 그를 범죄자로 몰았다. 매리언은 혁명전쟁의 승리라는 목적을 위하여 게릴라 전술이라는 수단을 사용하였으며, 이 때문에 윤리성과 도덕성의 부족이라는 이유로 끊임없는 비난을 받았다.

수단과 목적의 윤리에 관한 열 번째 규칙: 네가 가진 것으로 네가 할 수 있는 것을 하고 나서, 그것을 윤리적으로 포장하라. 실제 활동 과정에서, 어떤 구체적 목적을 이루기 위하여 사용할 수단을 결정할 때 제기되는 첫 번째 질문은 어떤 수단이 사용 가능한가 하는 것이다. 이는 현재 존재하며 사용 가능한 모든 종류의 능력과 재원의 평가를 필요로 한다. 이는 또한 서로 결합하여 어떤 특정한 순간의 상황을 만들어내는 다양한 요인들을 엄밀히 조사하는 것과 대중들의 관점과 사조에 적응하는 것을 포함한다. 얼마나 많은 시간이 필요한가, 혹은 얼마나 많은 시간이 있는가 등과 같은 문제도 염두에 두어야 한다. 누가 그리고 얼마나 많은 사람이 그 활동을 지지할 것인가? 반대세력은 법규를 정지시키거나 바꿀 수 있을 정도의 권력을 갖고 있는가? 반대세력의 경찰권에 대한 지배력이 합법적이고 질서 있는 변화가 불가능할 정도로까지 뻗쳐 있는가? 만일 무기가 필요하다면, 적절한 무기를 입수할 수 있는가? 수단의 이용 가능성은 당신이 지하에서 활동할 것인지 또는 공개적으로 활동할 것인지, 신속하게 행동할 것인지 또는 천천히 행동할 것인지, 광범위한 변화를 위해 행동할 것인지 또는 제한된 조정을 위해 행동할 것인지, 소극적 저항을 할 것인지 또는 능동적 저항을 할 것인지 그리고 활동 자체를 할 것인지 말 것인지 여부를 결정한다. 그 어떤 수단도 없다면, 사람은 자신의 행동이 촉매제가 되어 대중운동으로 이어질 연쇄반응을 일으킬지도 모른다는 희망에서 순교의 길을 택하게 될지도 모른다. 여기에서는 단순한 윤리적 선언이 힘(권력)을 얻기 위한 수단으로 사용된다.

우리는 이 점을 보여 줄 적나라한 예를 레닌이 망명에서 돌아온 지 얼마 되지 않아 발행된 레닌의 그 유명한 4월 테제에 대한 트로츠키의 요약문에서 발견할 수 있다. 레닌은 지적하였다. "볼셰비키의 임무는 제국주의적 정부를 전복하는 것이다. 하지만 이 정부는 사회혁명당과 멘셰비키의 지지에 기반을 두고 있으며, 그들은 다시 대중의 전폭적 신뢰로부터 지원을 받고 있다. 우리는 소수파이다. 이와 같은 상황에서는 우리 편에서 폭력을 사용하고자 하는 의사를 보여서는 안 된다." 이 시기 동안 레닌이 한 연설의 요지는 다음과 같다. "그들이 총을 쥐고 있으므로, 우리는 평화를 그리고 선거를 통한 개혁을 지지한다. 우리가 총을 쥐게 되면, 그때는 총알을 통한 개혁이 이루어질 것이다." 그리고 실제로 그러하였다.

마하트마 간디Mhatma Gandhi와 인도에서 그가 사용한 소극적 저항은 수단의 선택에서 아주 놀라운 예를 보여 준다. 여기에서도 역시 우리는 도덕적 가치를 지닌 것들에 대해 필연적으로 작동하는 시간의 연금술을 보게 된다. 유산자들에 대응한 무산자들의 상황과 처지가 변화한 결과로 도덕적 가치가 바뀌고, 또한 목표도 쟁취에서 보존으로 자연스럽게 이동한다.

간디는 수단과 목적에 관련하여 가장 숭고한 도덕적 처신의 상징으로서 세계인으로부터 존경받고 있다. 우리는 간디가 생존했더라면 고아 지역*의 침공이나 다른 어떤 무력 침공도 없었을 것이라고 믿는 사람들이 있

---

* [역주] 고아(Goa)는 인도의 작은 주 중 하나로, 인도의 서해안 지역에 위치해 있다. 1961년 12월 인도는 포르투갈 식민지로 남아 있던 이 지역을 군사적으로 점령했다. 유엔 안전보장이사회는 이 침략을 규탄하는 결의안을 추진했으나, 소련이 거부권을 행사하였다. 고아 지역에 대한 인도의 군사적 점령은 1974년 동티모르 지역에 대한 인도네시아의 군사적 점령의 전례가 되었다.

을 것으로 추측할 수 있다. 이와 마찬가지로, 정치적으로 순진한 사람들은 위대한 비폭력의 사도인 네루Pandit Jawaharlal Nehru가 고아의 침공을 지지했다는 것을 믿을 수 없는 일이라고 생각했을 것이다. "고아에 대한 우리 정책의 기본 원칙은 무엇입니까? 첫째, 평화적 수단이 사용되어야 합니다. 우리의 모든 정책과 행동의 근본을 포기하고자 하지 않는 이상, 이는 본질적입니다. … 우리는 비평화적 수단을 전적으로 배제합니다." 1955년에 바로 이같이 선언한 사람이 네루가 아니었던가? 그는 비폭력에 그리고 분명하게 그의 적들을 포함한 전 인류에 대한 사랑에 헌신하는 사람이었다. 그의 목적은 인도가 외세의 지배로부터 독립하는 것이었으며, 그가 사용하는 수단은 소극적 저항이었다. 역사와 종교적, 도덕적 여론이 간디를 이 성스러운 제단에 너무나 높이 모셔 놓은 나머지, 소극적 저항이라는 행위 자체가 간디가 사용할 수 있었던 유일한 현명하고 현실적이며 시의 적절한 프로그램이었을지 모른다는 의문을 제기하는 것은 많은 경우에 모독적이다. 그리고 소극적 저항이라는 정책을 감싸고 있는 '도덕성'이 상당 정도까지 실용적 전략을 바람직하며 필수적인 도덕적 외장으로 포장하기 위한 근본 이유였을지 모른다는 의문을 제기하는 것 역시 그러하다.

이 사례를 자세히 검토해 보자. 먼저, 간디는 사회운동분야의 다른 모든 지도자들과 마찬가지로 자신에게 주어진 수단들을 검토해야만 했다. 만약 그가 무기를 가지고 있었다면, 그는 영국을 상대로 무장혁명을 일으키는 데에 무기를 사용했을 것이다. 사실 영국은 무력을 통해서 자유를 쟁취하는 혁명의 전통과 잘 어울리는 나라이다. 하지만 간디는 무기가 없었으며, 또한 무기를 가졌다고 해도 그 무기를 사용할 사람이 없었을 것이다. 간디는 '자서전'에서 영국에게 보복하거나 심지어는 복수하고자 하지도 않는 자신의 동포들의 수동성과 복종성에 대하여 그가 느낀 놀라움을 기록

해 두었다. "인민들에게 가해진 잔학행위에 대한 조사를 해 나갈수록, 나는 내가 차마 들을 준비가 되어 있지 않았을 정도로 끔찍한 정부의 폭정과 관리들의 횡포에 관한 이야기를 듣게 되었으며, 그 이야기들은 나에게 깊은 고통을 느끼게 하였다. 하지만 그 당시에 나를 놀라게 하였으며 지금까지도 나를 계속 놀라게 하는 것은, 전쟁 동안 영국 정부에 가장 많은 군인을 보냈던 지역이 이 모든 무자비한 폭력을 그저 가만히 받아들였다는 사실이었다."

간디와 그의 동료들은 자신의 동포들이 불의와 폭정에 맞서 조직적이고 효과적인 격렬한 저항을 하지 못하는 무능함을 끊임없이 한탄했다. 간디 자신의 경험은 인도 전역의 모든 지도자가 끊임없이 반복했던, 인도가 그 적들에 대항해서 물리적 전쟁을 치를 수 없다는 발언에 의해 확인되었다. 심약함, 무기의 부족, 이미 폭압에 의해 주입된 복종심 및 그와 비슷한 성격의 논지들을 포함한 많은 이유를 제시하였다. 1961년 노먼 커즌스 Norman Cousins와 가졌던 인터뷰에서 네루는 당시의 인도인들을 "모든 지배 세력에게 위협당하고 억압받으면서도 저항 능력이 없는, 사기가 꺾이고 의기소침하며 희망을 상실한 집단"이라고 묘사하였다.

이러한 상황에 마주하여 우리는 일단 당시 자신이 사용할 수 있었던 수단들에 대한 간디의 평가와 검토로 돌아가 보겠다. 만약 그에게 무기가 있었다면 그는 그것을 사용했을 것이라고 이야기되고 있다. 이 주장은 1930년 1월 26일 발표된 간디의 독립선언문에 근거를 두고 있다. 독립선언문에서 그는 "우리나라에 내린 사중의 재앙"을 다루었는데, 영국에 대한 네 번째 고발은 다음과 같다. "정신적인 면에서, 강제 무장해제는 우리를 나약하게 만들었다. 우리 내부에서 저항정신을 짓밟아버리기 위해 아주 효과적으로 사용되었던 외국 점령군의 주둔은 우리가 우리 자신을 지키거나 외세의 침략에 대항하여 방어할 수 없으며, 심지어 우리의 집과 가정을 지킬 수 없다고 생각하게끔 만들었다. …" 이러한 말은 만약 간디에게 무력저항을 할 수 있는 무기와 그 무기를 사용할 만한 사람들이 있었다면 그가 세상이 믿고 싶어 하는 것처럼 그 수단을 사용하기를 전면적으로 거부하지는 않았을 것임을 암시하고도 남는다.

인도의 독립이 확실시된 후 네루는 카슈미르 Kashmir 문제로 파키스탄과의 분쟁에 직면하자 무력을 사용하는 데에 조금도 망설이지 않았다는 사실을 우리는 같은 맥락에서 지적할 수 있을 것이다. 당시에는 이미 세력판도가 바뀐 상태였다. 인도는 무기와 그 무기를 사용할 수 있는 훈련된 군대를 보유하고 있었다.[2] 간디라면 무력의 사용을 용인하지 않았을 것이라는 의

---

[2] 레이놀드 니부어, "영국의 경험과 미국의 권력"(British experience and American power), 《기독교 정신과 위기》(*Christianity and Crisis*, Vol. 16, May 14, 1956, page 57): "카슈미르 문제와 관련한 인도의 유엔 무시는 상대적으로 주목받지 않았다. 이슬람 국가인 파키스탄과 힌두교 국가인 인도 사이에서 영토분쟁 지역이 되었던 카슈미르는 주민 대부분이 이슬람교도였지만 힌두교 통치자를 가졌다는 사실이 상기되어야 한다. 해당 지역의 정치적 향방을 결정하기 위하여 유엔은 주민투표를 명령했다. 그렇지만 인도와 파키스탄은 자신들이 이미 선점하고 있던 지역으로부터 자신들의 군대를 철수하기를 거부하였다. 결국 네루는 유엔의 요구를 무시하고, 그가 약삭빠르게 인도 경제에 통합시켜 두었던 카슈미르의 대부분을 합병시켜 버렸다. 안전보장이사회는, 기권한 러시아를 제외하고, 만장일치로 네루에게 유엔의 지시를 따를 것을 촉구하였으나, 인도 정부는 그것을 거부하였다. 물론 그가 장래에 주민투표가 있을 것임을 모호하게 약속하고는 있지만, 분명 네루는 인도에게 확실히 불리하게 돌아갈 주민투표를 현재 원하지 않는다.

도덕적으로 그 사건은 네루를 상당히 불리한 입장에 빠뜨린다.… 인도의 사활이 걸렸을 때, 네루는 고상한 감정을 무시하고, 《새로운 정치인과 국가》(*New Statesman and Nation*, 영국의 좌파 정치 잡지-옮긴이)에 속한 자신의 찬미자들을 포기하였으며, 자기모순적이라는 비

견은 바로 1961년의 인터뷰 중에서 언급한 네루 자신의 발언으로 부정된다. "가공할 만한 시기였습니다. 카슈미르에 관한 소식을 들었을 때, 저는 행동을, 무력을 사용하는 행동을 해야만 한다고 즉각 깨달았습니다. 하지만 저는 우리가 전쟁을 치러야 할지도 모른다는 것을 알았기 때문에 정신적으로 대단히 불안했습니다. 그것도 우리가 비폭력의 철학을 통하여 독립을 이뤄낸 지 얼마 되지 않아서 말이지요. 생각하기조차 끔찍한 일이었습니다. 하지만 저는 행동하였습니다. 간디는 자신의 반대의견을 나타낼 어떤 말도 하지 않았습니다. 그것은 저에게 큰 위안이었습니다. 이 말은 꼭 해야겠습니다. 만약 철저한 비폭력주의자인 간디가 반대하지 않는다면, 그것은 저의 일을 훨씬 쉽게 만들어 주는 것이었지요. 이 일은 간디가 융통성 있는 사람이라는 저의 생각을 더욱 굳혀 주었습니다."

간디가 영국에 대항하여 어떠한 수단을 사용할 수 있었는가라는 질문에 답하기 위하여, 우리는 앞서 언급했던 또 하나의 기준인, 선택되는 수단의 종류와 그것의 사용 방법이 적의 형세 또는 반대세력의 성격에 따라 크게 좌우된다는 사실을 염두에 두어야 한다. 간디의 반대세력은 소극적 저항의 효과적인 사용을 가능하게끔 했을 뿐만 아니라, 실제적으로 그것을

난을 받았다.

    이 정책은 보는 이의 관점에 따라 마키아벨리적인 것일 수도 또는 정치가다운 것일 수도 있다. 우리의 양심은 그 행동을 참을 수 없다고 생각할 수도 있지만, 다른 한편으로는 과거의 글래드스톤 수상이나 현재의 덜즈 장관과 같이 도덕적으로 탁월한 사람들도 네루 수상에게 그와 유사한 정책을 제시하였을 것이다. 물론 우리는 어떤 정치가라도 정책 속에 포함된 다양한 사고들의 혼합물에 대해 일관된 분석을 제시할 수 있을 것이라고는 생각하지 않는다. 이는 그토록 도덕적이라고 할 사람들의 능력조차도 벗어난 일이다."

유도하였다. 그의 적은 늙고, 귀족주의적이며, 자유주의적인 전통을 특징으로 하는 영국 정부였다. 영국 정부는 자신의 식민지들에게 상당한 자유를 허용했으며, 식민지 사회에서 생겨나는 혁명지도자들을 언제나 감언이설이나 매수를 통해 이용하고, 동화시키고, 꾀어내고 혹은 파괴하는 방식으로 움직여 왔다. 이는 말하자면 소극적 저항이라는 전술을 용인하고 결국에는 그 전술에 굴복하였을 반대세력이었다고 할 수 있다.

간디의 소극적 저항은 나치 정부와 같은 전체주의적 국가에서는 아무런 가망이 없었을 것이다. 그와 같은 상황에서라면 간디조차 소극적 저항이라는 생각을 떠올렸을지는 의문이다. 이미 지적되었듯이, 1869년에 태어난 간디는 전체주의를 결코 경험하거나 이해하지 못했으며, 자신의 반대세력을 전적으로 영국 정부의 특징과 영국 정부가 보여주는 바에 따라 규정했다. 조지 오웰은 《간디에 대한 고찰》Reflection on Gandhi이라는 에세이에서 이 점과 관련하여 몇 가지 적절한 지적을 하였다. "그는 '세상을 각성시켜야' 한다고 믿었는데, 이는 당신이 하고 있는 일에 대하여 세상이 들으려고 해야만 가능한 일이다. 체제에 반대하는 사람들이 한밤중에 사라지고 그 누구도 다시는 그 사람의 소식을 듣지 못하는 국가에서 간디의 방식이 어떻게 적용될 수 있는가 생각해 내기란 쉽지 않다. 자유 언론과 집회의 권리가 없이는 외부 여론에 호소하는 것뿐만 아니라 대중운동을 시작하는 것, 심지어는 적에게 당신의 의도를 알리는 것조차 불가능하다."

실제적 관점에서 보았을 때, 소극적 저항은 인도에서 영국의 지배를 종식시키는 목적을 위해서 선택될 수 있었던, 실천 가능하면서도 가장 효과적인 수단이었다. 조직을 해 나가는 과정에서, 당시 상황에서 가장 중대한 결점을 유력한 장점으로 변환시켜만 했다. 간단히 말하자면, 간디는 거대하면서도 활기가 없는 대중으로부터 격렬한 행동을 기대할 수 없다는 사실을 깨닫고는, 무기력증이라는 관성을 조직화하였다. 그는 관성에 목표를 주었으며, 그 결과 관성은 의미를 갖게 되었다. 다르마Dharma*라는 개념과 아주 친숙했던 인도인들에게 소극적 저항은 낯선 것이 아니었다. 극단적으로 단순화하여 말하자면, 간디가 했던 일은 다음과 같이 말하는 것이었다. "보세요, 당신들은 어차피 다들 거기에 앉아 있지 않습니까. 그러니까 그곳에 앉아 있는 대신에 여기에 와서 앉고, 앉아 있으면서 '독립을 달라!'고 외칠 수 없겠습니까?"

이는 수단과 목적의 도덕성에 대해 또 다른 문제를 제기한다. 우리가 이미 지적했듯이, 인류 자체는 본질적으로 가진 것 없는 자들(무산자들), 조금 가지고 있지만 더 갖고 싶어 하는 자들, 가진 자들(유산자들)이라는 세 부류로 나뉜다. 유산자들의 목적은 자신들이 가진 것을 지키는 것이다. 따라서 유산자들은 현상을 유지하고자 하며, 무산자들은 그 현상을 변화시키고자 한다. 유산자들은 자신들이 타인을 억압할 때 사용하는 수단과 함께 현상을 유지하는 데에 사용하는 다른 모든 수단을 정당화하기 위해 자신들만의 고유한 도덕성을 발전시킨다. 보통 유산자들은 현상을 유지하는 데에 전적으로 사용될 법률과 법관을 세우고 유지한다. 현상 변화를 위한 효율적 수단들은 현존 질서의 관점에서 보았을 때 모두 보통 불법적이며 그리고/또는 비윤리적이기 때문에, 무산자들은 애초부터 '인간이 만든 법보다 더 높은 법'에 호소할 수밖에 없었다. 그리고 무산자들이 성공하여 유산자들이 되었을 때, 그들은 이제 가진 것을 지키고자 하는 입장에 놓이게

---

* [역주] 힌두사상에서 다르마는 자연법칙 또는 자연의 근본 질서와 그러한 질서에 따르는 인간의 삶과 행동을 가리키는 말로, 윤리적으로는 올바른 삶의 방식 또는 적절한 행동을 의미한다.

되고, 세력판도 상에서의 위치가 바뀜에 따라 그들의 윤리관 역시 변화하게 된다.

독립을 이룩하고 8개월이 지났을 때, 인도 국회는 소극적 저항을 법으로 금지하고, 그것을 범죄행위로 규정하였다. 그들이 이전의 유산자들에 대항하여 소극적 저항이라는 수단을 사용했던 것과는 달리, 이제 권력을 쥐게 되자 그들은 바로 그 수단이 자신들에 대항하여 사용되지 못하도록 확실히 해 두어야 했던 것이다. 그들은 더 이상 무산자로서 인간이 만든 법보다 높은 법에 호소하고 있지 않았다. 이제 그들이 법을 만드는 위치에 오른 만큼, 그들은 인간이 만든 법의 편에 서게 되었다. 독립혁명 동안 그토록 효과적으로 사용되었던 단식투쟁 역시 이제는 다른 관점에서 보게 되었다. 위에서 언급한 인터뷰에서 네루는 말하고 있다. "정부는 단식투쟁에 의해 영향을 받지 않을 것입니다. … 솔직히 말하자면 저는 간디가 단식을 했을 때조차 그것을 정치적 무기로 사용하는 것에 찬성하지 않았습니다."

또한 미국 독립혁명 과정에서 선동적 급진주의자였던 샘 애덤스 역시 분명한 예를 보여 준다. 애덤스는 혁명의 권리를 선언할 때 선두에 서 있었다. 하지만 미국 독립혁명이 성공한 이후에, 바로 그 샘 애덤스는 아무도 자신들에 대항하는 혁명에 참가할 권리가 없다고 비난하면서 셰이즈의 반란*에 참가했던 미국인들의 처형을 가장 앞장서서 요구했다.

도덕적 합리화는 목적이나 수단의 선택이나 사용을 정당화하기 위해서 행동의 모든 과정에서 언제나 필요하다. "정치는 도덕과 아무런 관련이 없

: 〔역주〕 셰이즈의 반란은 1786년 8월 말부터 1787년 2월까지 매사추세츠 주 서부에서 과다한 부채와 세금에 시달리던 소농들이 다니엘 셰이즈(Daniel Shays)의 주도 하에 일으킨 무장봉기이다.

다"는 마키아벨리의 말에서 드러나는, 모든 행위와 동기에는 도덕적 포장이 필요하다는 사실에 대한 그의 무지는 그의 최대 단점이었다.

처칠, 간디, 링컨 그리고 제퍼슨을 포함하는 모든 위대한 지도자들은 '자유', '모든 인간의 평등', '인간이 만든 법보다 높은 법' 등과 같은 치장으로 벌거벗은 이기심을 감추기 위해 언제나 '도덕적 원칙'에 호소했다. 목적이 모든 수단을 정당화한다는 것이 보편적으로 받아들여지던 국가적 위기의 상황에서조차 이는 마찬가지였다. 모든 효과적인 행동은 도덕성이라는 **통행증을 필요로 한다.**

그 예들은 어디에서나 찾아볼 수 있다. 1950년대 후반 미국에서 일어난 민권운동의 특징적 요소 중 하나는 남부에서 인종 차별에 대항한 소극적 저항의 사용이었다. 남부에서 폭력의 사용은 자멸적이었을 것이다. 그렇게 되면 정치적 압력을 가하는 것도 불가능했을 것이다. 유일한 사용수단은 경제적 압력과 이차적인 몇 가지 활동뿐이었다. 주의 법령, 적대적 경찰과 사법제도에 의해 법적으로 봉쇄된 상태에서, 그들은 역사 속의 모든 무산자들처럼 '인간이 만든 법보다 높은 법'에 호소할 수밖에 없었다. 《사회계약설》에서 루소는 "법은 재산을 가진 사람에게는 아주 좋은 것이고 재산이 없는 사람에게는 아주 나쁜 것이다"라는 자명한 사실을 지적했다. 반인종차별주의자들이 선거참정권을 실제로 확보하기 전까지 소극적 저항은 그들 세력에게 사용 가능한 몇 안 되는 수단 중의 하나였다. 나아가 소극적 저항은 강제적 억압을 위해 현존 질서의 권력자원을 사용할 수 있는 기회를 축소시켰기 때문에 좋은 방어전술이기도 했다. 소극적 저항은 다른 모든 전술이 선택되는 이유와 같은 실용적인 이유에서 선택되었다. 하지만 그것은 필요한 만큼의 도덕적, 종교적 장식물로 꾸며지게 된다.

그렇지만 소극적 저항이 규모가 커지고 위협적으로 되면, 그것은 폭력을 낳게 된다. 미국 남부의 흑인들에게는 다르마의 전통이 없었을 뿐만 아니라, 북부의 동족들과 가까웠기 때문에 북부와 남부 사이의 대조적 조건이 두드러지게 드러나면서 지속적인 선동이 되었다. 이러한 사실에 남부의 가난한 백인들이 영국식 전통에 따라 행동하지 않고 세대를 거치면서 거듭된 폭력성을 자신들의 행동에 반영한다는 사실을 더하게 되면, 특유의 비폭력주의가 장래에 싹틀 수 있는 환경이 아님을 알 수 있다. 그것은 결국 그것이 존재했던 모습 그대로, 시대와 장소에 가장 적합했던 전술로서 기억될 것이다.

더욱 효과적인 수단들을 사용할 수 있게 되면서, 흑인 민권운동은 이러한 장식들을 벗어 던지고, 새로운 수단과 기회에 어울리는 새로운 도덕철학을 대신 가지게 될 것이다. 언제나 그러했던 것처럼, 그들은 "시대가 바뀌었다"는 말로 설명할 것이다. 이것이 바로 오늘날 일어나고 있는 일이다.

수단과 목적의 윤리에 관한 열한 번째 규칙: 목표는 '자유, 평등, 박애', '공공선을 위하여', '행복의 추구', '빵과 평화' 등과 같은 일반적인 용어로 표현되어야 한다. 휘트먼은 이를 "한번 이름 붙여진 목표는 되불러들일 수 없다"라는 말로 표현했다. 이미 언급했듯이, 목적을 향한 수단의 실행이라는 과정에서는 종종 완전히 새롭고 예상하지 못했던 목적이 바로 그 실행한 수단의 주요 결과물 중에 존재하게 된다는 것을 지혜로운 행동가는 알고 있다. 합중국을 유지하기 위한 방편으로 치르게 되었던 남북전쟁으로부터 노예제도의 폐지라는 결과가 나타났다.

이와 관련해서, 역사는 어떤 하나의 목적이 또 다른 목적들을 이루게 되는 행동들로 이루어져 있다는 사실을 상기해야만 한다. 반복하자면, 과학적 발견들은 그 발견들과는 거의 관계가 없는 목적이나 목표를 위해 구상되고 수행되었던 실험과 연구로부터 얻어졌다. 중요하게 보이지 않는 실무적인 연구계획을 수행하던 작업이 중요하고 창조적인 기초 개념을 역으로 만들어내는 결과를 낳기도 했다. 플루겔J. C. Flugel은 《인간, 도덕 그리고 사회》라는 저서에서 다음과 같이 언급하고 있다. "심리학에서도 우리가 어떤 수단에 대한 연구(예를 들면, 신경증 증세의 치료, 더욱 효과적인 학습방법 발견, 노동 피로 회복)를 하는 과정에서 그것의 목적에 대한 우리의 태도를 수정하게 되었다(정신 건강의 본질, 교육의 역할, 인간 삶에서 노동의 역할 등에 대한 새로운 식견을 얻게 되었다)는 사실을 깨닫는다고 해도 놀라서는 안 됩니다."

수단과 목적이라는 주제에 대한 정신적인 섀도복싱은 인생이라는 전쟁터에서 행위자가 아니라 관찰자인 사람들에게서 전형적으로 찾아볼 수 있다. 《요가 수도자와 인민위원》*The Yogi and the Commissar**에서 쾨스틀러는 편의성과 도덕성 사이에, 곧 목적이 결코 수단을 정당화하지 못한다고 생각하는 요가 수도자와 목적이 언제나 수단을 정당화한다고 생각하는 인민위원 사이에 임의적으로 설정된 구분이라는 근본적 오류에서 논의를 시작한다. 쾨스틀러는 목적이 수단을 극히 제한적으로만 정당화한다고 제안함으로써, 이처럼 스스로 만든 구속으로부터 벗어나려고 노력한다. 여기에서 쾨스틀러는 행동을 이론적으로 다루고 있음에도 불구하고, 행동과 권력을 향한 도상에서 타협으로 가는 첫 발걸음을 내딛지 않을 수 없었다. 정당화의 한계가 얼마나 '협소한' 것인지 그리고 누가 '협소한' 한계의 기준을 제시하는지 등과 같은 질문은 여기에서 논의되었던 허용영역 안으로 들어가는

---

* 〔역주〕《요가 수도자와 인민위원》은 헝가리 출신으로 영국에서 활동한 작가, 저널리스트, 사회철학자인 쾨스틀러(Arthur Koestler, 1905~1983)의 에세이 모음집이다. 그는 1930년대까지 공산주의자였으나, 그 이후에 분명한 반공주의자가 되었다.

문을 열어 준다. 수단과 목적의 신성함을 주장하는 사람들이 추구하는 인격의 안전과 보호라는 것은 오직 요가 교리 내부나 수도원에서만 존재한다. 심지어 거기에서조차 인격의 안전과 보호는 그들이 자기 형제들의 보호자라는 도덕적 원칙을 거부함으로써 불확실해진다.

러셀Bertrand Russell은 《윤리학과 정치학에서 본 인간 사회》*Human Society in Ethics and Politics*에서 다음과 같이 말하였다. "도덕성은 수단과 아주 밀접하게 관련이 있기 때문에, 어떤 사물을 단지 그 자체의 내재적 가치와 관련해서만 고찰하는 것은 거의 비도덕적인 것처럼 보인다. 그러나 명백하게도, 만일 무엇을 수단으로 사용하는 것이 그 자체로 가치를 가지고 있지 않다면, 수단으로 사용되는 그 무엇은 어떤 것이라도 결코 수단으로서 가치를 가지지 못한다. 따라서 내재적 가치는 수단으로서의 가치에 논리적으로 선행하는 것이다."

자유롭고 개방적인 사회를 위해 헌신하고 있는 조직가, 혁명가, 활동가 또는 당신이 뭐라고 부르든지 간에 그 사람은 바로 그 헌신행위를 하는 과정에서 복합적인 고귀한 가치에 뿌리를 내리고 있다. 이 가치는 조직화된 모든 종교의 기본 도덕을 포함한다. 그것들의 기초는 인간 생활이 가지고 있는 귀중함이다. 이 가치는 자유, 평등, 정의, 평화, 이의제기의 권리를 포함하고 있다. 이 가치는 프랑스혁명의 '자유, 박애, 평등', 러시아혁명의 '빵과 평화', 용감했던 스페인 인민들의 '무릎 꿇고 사느니 서서 죽는 것이 낫다', 혹은 우리 자신의 혁명의 '대표 없는 곳에 세금 없다' 등과 같이, 인류의 모든 혁명이 희망과 열망의 기치로 내건 가치이다. 그것들은 우리 자신의 권리장전에 담겨 있는 가치를 포함한다. 만일 어떤 주 정부가 학교에서의 인종 차별을 가결하거나 또는 어떤 지역공동체 조직이 흑인 배제를 가결한 뒤에, '민주적 과정'을 통해 정당화되었다고 주장한다면, 그때에는 평등이라는 가치를 위배하는 이러한 행위가 민주주의를 매춘제도로 전락시켰다고 할 수 있다. 민주주의는 목적이 아니다. 민주주의는 이러한 가치들을 성취하기 위해 실제로 이용될 수 있는 최선의 정치적 수단이다.

수단과 목적은 질적으로 상호 연결되어 있기 때문에, 진정한 질문은 "목적은 수단을 정당화하는가?"라는 널리 유행하는 질문이 결코 아니었다. 반대로, 진정한 질문은 언제나 "이 특정한 목적이 이 특정한 수단을 정당화하는가?"라는 질문이었다.

단어들에 대해

Rules for Radicals

A Word About

인류의 열정은 끓어올라 정치활동의 모든 영역으로 퍼져 나갔다. 정치 활동과 관련된 어휘도 예외는 아니었다. 정치에서 가장 흔하게 사용되는 단어들은 인간의 상처, 희망 그리고 절망으로 물들어 왔다. 모든 정치적 단어들은 대중의 비난으로 채워져 있고, 그것들의 사용은 습관화되고 부정적이며 감정적인 반응을 낳는다. 웹스터 사전에 "통치에 관한 학문과 기술"이라고 명시되어 있는 정치학/정치politics라는 단어 그 자체도 심지어는 부패라는 맥락에서 일반적으로 고찰된다. 얄궂게도 사전에 기재되어 있는 정치학/정치의 동의어들은 "신중한, 선견지명이 있는, 책략이 있는, 현명한" 등이다.

정치 언어에서 널리 사용되는 다른 단어들, 예를 들면 힘(권력)power, 자기이익self-interest, 타협compromise, 갈등/대립conflict 등과 같은 단어들도 비슷한 형태로 변색되어 있다. 그것들은 곡해되고 왜곡되어, 사악한 것으로 간주된다. 현재 널리 퍼져 있는 정치적 무지는 다른 어디에서보다도 단어들에 대한 이러한 전형적인 해석들에서 가장 잘 드러난다. 바로 이런 이유로 우리는 여기에서 잠시 이 단어들에 대해 이야기하고자 한다.

힘(권력)

왜 동일한 의미를 전달하지만 평화적인 그리고 그토록 부정적이고 감정적인 반응을 불러일으키지 않는 단어들을 사용하지 않는가? 이러한 질문이 정당하게 제기될 수 있다. 하지만 그 단어들을 대체할 수 없는 몇 가지 근본적인 이유가 있다. 먼저, '힘(권력)'이라는 한 단어를 사용하는 대신 '에너지를 활용함'과 같은 단어의 조합을 사용하게 되면 그 의미가 희석된다. 순화된 동의어들을 사용함에 따라 본래의 단어들에 결합되어 있는 비통함과 고뇌, 애증, 고통, 승리감이 사라진다. 그 결과로 남는 것은 무균무취의 활기 없는 인생의 모조품에 불과하다. 실제 인간사의 정치에서 우리는 노예들과 황제들을 다루고 있지, 신전의 처녀 사제들을 다루지 않는다. 이는 꼭 우리가 사고할 때와 같이 의사소통을 할 때에도 단순명료함을 추구해야 한다는 것은 아니다. (위대한 철학적 또는 과학적 명제들은 종종 몇 개의 단어 이상으로 길어지지 않는다. 그 한 예로 '$E=mc^2$'있다.) 이는 그 이상이어야 한다. 이는 현실을 우회하지 않겠다는 결심이다.

힘(권력)이 아닌 다른 단어를 사용하는 것은 우리가 다루고 있는 모든 것의 의미를 바꾸는 것이다. 일찍이 마크 트웨인이 말한 것처럼, "적절한 단어와 거의 적절한 단어의 차이는 번갯불과 반딧불의 차이와도 같다."

자기이익, 타협 및 다른 단순명료한 정치 단어들이 적절한 단어들인 것처럼 힘(권력)은 적절한 단어이다. 그 단어들은 애초부터 정치 가운데에서 생겨났으며 정치의 일부가 되어 왔기 때문이다. 직설적인 언어를 참아낼 만한 비위가 없는 사람들에게 영합하고, 또한 순화되고 논쟁의 여지가 없는 단어를 고집하는 것은 시간 낭비이다. 그들은 우리가 여기에서 논의하는 바를 이해할 수 없거나, 의도적으로 이해하려고 하지 않을 것이다. 나는 이 점에서 니체가 《도덕의 계통학》 The Genealogy of Morals에서 한 주장에 동의한다.

유약한 현대인들의 과민한 귀를 달래줄 필요가 어디 있는가? 언어의 위선에 … 한 발이라도 양보할 필요가 있을까? 우리 심리학자들에게 그것은 행동의 위선을 의미할 것이다. … 사실 수치스러울 정도로 도덕적인 태도를 갖추게 된 화법은 인간과 사물에 대한 현대의 모든 판단이 비굴해지도록 만든다. 오늘날 심리학자가 자신의 고상함을 (혹은 다른 사람들에 의하자면 그의 정직함을) 어디에선가 보여준다면, 바로 이러한 도덕적 화법에 저항함으로써 보여줄 것이다.

우리의 말이 우리의 마음을 속이려고 할 때, 우리는 위험한 지점에 다가가고 있는 셈이다. 나는 진실을 희생하면서까지 재치 있게 말하라고 제안하고 있지는 않다. '힘(권력)'이라는 단어의 박력, 활기, 단순함을 피하기 위해 노력하다 보면, 우리는 활기차고 단순하며 솔직한 개념들로 사고하는 것에 쉽게 거부감을 느끼게 된다. 우리는 힘(권력)이라는 단어에 덧씌워진 오명을 제거한 무균의 동의어들을 발명하기 위해 노력하지만, 새로운 단어들은 다른 어떤 것을 의미하게 된다. 그 결과, 새로운 단어들은 우리를 진정시키고, 또한 갈등에 가득 차 있고 지저분하며 권력이 지배하는 실제 인생사의 중심에서 우리의 사고활동이 벗어나도록 인도하기 시작한다. 달콤한 향기가 더 나고, 평화로우며, 사회적으로 더 인정받고, 더 많은 존경을 받는 막연한 샛길을 따라 나아가는 것은 우리가 스스로 해야 할 일을 하려면 반드시 부딪히게 될 문제들을 성실하게 이해하는 데 실패하는 결과를 낳는다.

힘(권력)이라는 단어를 살펴보도록 하자. '행동할 수 있는, 물리적, 정신적, 도덕적 능력'이라는 의미를 가진 힘(권력)이라는 단어는 못된 것, 불건전한 것, 권모술수를 부리는 것을 연상시키는 뉘앙스를 지닌 사악한 단어가 되어 버렸다. 그것은 지옥의 환영을 연상시킨다. 힘(권력)이라는 단어가 언급되는 순간, 이는 마치 지옥의 문이 열리어 악마의 부패한 시궁창에서 악취가 뿜어 나오는 것 같다. 그것은 잔혹함, 불성실, 이기심, 오만, 독재, 절망적 고통의 이미지를 불러일으킨다. 힘(권력)이라는 단어는 갈등과 연결되어 있으며, 현재 우리의 매디슨 가_{미국 뉴욕 시의 광고업 중심가-옮긴이}에서는 수용될 수 없다. 악취를 없앤 위생 상태를 유지하는 매디슨 가에서 논쟁은 불경스러운 일이고 진정한 가치는 타인의 마음에 들고 타인을 공격하지 않는 것이다. 우리의 사고 속에서 힘(권력)은 부패 및 부도덕과 거의 동의어가 되었다.

언제나 권력이라는 단어가 언급될 때면, 누군가는 잊지 않고 액턴 경 Lord Acton의 고전적 주장을 언급하면서 인용하게 된다. "권력은 부패한다. 절대 권력은 절대적으로 부패한다." 실제로 정확한 인용은 다음과 같다. "권력은 부패하는 경향이 있다. 독재 권력은 반드시 부패한다."* 우리는 액튼의 주장을 정확하게 읽을 수조차 없다. 우리의 정신은 우리가 붙이는 조건들 때문에 이처럼 혼란에 빠져 있는 것이다.

권력의 부패는 권력 자체에 있지 않고, 우리 자신에게 있다. 그런데 사

---

* 〔역주〕 영어 원문은 다음과 같다. "Power tends to corrupt, and absolute power corrupts absolutely." 문장의 후반부는 동일한데, 맛을 살리기 위해 번역을 약간 바꾸었다.

람들이 권력으로 살고 또한 상당 정도까지는 권력을 위해서 산다고 할 때, 이 권력이란 무엇인가? 권력은 삶의 진정한 본질이며, 동력원이다. 그것은 몸에서 피를 순환시키고 생명을 유지하는 심장의 힘이다. 그것은 공동의 목적을 위해 위로 솟아올라 단합된 힘strength을 제공하는 적극적 시민 참여의 힘이다. 힘(권력)은 세상을 바꾸거나 혹은 변화에 저항하거나 간에 언제나 작동하고 있는 본질적인 생명력life force이다. 힘(권력) 또는 조직화된 힘energy은 사람을 죽이는 폭약이거나 생명을 구하는 약이라고 할 수 있다. 총의 힘은 노예제도를 강화하는 데에 사용될 수도 있고, 자유를 획득하는 데에 사용될 수도 있다.

인간 두뇌의 힘은 인간의 가장 영광스러운 업적을 창조할 수 있으며, 또한 시각과 통찰력을 발전시켜 이전에는 상상력이 미치지 못하던 삶의 새로운 지평에까지 다다르게 한다. 인간 정신의 힘은 또한 인류의 미래에 극히 파괴적인 철학이나 삶의 방식도 만들어낼 수 있다.

해밀턴Alexander Hamilton은 《패더럴리스트 페이퍼》The Federalist Papers에서 이것을 이렇게 말하고 있다. "힘이란, 어떤 일을 할 수 있는 능력이 아니라면 도대체 무엇인가? 어떤 일을 할 수 있는 능력이란, 그 능력을 발휘할 때 필요한 수단을 사용할 수 있는 힘이 아니라면 도대체 무엇인가?" 결코 냉소주의자가 아니었던 파스칼은 "권력(힘) 없는 정의는 무기력하며, 정의 없는 권력(힘)은 폭정이다"라고 말했다. 예수회의 창시자인 성 이그나티우스St. Ignatius Loyola*는 "일을 잘 하기 위해서는 권력(힘)과 능력/권한이 필요

---

* 〔역주〕 에스파냐의 성직자(1491~1556). 1534년에 사비에르 등과 예수회를 창립하고 프로테스탄트의 발흥에 대항하여 교회 내의 숙정과 교황권의 회복에 노력하여 교황의 인가를 받았다. 1622년에 '성자'의 반열에 올랐다.

하다"는 자신의 금언을 내놓을 때, 주저하지 않고 권력(힘)을 인정하였던 것이다. 우리는 역사에서 자신의 역할을 다했던 모든 사람들을 찾아내어, 그들의 말이나 글에서 사용되었던 권력(힘)이란 단어—대체어가 아니라—를 발견해 낼 수 있을 것이다.

힘(권력)이 존재하지 않는 세상이란 생각할 수 없다. 유일하게 선택할 수 있는 개념은 조직된 힘(권력)이냐 조직되지 않은 힘(권력)이냐 하는 둘 중의 하나이다. 인간은 다른 무엇이 아니라, 육체적 생존을 위한 타협 없는 투쟁 대신 질서, 안전, 도덕성, 문명생활 자체를 성취하고 달성하기 위하여 힘(권력)의 도구들을 개발하고 조직하는 법을 배운 덕분에 발달해 왔다. 정부로부터 시작해서 사회 하부에 이르기까지 인간에게 알려진 모든 조직은 단 하나의 존재 이유만을 가지고 있었다. 조직은 공동의 목적을 실행에 옮기거나 진척시키기 위해서 필요한 권력을 목표로 하고 있는 것이다.

우리가 어떤 사람의 '자력에 의한 출세'에 대해 이야기할 때, 우리는 힘(권력)에 대해 말하고 있는 것이다. 만일 우리가 힘(권력)을 이해하고 따라서 특히 다원주의적 사회에서 나타나는 집단과 조직 사이의 관계와 작용과 관련하여 본질적 핵심을 파악하려고 한다면, 힘(권력)은 그 자체로, 우리 인생의 모든 영역에서 힘(권력)이 하는 역할로 이해되어야 한다. 힘(권력)을 알고 두려워하지 않는 것이 힘(권력)을 건설적으로 이용하고 통제하는 데에 필수적이다. 요컨대, 힘(권력) 없는 삶은 죽음이다. 힘(권력) 없는 세상은 유령 같은 황무지, 죽은 땅이다!

자기이익

권력과 마찬가지로 자기이익은 부정적 사고와 의심이라는 어두운 외투를 걸치고 있다. 많은 이에게 자기이익의 동의어는 이기심이다. 이 단어는 이타주의와 무사·무욕의 덕목에 반대되는 모든 것이라고 할 편협성, 이기주의, 자기중심주의와 같은 악덕들의 불유쾌한 혼합물을 연상시킨다. 이러한 일반적 정의는 당연히 우리 자신들의 일상적 경험뿐만 아니라 정치와 인간사를 다룬 모든 위대한 연구자들의 의견에도 반대되는 것이다. 행위동기로서 이타주의라는 신화는 뉴잉글랜드 청교도의 사상과 신교도의 도덕성이라는 무균의 천에 쌓여 있으면서 또한 매디슨 가의 홍보활동이라는 띠로 묶여 있는 사회에서만 나타나고 유지될 수 있을 것이다. 그것은 전통적인 미국식 동화의 하나이다.

유대-기독교 도덕의 위대한 설교자들로부터 철학자들, 경제학자들, 인간사의 정치를 관찰해 온 현인들에 이르기까지, 자기이익이 인간 행위에서 근본 동력으로 작용한다는 점에 대해서는 보편적인 동의가 언제나 존재해 왔다. 자기이익의 중요성은 결코 도전받지 않았으며, 인간사의 필연적인 사실로서 받아들여졌다. 그리스도의 말씀에 따르면, "벗을 위하여 제 목숨을 바치는 것보다 더 큰 사랑은 없다"(요한복음 15:13)고 했다. 아리스토텔레스는 《정치학》에서 말하기를, "모든 사람은 주로 자신의 이익에 마음을 쓰지, 공공의 이익에 대해서는 좀처럼 신경을 쓰지 않는다"고 했다. 애덤 스미스는 《국부론》에서 언급하기를, "푸주한이나 양조업자, 제빵업자의 자비심이 아니라 그들 자신의 이익에 대한 관심으로부터 우리는 잘 차린 저녁을 기대한다. 우리는 그들의 인정이 아니라 그들의 자기애에 호소하며, 결코 우리에게 필요한 것들이 아니라 그들의 이익에 대해 그들에게 이야기한다(1부 2장)"고 했다. 《패더럴리스트 페이퍼》에서 발견되는 모든 논의 중에서 가장 중심적이면서도 모두가 동의하는 주장은 "부자들이나 빈민들이나 똑같이 순수한 이성보다는 충동에 따라 그리고 자기이익이라는 편협한 개념에 따라 행동하는 경향이 있다"는 것이다. 정치활동의 모든 영역을 지배하는 자기이익의 영향력을 의문시하는 것은 사람을 그가 존재하는 모습 그대로 바라보기를 거부하고 단지 우리가 그에 대해 원하는 모습대로 보려고 하는 것이다.

그런데 이처럼 자기이익을 수용하는 것 이외에도 내가 언급하고 싶은 몇 가지 의견들이 있다. 마키아벨리는 자기이익이라는 관념이 최소한 전통을 잘 알지 못하는 사람들 사이에서는 엄청난 악명을 얻도록 만들었는데, 그는 이렇게 말했다.

일반적으로 사람들과 관련하여 이런 점들이 확실하게 주장되어야 한다. 사람들은 은혜를 잘 모르고, 변덕스럽고, 거짓되고, 비겁하며, 탐욕스럽다. 당신이 성공을 거두고 있는 동안에는 그들은 완전히 당신 편이다. 그들은 자신들의 혈통과 재산, 생명, 자녀들까지도 당신이 그다지 필요로 하지 않을 때에는 당신에게 바치려고 할 것이다. 그러나 막상 당신이 그것들을 필요로 할 때가 다가오면, 그들은 당신에게서 등을 돌린다.

그러나 마키아벨리가 정치에서 '도덕적' 요소들을 배제하고 자기 방식대로 의미를 규정한 자기이익에만 순전히 매달릴 때, 그는 치명적인 실수를 하는 것이다. 이 실수는 마키아벨리가 활동적인 정치가로서 가졌던 경험이 그다지 많지 않았다는 사실에 기초해서만 설명될 수 있다. 왜냐하면 만일 그렇지 않았다면 마키아벨리는 모든 사람들의 자기이익이 유동적이라는 명백한 사실을 무시할 수 없었을 것이기 때문이다. 전반적인 상황은 협소하게 정의된 자기이익보다 훨씬 광범위한 것임이 틀림없다. 그것은 자기이익의 변화를 유도하고 또 그 변화를 포함할 정도로 광범위하다. 당신은 아마도 나의 자기이익들 중의 하나에 호소해서 내가 전선에서 싸우도록 만들 수 있을 것이다. 하지만 일단 내가 전선에 나가게 되면, 나 자신의 최우선적인 자기이익은 생존하는 것이 된다. 그리고 만일 우리가 승리하게 되면, 나의 자기이익은 아마도, 일반적으로 전쟁 전에 내가 가졌던 목표들이 아니라 오히려 완전히 예상하지 못했던 목표들을 추구하도록 나에게 명령할 것이다. 예를 들면, 제2차 세계대전에서 미국은 독일, 일본, 이탈리아에 대항해서 러시아와 강력한 동맹을 맺었지만, 전쟁에서 승리하고 난 직후에는 이전의 동맹이었던 소련에 대항해서 이전의 적국이었던 독일, 일본, 이탈리아와 강력한 동맹을 맺었다.

이와 같이 자기이익의 과감한 변화는 자유, 정의, 해방, 인간이 만든 법보다 높은 법 등과 같은 일반적인 '도덕' 원리의 거대하고 한없는 보호막 아래에서만 합리화될 수 있다. 소위 도덕성은 자기이익이 변화함에 따라 확장되어 연속성을 지닌 가치체계가 된다.

이러한 도덕성 내부에는, 아마도 우리 자신들의 도덕주의적 문명이 내포하고 있는 여러 층위의 억압 때문에 연속성을 파괴하는 갈등이 존재하는 것 같다. 우리가 적나라한 자기이익에 기초해서 움직인다고 인정하는 것은 치욕스러운 일로 생각되고, 따라서 우리는 우리 자신의 이익추구로 인한 모든 상황의 변화를 대체적으로나마 도덕적 정당화나 합리화의 측면에서 필사적으로 조화시키려고 노력한다. 우리는 공산주의에 대해서는 절대적으로 반대하지만 러시아 인민들은 사랑한다고 입을 모아 말한다. 인민을 사랑하는 것은 우리의 문명의 원리와 일치한다. 우리가 미워하는 것은 무신론과 개인에 대한 억압이다. 바로 이것들을 우리는 공산주의의 '비도덕성'을 입증해 주는 특징으로 생각한다. 우리는 이러한 점에 기초해서 강력하게 대항한다. 우리는 실재하는 사실, 곧 우리 자신의 자기이익을 인정하지 않는 것이다.

우리는 이미 나치의 러시아 침공 전에 이 모든 부정적이고 극악무도한 러시아의 특징을 분명하게 세계에 알렸다. 당시 소련인들은 폴란드인들과 핀란드인들에게 엄청난 불행을 가져왔던 잔인한 침략자들을 히틀러와 맺은 불가침조약에 따라 묵인했던 냉소적인 폭군들이었다. 그들은 독재자의 힘에 억눌려 노예 상태로 묶여 있으면서, 속박과 빈곤 속에서 살아가는 국민이었다. 그들의 통치자들은 그들을 너무나 믿지 못했기 때문에, 붉은 군대에게는 혹시 그들이 자신들의 총구를 크렘린 쪽으로 돌릴지 몰라서 실탄 지급도 허용하지 않았다. 이 모두가 우리의 생각이었다. 그러나 나치가 러시아를 침략하자 곧 바로 러시아의 패배가 우리의 이익에 큰 손해가 될 것이라고 자기이익이 명령함에 따라, 소련인들은 갑자기 용감하고 뛰어나고 다정하고 충실한 러시아 인민이 되었다. 독재자는 호의적이고 충성스러운 엉클 조Uncle Joe가 되었고,* 붉은 군대는 전대미문의 용기로 싸우고 적에 대해서는 초토화작전을 사용하는, 신뢰할 수 있고 자신들의 정부에 충성을 바치는 군대로 묘사되었다. 러시아 동맹자들은 분명 신을 자신들 편으로 가지고 있었는데, 결국에는 그들의 신은 우리 편이었던 것이다. 1941년 6

---

* 〔역주〕 제2차 세계대전 당시 미국의 전쟁홍보기관들은 미국인들이 소련과의 동맹을 받아들일 수 있도록 하기 위해, 스탈린을 "엉클 조"로 불렀다.

월에 우리가 보여 주었던 전환은 공동의 적이 패배하고 난 직후 러시아에 적대하게 된 전환보다 더 극적이고 갑작스러웠다. 처음에는 나치에 대항해서, 6년 뒤에는 러시아인들에 대항해서 해방, 자유, 관용의 기치들을 전면에 내세움에 따라, 두 경우 모두 우리의 자기이익은 드러나지 않고 감추어졌다.

티토 및 유고슬라비아 공산주의자들과 현재 우리가 맺고 있는 관계에서도 역시 핵심 문제는 티토가 공산주의를 대변하고 있다는 사실이 아니라, 그가 러시아 세력연합에 포함되어 있지 않다는 사실이다. 여기에서도 우리는 나치의 침공 이후에 우리가 취했던 입장을 그대로 따르고 있다. 그 당시 공산주의는 갑자기 이렇게 이해되었다. 그들이 우리 편이고 우리 자신의 이익을 위협하지 않는 한, "좋아, 결국 그건 그들의 생활방식이다. 우리는 자결권을 믿는다. 그들이 원하는 정부를 갖는 것은 러시아인들에게 달려 있다." 이는 중국과 관련해서도 의문의 여지가 없다. 공산화된 중국에 대해 우리가 퍼부은 모든 비난에도 불구하고, 중국이 스스로 세계적인 공산주의 음모나 세력연합의 일부가 더 이상 아니라고 선언한다면, 우리는 하룻밤 사이에 중국을 인정하고 환영할 것이며, 그들이 우리 편인 동안에는 그들에게 모든 종류의 지원을 제공할 것이다. 당신이 우리 자신의 이익을 위협하지 않고 있는 동안에는, 우리도 당신이 어떤 종류의 공산주의자인지 상관하지 않는다. 바로 이것이 우리가 말하고자 하는 핵심이다.

있는 그대로의 세상과 우리가 원하는 대로의 세상 사이에 존재하는 차이점들 중 몇 가지를 가지고 내가 말하고자 하는 것의 예를 하나 들겠다. 최근 스탠퍼드 대학에서 강연을 한 뒤, 나는 레닌그라드 대학에서 온 소련인 정치경제학 교수를 한 명 만났다. 우리 대화의 첫마디는 있는 그대로의 세상에서 살고 있는 사람들의 개념체계와 사고방식을 잘 보여 주었다. 그 러시아인은 말문을 열자마자, "당신은 공산주의에 대해 어떻게 생각하십니까?"라고 나에게 물었다. 나는 대답했다. "그건 나쁜 질문이군요. 왜냐하면 우리 두 사람 모두 존재하고 있는 그대로의 세상에서 활동하고 그에 대해 고찰한다고 가정한다면, 진짜 질문은 '그들 공산주의자는 누구의 편인가, 당신 편인가 우리 편인가?'가 될 것이기 때문입니다. 만일 그들이 우리 편이면, 그때 우리는 모두 그들 편입니다. 만일 그들이 당신 편이면, 분명 우리는 그들에게 적대적일 겁니다. 공산주의 자체는 별 관계가 없습니다. 핵심은 그들이 우리 편인가 당신 편인가 하는 것입니다. 지금 당신네 러시아인들이 카스트로에 대해 우선권을 행사하지 않는다면, 우리는 쿠바의 자결권에 대해, 또한 바티스타에 의한 독재가 종식된 다음에 일정한 교육 기간이 지나기 전까지는 자유선거를 치를 수 없다는 사실에 대해 논의할 수 있을 겁니다. 사실 당신네가 유고슬라비아에 대해 자유선거를 요구하는 노력을 시작한다면, 우리는 이러한 종류의 파괴활동을 막기 위해 우리 해병대라도 파견할 것입니다. 당신네가 타이완에서 같은 일을 하려고 노력한다면, 같은 일이 일어날 겁니다." 러시아인은 이에 대해 대꾸했다. "당신의 나라 이외에서의 자유선거에 대한 당신의 개념 정의는 무엇이요?" 나는 대답했다. "글쎄요. 자유선거, 말하자면 베트남에서의 자유선거에 대한 우리의 개념 정의는 당신네 위성국들에서의 자유선거에 대한 당신네의 개념 정의와 거의 같소. 우리가 승리할 수 있도록 우리가 모든 것을 정해 놓을 수 있다면, 그것이 바로 자유선거요. 만일 그렇지 않다면, 그건 잔인한 공포정치요. 이게 당신네의 개념 정의 아닌가요?" 러시아인은 "음, 그렇소, 대체로!"

— 사울 알린스키, 《급진주의자여 일어나라》 *Reveille for Radicals*, Random

House, Vintage Books, New York, rev. 1969, p. 227.

우리는 우리 자신이 공언한 도덕원리들과 우리가 어떤 일을 하는 실제 이유들, 즉 우리 자신의 자기이익 사이에 존재하는 이러한 갈등에 끊임없이 부딪히게 된다. 우리는 해방, 정의 등과 같이 유익한 미덕이라는 단어들로 이러한 실제 이유들을 언제나 감출 수 있다. 이처럼 짜임새 있게 구성된 도덕적 가식에서 나타나는 균열들은 때때로 우리를 당혹케 한다.

흥미롭게도 공산주의자들은 자기이익에 철저하게 따르는 자신들의 행동을 이처럼 도덕적으로 정당화하는 일에 관심이 없는 것처럼 보인다. 보기에 따라서는 이 점 역시 당혹스럽다. 이러한 사실은, 우리가 자기이익에 따라 움직이면서도 기어코 그것을 감추려고 한다는 점을 잘 알면서 그들이 우리를 비웃고 있는 것은 아닌가라고 생각하게 만든다. 세계정치의 바다에서 우리가 정장을 하고 주변에서 철벅거리고 있을 때, 그들은 속옷만 남기고는 다 벗어 던진 채 싸우면서 아마도 우리를 비웃고 있을지도 모를 일이다.

그렇지만 이 모든 것과 함께, 생존과 자기이익이라는 자연적 장애물을 때때로 넘어서는 놀랄 만한 인간의 품성도 존재한다. 1964년 여름 우리는 그것을 목격했다. 당시 백인 대학생들은 자신들의 목숨을 내건 채 인간해방의 횃불을 높이 들고 암울한 미시시피 주 속으로 들어갔다. 좀 더 이전의 예도 있다. 조지 오웰은 점점 확산되던 파시즘의 공포를 막아내기 위한 방법의 하나로 스페인 내전 동안 전쟁에 참여하고 있던 때에 자신이 직면했던 자신의 자기이익에 대해 이야기하고 있다. 일단 전쟁에 참여하게 되자, 그의 자기이익은 살아남는 것으로 목표가 바뀌었다. 하지만 나는 의심하지 않는다. 만일 오웰이 자신의 생명을 자칫하면 잃어버리게 될지도 모르는 군사적 임무를 맡게 되었다면, 그는 결코 자기 동지들 몇 명의 생명을 위험에 빠뜨리게 하면서까지 후방에서 어슬렁거리지는 않았을 것이다. 그는 결코 자신만의 '자기이익'을 추구하지 않았을 것이다. 이것은 법칙에 대한 예외들이다. 그러나 우울한 과거 역사 속에서도 빛이 났던 예외들은, 이러한 일련의 인간 정신의 변모들이 반딧불보다 더 훌륭하다는 사실을 보여줄 정도로 충분히 존재해 왔다.

타협

타협은 허약함, 우유부단함, 고매한 목적에 대한 배신, 도덕적 원칙의 포기와 같은 어두움을 가지고 있는 또 다른 단어이다. 순결이 하나의 덕목이었던 과거의 문화에서, 사람들은 여자가 (순결을 잃은 것을) "타협했다"고 표현했다. 이 단어는 보통 윤리적으로 불미스럽고 추잡한 것으로 간주되었다.

그러나 조직가에게 타협은 핵심적이고 아름다운 단어이다. 타협은 언제나 실질적인 활동 속에 존재한다. 타협은 거래를 하는 것이다. 거래는 절대적으로 필요한 숨 고르기, 보통 승리를 의미하며, 타협은 그것을 획득하는 것이다. 당신이 무에서 출발한다면, 100%를 요구하고 그 뒤에 30% 선에서 타협을 하라. 당신은 30%를 번 것이다.

자유롭고 개방적인 사회는 끊이지 않는 갈등 그 자체이며, 갈등은 간헐적으로 타협에 의해서만 멈추게 된다. 일단 타협이 이루어지면, 바로 그 타협은 갈등, 타협 그리고 끝없이 계속되는 갈등과 타협의 연속을 위한 출발점이 된다. 권력의 통제는 의회에서의 타협과 행정부, 입법부, 사법부 사이에서의 타협에 바탕을 두고 있다. 타협이 전혀 없는 사회는 전체주의 사회이다. 자유롭고 개방적인 사회를 하나의 단어로 정의해야 한다면, 그 단어는 '타협'일 것이다.

자존심*

다른 모든 것과 마찬가지로, 단어의 개념 정의는 모두 상대적이다. 개념 정의는 주요하게는 당신의 당파적 입장에 종속되어 있다. 당신의 지도자는 언제나 유연하다. 그는 자신의 대의명분의 존엄성을 자랑한다. 그는 단호하고 진지하며 영리한, 잘 싸우고 있는 전술가이다. 반대세력이 볼 때, 그는 원칙이 없으며 바람이 부는 대로 어느 길이나 갈 것이다. 그의 오만은 거짓된 겸손으로 위장되어 있다. 그는 독단적일 정도로 완고하고, 위선적이고, 파렴치하며, 비윤리적이다. 그는 승리하기 위해 어떤 일이라도 할 것이다. 그는 악의 군대를 이끌고 있다. 자기편에게는 그는 반신반인이지만, 다른 편에게는 선동가이다.

자존심이라는 단어만큼 개념 정의의 상대성을 인생사에서 적절하게 보여주는 단어는 없다. 유산자들에 대항하여 활동하는 사람이라면 누구라도 언제나 곤란한 일들에, 많은 경우 아주 곤란한 일들에 부딪히게 된다. 만일

---

* [역주] '자아' 또는 '강한 자아'라는 의미를 지닌 영어 단어 'ego'는 여기에서 문맥을 고려하여 자존심으로 번역한다.

그 혹은 그녀가 자신이 이길 수 있다는 완전한 자신감(또는 이것을 자존심이라고 부르자)을 가지고 있지 않다면, 싸움은 시작도 하기 전에 이미 진 것이다. 나는 소위 훈련받은 조직가들이 대략 10만 명 정도로 이루어진 공동체를 조직화하라는 임무를 받고 다른 도시로 가서, 상황을 한번 슬쩍 보고는, 즉시 포기하는 것을 보아왔다. 주민들의 공동체를 꼼꼼히 살펴보고 나서 "나는 그들을 몇 주 안에 조직화할 것이다", "나는 기업들에, 언론들에 그리고 다른 어떤 것들에 대해서도 도전할 것이다"라고 자신에게 말할 수 있는 것이야말로 진정한 조직가가 되는 것이다.

여기에서 우리가 이해하고 사용하는 의미에서의 '자존심'은 자만심이나 자기중심주의와는 막연한 형태로라도 혼동될 수 없으며, 또한 아주 조금이라도 연관이 없다.

자만심에 시달리고 있는 조직가 지망자는 자신이 함께 일하는 사람들에게 자만심을 숨기려고 하지 않을 수 없다. 하지만 인위적으로 꾸민 겸손은 자만심을 숨길 수 없다. 개인적 자만심으로부터 오는 오만, 허영, 초조, 무시 등을 겉으로 드러내 보이는 태도보다 더 사람들의 반감을 사거나, 사람들을 조직가 지망자로부터 멀어지게 만드는 것은 없다.

조직가의 자존심은 지도자의 자존심보다 더 강하고 더 굳건하다. 지도자는 권력을 향한 욕망으로 움직이지만, 조직가는 창조하려는 욕구로 움직인다. 조직가는 진정한 의미에서 인간이 도달할 수 있는 최고의 수준에 도달하려고 한다. 이는 창조하고, '위대한 창조자'가 되고, 신처럼 전지전능하게 되려는 것이다.

자만심에 감염되면 개인들의 존엄성을 존중하거나 사람들을 이해하거나 이상적 조직가를 만들어내는 또 다른 요소들을 발전시키려고 노력하는 것은 불가능해진다. 자만심은 대체로 개인적으로 불완전하다고 느끼는 감정이 불러일으키는 방어적인 반응이다. 자존심은 자신의 능력에 대한 긍정적인 확신과 신뢰이며, 자기중심적이고 자만을 드러내는 행위를 필요로 하지 않는다.

    자존심은 모든 수준에서 작동한다. 조직가가 자기 자신의 존엄성을 존중하지 않는다면, 어떻게 개인의 존엄성을 존중할 수 있겠는가? 그가 자기 자신에 대해 진정으로 확신을 가지고 있지 않다면, 어떻게 사람들을 믿을 수 있겠는가? 그가 자신의 자존심을 믿지 않는다면, 어떻게 사람들에게 그들이 자신 속에 자존심을 가지고 있으며 승리할 때까지 버텨낼 수 있는 힘을 가지고 있다고 설득할 수 있겠는가? 조직가의 인격이 다른 사람에게로 전파될 수 있고 또한 사람들을 절망에서 도전으로 나아가도록 하고 대중의 자존심을 창조해 낼 수 있도록, 자존심은 완전히 충만해 있어야 한다.

갈등/대립

    갈등은 대중들의 관점에서 또 하나의 나쁜 단어이다. 이는 우리 사회에서 두 개의 영향력이 작동한 결과이다. 첫 번째 영향력은 조직화된 종교이다. 조직화된 종교는 기성사회를 지탱한다는 지금까지 해 온 자신들의 중요한 역할 때문에 악마가 결코 도전하지 못할 것임을 알았기에 "다른 뺨을 내밀어라"는 미사여구를 신봉해 왔으며 또한 성서 구절들을 인용해 왔다. 두 번째 영향력은 아마도 가장 파괴적이면서도 잘 드러나지 않는 것인데, 지난 세대에 미국 사회에 파고들었다. 이는 바로 매디슨 가의 홍보활동, 중산계급의 도덕적 순결주의이다. 그것은 갈등이나 논쟁을 부정적이고 바람직하지 못한 것으로 만들어 버렸다. 이 모두는 사람들과 사이좋게 지내고 마찰을 피하는 것을 강조하는 광고문화의 주요한 요소이다. 텔레비전의 광고방송을 보게 되면, 미국 사회가 우리의 입이나 겨드랑이에서 어떤 냄새도 새어나오지 못하도록 하기 위해 전력을 다하고 있다고 이해하게 된다. 의견의 일치가 기본 방침이다. 우리는 우리의 동료를 기분 나쁘게 해서는 안 된다. 그래서 오늘날 우리는 대중매체에서 사람들이 자신들의 의견을 표현하거나 '논쟁적이기' 때문에 해고당하는 것을 보게 되었다. 교회에서 사람들은 같은 이유로 내몰린다. 그렇지만 외견상의 이유는 '분별심의 부족'이다. 그리고 대학에서도 교수들은 같은 이유로 쫓겨난다. 그곳 역시 외견상으로는 '인격적 문제' 때문이다.

    갈등은 자유롭고 개방된 사회의 본질적인 핵심이다. 만일 민주적 삶의 방식을 음악 작품의 형태로 나타내려고 한다면, 그것의 주 선율은 불협화음의 하모니가 될 것이다.

조직가의 교육

Rules for Radicals

The Education of an Organizer

단일화된 전국적인 대중 권력 세력으로 합쳐질 수많은 일반 대중의 권력 조직들을 건설하는 일은 수많은 조직가가 없이는 불가능하다. 조직들은 대부분 조직가에 의해 만들어지기 때문에, 우리는 무엇이 조직가를 만들어 내는가를 알아내어야 한다. 이것이 내가 조직화 활동을 하던 시기에 가졌던 핵심 문제였다. 바로 잠재적인 조직가를 발견해 내고 그들을 훈련시키는 일이었다. 지난 2년 동안 나는 조직가들을 위한 특별 훈련학교를 운영했다. 그 학교는 15개월짜리 전시간제 학과과정을 갖추고 있었다.

　그 학교의 학생들은 전 영역에 걸쳐 있었다. 중산층 여성운동가로부터 가톨릭 신부, 모든 종파의 기독교 목사들이 있었으며, 전투적 인디언들로부터 멕시코계 노동자들, 푸에르토리코인들, 모든 부류의 흑인 권력 단체들에서 온 흑인들이 있었다. 또한 흑표범단Panthers으로부터 급진적 철학자들, 다양한 종류의 학생운동가들, S.D.S.* 및 여타 대학활동가, 남미에서 혁

---

* 〔역주〕 Students for a Democratic Society. 민주사회를 위한 학생들은 1960년대에 활동한 미국의 사회주의적 경향의 학생조직이다. S.D.S.는 참여민주주의를 목표로 비폭력 시민불복종운동을 전개하였다.

명당에 가담한 신부도 있었다. 지리적으로 보아도 그들은 보스턴에 있는 대학들과 예수교 신학교들에서 온 학생들뿐만 아니라, 텍사스 주의 조그마한 도시들의 멕시코계 노동자들, 시카고와 하트포드, 시애틀 및 그 중간에 위치한 거의 모든 지역의 중산층 사람들로 구성되어 있었다. 점점 많은 학생이 캐나다로부터 왔는데, 그들은 북서부의 인디언들로부터 캐나다 동부 연해주들*의 중산층에 이르렀다. 이 학교가 형태를 갖추고 시작되기 전 수년 동안, 나는 나와 함께 일하는 활동가 개개인을 조직한 조직가로서 내 시간의 대부분을 교육에 투자했다.

조직가의 교육은 조직 문제, 권력 패턴 분석, 소통, 쟁의 전술, 공동체 지도자의 교육과 계발, 새로운 논쟁거리를 제기하는 방식 등에 대한 장시간의 토의를 자주 요구한다. 이러한 논의를 하는 중에 우리는 우리 자신들이 매우 다양한 사안들을 다루고 있다는 사실을 발견하였다. 예를 들면 L.A.에 있는 어떤 조직에서 그 조직을 만든 이를 축출하려고 애쓰는 조직 내부 파벌에 관한 문제, 캘리포니아 주 산호세San Jose 시에서 있었던 크리스마스트리 판매를 통한 기금 조성 계획의 실패와 그 원인, 시작되지 못하고 미루어지고 있던 시카고계획 중의 대대적인 투표자 등록운동,‡ 조직에 배당된 자금을 직접 관리하기 위해 조직책임자를 공격하는 뉴욕 주 로체스터 시에 있던 어느 단체 등이었다.

조직가가 될 사람의 개인적 경험이 언제나 교육의 기초자료로 활용되었다. 문제가 해결된 뒤에는 언제나 사후검토가 이루어지는 긴 회의들이

* 〔역주〕 Nova Scotia, New Brunswick, Prince Edward Island.
‡ 〔역주〕 알린스키가 시카고 시에서 벌이던 민권운동 프로그램 중의 하나였다.

열렸다. 사후검토를 통해 세부 사항들은 자세하게 분석되었으며, 그렇게 하고 난 뒤에는 하나의 개념적 통일체로 종합되고 정리되었다. 모든 경험은 중심 개념에 관련이 있으면서 그것을 해명해 줄 때에만 의미가 있다. 역사는 특수한 상황들을 반복하지 않는다. 이 글에서 제시한 예들 중 어느 것이라도 일반 개념과 분리되어 이해된다면, 그것은 한 묶음의 일화일 뿐 아무것도 아니다. 모든 것은 새로운 것을 배울 수 있게 해주는 경험이 되었다.

종종 개인적인 가정문제가 회의에서 논의되었다. 조직가의 활동 일정은 쉴 틈이 없을 정도로 계속되기 때문에, 근무시간이라는 개념은 의미가 없다. 일반 회의와 간부 회의는 이른 새벽 시간까지 끝없이 이어진다. 어떤 일정이라도 예상하지 못했던 임시 회의로 계속해서 이어진다. 일은 조직가의 가정으로까지 쫓아간다. 그는 전화통에 매달려 있어야 하거나, 또는 사람들이 불시에 찾아온다. 조직가의 결혼 성적표는 아주 예외적인 경우를 제외하고는 처참하다. 더욱이 긴장, 활동시간, 가정 상황, 기회 등은 결혼생활의 충실성에 유리하지 않다. 하지만 동시에 아주 예외적인 경우를 제외하고, 나는 진정으로 유능하면서도 독신생활을 하고 있는 조직가들을 알지 못한다. 일을 이해하고 일에 헌신적인, 그래서 조직가들에게 실질적인 힘의 원천이 되는 부인들이나 남편들, 혹은 사랑하는 관계에 있는 사람들이 여기저기에 존재한다.

전업 활동가/조직가 이외에도, 자신의 직업을 갖고 있으면서 조직가가 되도록 우리가 훈련을 시키던 공동체 지도자들이 있었다. 조직가들은 조직을 시작하고 건설하는 데에만 필요한 건 아니다. 그들은 조직이 계속 유지되도록 하는 데에도 필수적이다. 관심과 활동을 유지하고, 집단의 목표를 굳건히 하면서도 동시에 유연하게 지켜내는 일은 다른 작업이지만 여전히 조직 활동이다.

그 시절의 결과들을 되돌아보면서 평가해 볼 때, 그것들은 성공보다는 실패가 더 많았던 화향 단지처럼 보인다. 자신들이 선택한 영역에서 탁월하면서도 또한 내가 훈련시킨 '후배'로 언론에 소개되는 조직가들*이 여기저기에 있다. 하지만 나에게는 언제나 전반적인 결과가 유망하게 보이지는 않았다.

자신의 직업을 갖고 있으면서 훈련을 받고 있던, 지역공동체들에서 온 사람들은 자신들의 직업 경력에서 일정한 성과를 거두었지만 이미 자신의 역할을 거의 다한 사람들이었다. 만일 우리가 조직가를 상상력이나 창의력이 뛰어난 건축가나 기술자라고 생각한다면, 자신의 직업을 갖고 있으면서 훈련을 받고 있었던 최고들은 숙련된 배관공들, 전기공들, 목수들이었다. 이들 모두는 자신들이 속한 공동체의 건축물을 짓고 유지하는 데에는 필수적이지만, 새로운 공동체에서 새로운 건축물을 구상하고 완성하기 위해 다른 곳에 갈 수는 없다.

다음으로 특정한 소수민족으로 구성된 특정한 종류의 공동체에서 뛰어난 조직가가 되기 위해 교육을 받는 사람들도 있었다. 하지만 그들은 다른 소수민족들이 존재하는 다른 상황에서는 자신들의 방도를 쉽게 찾아내지

---

* 〔역주〕 알린스키가 세운 산업사회재단Industrial Areas Foundation 교육원 혹은 '알린스키 학교'를 나왔거나 그의 제자로 흔히 언급되는 사람들로는 Ed Chambers, Cesar Chavez, Jack Egan, Tom Gaudette, Michael Gecan, Samantha Gutglass, David Knowlton, Fred Ross, Ed Shurna, Andrew Vachss, Hillary Clinton, Pat Crowley 등이 있다. http://en.wikipedia.org/wiki/Saul_Alinsky(2007. 5. 13 검색). 산업사회재단은 1940년 알린스키가 시카고에서 세운 지역공동체 조직이다. 현재 산업사회재단은 21개국에 57개 지부가 있다. http://www.industrialareasfoundation.org 참조.

못했다.

　다음으로 드물긴 했지만 대학활동가들도 있었다. 그들은 상당수의 학생들을 조직할 수 있었다. 하지만 그들이 중하층 노동자들과 소통하면서 조직을 만들려고 했을 때, 그들은 완전히 실패하고 말았다.

　노동조합 조직가들은 형편없는 공동체 조직가들밖에 되지 못했다. 그들의 경험은 고정된 몇 가지 문제들로 이루어진 운동방식에만 연결되어 있었다. 그들의 운동은 임금, 연금, 휴가기간 또는 여타의 노동조건들에 대한 명확한 요구들로 이루어졌다. 그리고 이 모든 것은 특정한 계약기간에 걸려 있었다. 일단 문제가 해결되고 계약이 이루어지면, 다음 계약협상이 있기까지 몇 년 동안은 노사 양측의 계약위반 관련 고발을 다루는 고충처리 회합만이 열렸다. 대중조직은 다른 종류의 동물이다. 그것은 집에 길들여진 동물이 아니다. 일정상으로 고정된 문제들이나 명확하게 규정된 사안들이 존재하지 않는다. 요구들은 언제나 변화한다. 상황은 불안정하고 유동적이다. 많은 목표는 돈과 시간 같은 구체적 조건으로 표시되지 않고, '꿈을 만들어내는 요소'처럼 심리적이고 끊임없이 변화한다. 나는 공동체 조직의 현장에서 거의 제정신을 잃어버리는 노동운동 조직가들을 보아왔다.

　노동운동 지도자들이 빈민의 조직화에 대해 말할 때, 그들은 1930년대 대공황을 거쳤던 C.I.O. 조직가들을 그리워하는 표정을 지었으며 자연히 그들의 이야기도 향수鄕愁에 빠져 들었다. 예를 들면 하프구드Powers Hapgood, 존슨Henry Johnson, 프레스맨Lee Pressman 같은 바로 그 시대의 '노동운동 조직가들'은 기본적으로 혁명적인 중산계급 활동가들이었으며, 그들에게 C.I.O. 노동자 조직운동은 많은 활동 중의 하나일 뿐이었다. 당시 노동조합 대중회합의 의제들은 10%만이 조합과 관련된 특정한 문제들이었다. 발언자들 90%는 미국 남부지역 이동 농업노동자들*의 생존조건과 요구들, 스페인 시민전쟁과 국제여단, 남부 어떤 주에서 재판을 받고 있는 흑인들을 위한 기금조성, 실업자 부조의 확대 요구, 경찰폭력에 대한 고발, 반나치 조직들의 기금조성, 미국의 일본 군사콤비나트에 대한 고철 판매의 중지 요구 등에 관하여 말하였다. 그들은 급진적이었지만, 또한 자신들의 직장에서 일을 잘하였다. 그들은 자신들의 계획을 지지하는 미국 중산층들을 광범위한 영역에서 조직하였다. 하지만 그들은 이제 사라졌다. 그들과 현재의 직업적 노동운동 조직가들 사이에 닮은 점이 있다면, 단지 직함에서만 그렇다.

내가 훈련시켰고 함께 실패를 맛보았던 조직가들 중 몇몇은 당시 나누었던 말뿐만 아니라 관련된 경험과 개념을 기억하고 있었다. 그들의 이야기를 듣고 있자면 마치 나의 발표를 한 마디 한 마디 재생하는 녹음테이프를 듣는 것 같았다. 분명히 이해가 부족하였다. 그들은 초보적인 조직 이상은 만들 수 없었다. 특정한 상황에 대한 진술은 일반 개념과의 관련 하에서만 그리고 일반 개념을 해명해 준다는 점에서만 의미가 있다는 사실을 이해하지 못했다는 것이 예나 지금이나 그들 대다수가 봉착했던 문제이다. 대신에 그들은 특정한 행동을 종착점으로 생각한다. 그들은 어떤 상황도 그 자체로는 반복되지 않고 어떤 전술도 정확히 동일할 수는 없다는 사실을 이해하는 데에 어려움을 느꼈다.

다음으로 공동체의 조직가들이 되기 위해 사회사업학교에서 훈련을 받았던 사람들도 있었다. 공동체 조직 101, 102, 103. 이러한 강의를 통해, 그

---

* 〔역주〕 미국 남부지역의 이동 농업노동자들(Okies)은 특히 1930년대 오클라호마 주 출신의 방랑 농부들을 가리킨다.

들은 이미 '현장 학습'을 하였으며, 전문용어들도 획득하고 있었다. 그들은 공동체 조직을 'C.O.'(우리에게 이 말은 양심적 병역거부자conscientious objector를 의미한다) 또는 '공동체 오르그Community Org.'(우리에게 이 말은 엄청난 프로이트적 환상을 불러일으킨다)*라고 부른다. 기본적으로 그들의 목표와 우리의 목표 사이에는 차이가 존재한다. 그들은 다리가 네 개 달린 쥐들을 제거하기 위해 조직하고 거기에서 멈춘다. 우리는 다리가 네 개 달린 쥐들을 제거하기 위해 조직하고, 나아가 다리가 두 개 달린 쥐들을 제거하는 데에 착수할 수 있다. 학교에서 배웠던 형식에 치우친 쓰레기 지식에 환멸을 느끼고 그것을 거부한 사람들이 효율적인 조직가로 발전할 확률은 매우 낮다. 이렇게 되는 이유 중 하나는 자신들의 과거 훈련을 말로는 부정함에도 불구하고 그것에 쏟았던 이삼 년의 인생 그리고 강의에 들였던 금전적 비용을 부인하는 것을 가로막는 강한 무의식적 장애물이 존재하고 있기 때문이다.

이 기간 내내 나는 조직가들을 훈련시키는 데에서 우리가 겪었던 실패와 가끔 찾아온 성공의 이유를 찾아내기 위해 부단히 노력하였다. 우리 자신들의 교육방식, 다른 사람들의 교육방식, 우리 자신들의 개인적인 교육역량, 즉흥적으로 만들어진 새로운 교육방법 등이 항상 검토되었다. 우리 자신들의 자기비판은 우리에 대해 가장 신랄했던 비판가들의 비판보다도 훨씬 더 엄격하였다. 우리 모두는 결점을 가지고 있다. 나는 내 자신이 공동체에서 조직가로서 일하면서 지역 주민들과 말하고 듣는 데에 한없는 인내심을 가지고 있다는 사실을 알고 있다. 어떤 조직가라도 이러한 인내심

---

* 〔역주〕 Community Org.가 아마도 '집단오르가슴'을 연상시킨다는 뜻인 것 같다.

을 가져야만 한다. 그러나 나의 결점들 중의 하나만 들어보면, 교육기관이나 회의에서 가르치는 지위에 서게 되면 나는 상상력이 부족하고 편협한 학생들에 대해 지적으로 오만하게 굴고, 또한 인내심이 없고 권태를 느끼고 터무니없이 무례하게 된다.

나는 즉흥적으로 교육방법들을 만들어냈다. 예를 들어 어떤 사람이 자신의 경험에 기초해서만 소통하고 이해할 수 있다는 사실을 알게 되면, 우리는 학생들을 위한 경험을 만들어내야 한다. 대부분의 사람은 경험을 하나의 통일체로 만들어서 쌓아가지 않는다. 그들은 인생을 통해 일련의 사건들을 거치게 되지만, 그것들은 소화되지 않고 그냥 지나가는 일이 되고 만다. 사건들이 소화가 될 때 반추되고 일반적 패턴들에 비교되고 종합할 때 비로소 경험이 된다.

"우리는 경험에서 배운다"는 진부한 문구에 분명 의미가 있다. 우리의 일은 학생이 그러한 사건들을 소화시켜 경험으로 바꿀 수 있도록 그것들을 학생의 신체기관 속으로 다시 밀어 넣는 것이었다. 어떤 세미나에서 말했던 것 같다. "인생은 예상하지 못한 것에 대한 예상이다. 당신이 걱정하는 일들은 거의 일어나지 않는다. 새로운 어떤 것, 예상하지 못한 것이 보통 야구장의 바깥에서 안으로 들어온다. 당신은 마치 알고 있는 것처럼 항상 고개를 끄덕이고 있지만, 실제로는 알지 못한다. 내가 말한 것은 바로 당신에게 주는 말이다. 나는 당신이 당신만의 조용한 공간으로 가서 앞으로 4시간 동안 생각해 보기 바란다. 당신이 지난 몇 년 동안 걱정했던 모든 일을 기억해 내고 그것들이 진정으로 일어났는지 혹은 무엇이 일어났는지 생각해 보라. 그 뒤에 그것에 대해 이야기해 보자."

다음 회의에서 학생들의 반응은 고무적이었다. "정말입니다. 당신이 옳았습니다. 내가 가졌던 여덟 개의 큰 걱정들 중에서 단 하나만 일어났습니다. 그 하나조차 내가 걱정하고 있던 방식과는 달랐습니다. 나는 당신이 무엇을 말하려는지 이해합니다." 그리고 그는 정말 이해했다.

조직가들을 교육시키려고 노력하였던 경험은 어디에서도 내가 바라던 만큼 성공적이지 않았지만, 나와 나의 동료들에게는 상당한 교육이 되었다. 우리는 항상 자기반성의 상태에 놓여 있었다. 먼저 우리는 이상적인 조직가의 자질이 무엇인가를 배웠다. 다음으로 우리는 근본적인 질문, 곧 이러한 자질의 성취를 위하여 가르치거나 교육한다는 것이 가능한가라는 질문에 직면하게 되었다.

경험과 소통이라는 영역은 조직가에게 근본적인 것이다. 조직가는 자신의 청중이 경험한 범위 내에서만 소통할 수 있다. 그렇지 않다면 어떠한 소통도 불가능하다. 조직가는 패턴, 보편성, 의미를 끊임없이 찾아감으로써 언제나 하나의 체계화된 경험을 형성해 나가고 있다.

조직가는 자신의 상상을 통해 다른 사람들의 사건들 속으로 부단히 들어가려고 하며, 그들과 공명하면서 그들의 사건들을 자기 자신의 정신적 소화기관 속으로 밀어 넣음으로써 더 많은 경험을 축적하려고 한다. 조직가가 그들의 경험을 아는 것은 소통을 위해 필수불가결하다. 한 사람은 다른 사람의 경험을 통해서만 소통할 수 있기 때문에, 조직가가 비정상적일 만큼 거대한 체계화된 경험을 발전시키기 시작한다는 것은 분명하다.

조직가는 지역의 설화들, 일상사들, 가치, 관용어들을 배운다. 그는 조그마한 이야기에 귀를 기울인다. 그는 지역문화에 맞지 않은 어구들을 쓰지 않으려고 한다. '백인 인종주의자', '나치 돼지새끼', '망할 놈'과 같은 너절한 단어들은 구토를 일으킬 만한 말들이고, 그런 단어들을 사용하는 것은 지역 주민들의 부정적 경험 속에 들어 있기 때문에 나쁜 결과만 가져올 것이다. 지역 주민들은 그런 단어들을 내뱉는 사람을 '그런 종류의 까다로운 사람들 중의 하나'로 인식하고 더 이상 그와 소통하지 않으려고 할 것이다. 조직가는 이 사실을 알고 있다.

그렇지만 조직가는 아는 체하려고 해서도 안 된다. 그는 자기 자신이어야 한다. 나는 캘리포니아 주의 스페인어 지역에서 이루어졌던 멕시코계 미국인 지도자들과의 첫 만남을 기억하고 있다. 그들은 거기에서 나에게 특별한 멕시코식 만찬을 대접하였다. 저녁을 절반쯤 끝냈을 때 나는 식탁용 칼과 포크를 내려놓으면서 말했다. "맙소사! 당신들은 이것들을 좋아하기 때문에 먹고 있소, 아니면 먹어야 하기 때문에 먹고 있소? 이것은 내가 아이 때 억지로 먹어야 했던, 유대 율법에 맞춘 쓰레기 같은 음식처럼 지독하군요." 한순간 충격을 받은 듯한 침묵이 흐른 뒤에, 모두가 와자그르르 떠들기 시작했다. 그들 모두가 말하고 웃기 시작하면서, 장애물들이 갑자기 무너져 내리기 시작했다.

멕시코 음식이 그를 힘들게 한다는 사실을 자신들이 알고 있음에도 불구하고 멕시코 음식의 맛을 높이 평가하고, 게다가 반드시 필요한 또 봅시다hasta la vista라는 말과 함께 몇 마디 스페인어 구절들을 기억하고 있는 영국계 미국인에 너무나 익숙했기 때문에, 이 일은 그들에게는 속이 후련할 정도로 진실한 경험이었다. 이 사건은 많은 사람에게 전설적 이야기가 되었다. 당신은 그들이 예를 들면 "그 녀석은 알린스키에게 멕시코 음식이 쓸모 있는 만큼이나 그에게 쓸모 있다"라고 말하는 것을 들었을 것이다. 그 자리에 있던 멕시코계 미국인들 중 상당수는 영국계 미국인들을 대접할 때에만 그런 음식 몇 가지를 먹었다고 고백했다. 동일한 가식적 행위들이 '미국 남부 흑인 음식' 몇 가지와 관련해서 백인들에게서 일어난다.

타인의 전통에 대한 정직함과 무례함 사이에는 차이가 있다. 사람들이 실제로 더 잘 알고 있는 때에는, 조직가는 '전문적 기술'을 사용하기보다는 젠체하지 않음으로써 실수를 훨씬 적게 할 것이다. 멕시코식 만찬 일화에서처럼 정직함은 사람들에 대한 존중을 드러내 보여준다. 그들은 길들여진 기니피그(모르모트의 일종)가 아니라 사람으로 대접을 받고 있는 것이다. 이러한 행동이 사건의 맥락 속에서 이해되는 것이 가장 중요하다. 나의 바로 그러한 지적이 있기 전에, 사람들의 문제에 대한 진심이 담긴 개인적인 의견교환이 있었다. 그들은 자신들의 곤궁에 대한 나의 관심뿐만 아니라 내가 그들을 인간적으로 좋아한다는 사실도 알고 있었다. 나는 그들의 우정어린 반응을 느꼈으며, 우리는 하나가 되었다. 바로 이러한 전반적인 상황 속에서 나는 그렇지 않다면 무례한 일이 되었을 행동을 한 것이다.

우리가 몇 년 동안의 노력으로 개발하려던 조직가들의 자질 속에는 십중팔구 훈련을 통해 될 수 없는 몇 가지 자질도 포함되어 있었다. 그들은 그것을 이미 가지고 있거나, 아니면 천상이나 지하로부터 온 기적을 통해서만 얻을 수 있었다. 교육을 통해 계발되었던 일부 다른 자질도 아마 그들이 이미 가지고 있었던 잠재력인 것 같다. 때때로 한 가지 자질의 계발은 생각하지도 않던 다른 자질을 끌어내었다. 나는 목록을 일일이 점검하고 부정적인 점들을 알아내는 법을 배웠다. 만일 어떤 자질을 계발하는 일이 불가능한 경우 적어도 나는 그것이 활동에 미칠 부정적 영향을 줄이려고 노력하는 데에 의식적으로 주의를 기울일 수 있었다.

조직가가 갖추어야 할 이상적인 요건들을 여기에 나열하였다. 이것들은 장래가 촉망되는 조직가들을 확인하고 새로운 조직가들의 장래 가능성을 평가할 때 눈여겨보아야 할 항목들과 조직가들을 위한 어떠한 종류의 교육과정에서든지 핵심이 되어야 할 사항들이다. 분명히 이 목록은 이상화된 것이다. 그러한 자질들이 남자든 여자든 어느 누군가에게서 동시에 발견될 것이라고 생각하지는 않는다. 하지만 최상의 조직가는 그것들 모두를 상당한 정도로 가져야만 한다. 그리고 어떤 조직가라도 그러한 자질들을 적어도 어느 정도씩은 필요로 한다.

호기심 무엇이 조직가로 하여금 조직하게 만드는가? 한계를 모르는 강박적인 호기심이 그를 몰아붙인다. "호기심은 몸을 그르친다" 같은 경고문은 그에게 무의미하다. 왜냐하면 인생은 그에게 하나의 탐구이기 때문이다. 경향성을 띠고 나타나는 패턴에 대한 탐구, 외관상의 차이점 속에 존재하는 유사성에 대한 탐구, 외관상의 유사성 속에 존재하는 차이점에 대한 탐구, 우리를 둘러싼 혼돈 속에도 존재할 질서에 대한 탐구, 그의 주변에 있는 인생사에 주어진 의미와 그러한 인생사가 자기 자신의 삶에 대해 갖는 관계에 대한 탐구 등 끝이 없다. 그는 마치 자신의 특징인 것처럼 질문을 안고 살아가며, 답은 없으며 단지 그 이상의 질문만 존재하는 것이 아닌가 생각한다. 조직가는 호기심이라는 전염병을 옮기는 사람이 된다. 왜냐하면 "왜"라고 묻는 사람들은 반항을 시작하고 있기 때문이다. 지금까지 일반적으로 인정되고 있던 방식과 가치에 대해 의문을 제기하는 것은 혁명에 선행하면서 또한 반드시 필요한 개혁의 단계이다.

이 점에 있어 나는 프로이트와 의견이 이보다 더 다를 수 없을 것 같다. 마리 보나파르트 Marie Bonaparte에게 보낸 편지 한 통에서, 그는 "사람이 인생의 의미와 가치에 대해 의문을 제기하는 순간, 그는 병에 걸려 있다"고 말했다. 만일 어디엔가 인생에 관한 답이 존재한다면, 그것의 열쇠는 핵심 질문을 발견하는 것이 아닐까.

실제로 소크라테스는 조직가였다. 조직가의 역할은 여론을 불러일으키고 기존의 사고나 행위 방식을 무너뜨릴 질문을 제기하는 것이다. 소크라테스는 "너 자신을 알라"는 목표를 가지고서 개인의 내부에 있는 질문을 불러일으키고 있었다. 이 내부의 질문은 개인에게는 외부적이라고 할 혁명에 정말 필수적이다. 따라서 소크라테스는 혁명가들을 만들어내는 첫 단계를 실행하고 있었다. 만일 그가 인생의 의미에 대해 계속해서 질문을 던지고 인생에 대해 고찰하고 관습적인 가치를 거부하는 게 가능했다면, 내면의 혁명은 바깥으로 터져 나와 곧 정치영역으로까지 퍼지게 되었을 것이다. 그를 재판에 부치고 그에게 사형을 선고했던 사람들은 그들 자신이 무엇을 하고 있는지 잘 알고 있었다.

불경不敬 호기심과 불경은 서로 잘 어울린다. 호기심은 불경 없이는 존재할 수 없다. 호기심은 이렇게 묻는다. "이것은 정말인가?", "이것이 언제나 관습적인 방식이었다는 단지 그 이유 때문에, 이것이 살아가는 최선의 혹은 올바른 방식인가? 이것이 최선의 혹은 올바른 종교적 신조, 정치적 혹은 경제적 가치, 도덕인가?" 질문을 던지는 사람에게 신성불가침이란 없다. 그는 독단적 교리를 혐오하고, 도덕성을 제한하려는 어떠한 개념 규정도 무시하고, 자유롭고 편견 없이 사상을 탐구하는 것을 억누르는 탄압에 대해 반항한다. 탐구하는 사상이 어디에 이르게 되는가는 문제가 되지 않는다. 그는 도발적이고, 무례하고, 선동적이고, 불온하다. 그는 사회적 불안을 야기한다. 모든 인생에서와 마찬가지로, 이것은 하나의 역설이다. 왜냐하면 그의 불경은 인생의 불가사의에 대한 심원한 경의와 인생의 의미에 대한 부단한 탐구에 뿌리를 두고 있기 때문이다. 다른 사람들에 대한 경의, 다른 사람들이 불의, 빈곤, 무학, 착취, 차별, 질병, 전쟁, 증오, 공포로부터 해방되는 것에 대한 경의는 성공적 조직가에게 반드시 필요한 자질이 아니라고 주장할 수도 있다. 그와 관련해서 내가 해 줄 수 있는 말은 단지 이것뿐이다. 그러한 경의는 내가 가르치려고 마음먹은 사람들 모두에게서 내가 발견해야만 할 자질이다.

상상력 상상력은 불경과 호기심의 피할 수 없는 동반자이다. 상상력이

풍부하지 않다면 어떻게 호기심을 가질 수 있겠는가?

웹스터 대사전에 따르면, 상상력은 "따로따로 경험한 요소들로부터 새로운 생각들을 정신적으로 종합해 내는 것이다. … 좀 더 포괄적 의미는 … 이전에 경험하지는 않았지만 연상이 된 사물의 심상이라는 관념으로부터 출발하고, 그 이후에 … 정신적 창조와 시적 이상화〔창조적 상상력〕라는 개념으로까지 확장된다." 조직가에게 상상력이란 단지 이것만이 아니라, 무언가 더 심오한 것이다. 그것은 조직가로서 활동한 그의 전 생애에 걸쳐 그가 일을 시작하고 자신을 유지하도록 만들어준 활력이다. 그가 변화를 위해 조직하도록 밀어붙인 힘은 그것에 의해 처음 만들어졌으며 계속 충전되었다.

한때 나는, 조직가가 필요로 하는 기본적 자질은 불의에 대해 마음으로부터 분노할 줄 아는 감각이며, 이것이 그를 유지시켜 주는 근본적 욕구라고 믿었던 적이 있다. 이제 나는 기본적 자질이 그것이 아닌 다른 무엇이라고 이해하고 있다. 인류 전체와 아주 밀접하게 교감하도록 그를 몰아가고 또한 인류의 곤궁 속으로 그를 밀어 넣는 바로 이 비정상적인 상상력이 그것이다. 그는 그들과 함께 고통스러워하고, 불의에 대해 화를 내고, 반란을 조직하기 시작한다. 클레런스 대로우Clarence Darrow*는 자기이익에 더 많이 기초해서 이것을 설명하려고 한다. "나는 왕성한 상상력을 가졌다. 나는 다른 사람의 위치에 나 자신을 놓을 수 있었을 뿐만 아니라, 그렇게 하는 것을 피할 수 없었다. 나는 언제나 약한 자, 고통 받는 자, 가난한 자에게 공감을 느끼지 않을 수 없었다. 그들의 슬픔을 실감하면서 나는 그들을 구제하

---

* 〔역주〕 1857~1938. 미국시민자유연합을 이끌었던 자유주의적 법률가.

려고 했다. 바로 나 자신이 구제되도록 하기 위해서였다."

상상력은 조직가들이 계속 조직할 수 있도록 유지시켜 주는 힘의 연료일 뿐만 아니라, 또한 효과적인 수단과 활동의 토대이다. 조직가는 진정한 행동이 반대세력의 대응행동 속에 있다는 것을 안다. 실제로 적들의 예상되는 대응행동을 파악하고 대비하기 위해서, 조직가는 역시 자신의 상상 속에서 그들과 자신을 일치시키고 자신의 행동에 대한 그들의 대응행동을 예견할 수 있어야만 한다.

유머 감각 웹스터 대사전으로 다시 돌아가 보자. 유머는 다음과 같이 정의되어 있다. "생각, 상황, 사건 또는 행동 속에서 익살맞거나 부조리한 요소들을 발견하고 표현하고 음미할 수 있는 정신적 능력" 또는 "가변적이고 불확실한 마음의 상태."

확신을 가지지 않고 자유롭고 편견 없는 마음으로 탐구하며 독단적 교리를 혐오하는 조직가는 웃음이 자신의 건강을 유지하는 수단일 뿐만 아니라 인생을 이해하는 데 핵심이라는 것을 알고 있다. 본질적으로 인생은 비극이다. 비극의 반대는 희극이다. 어떤 그리스 비극이라도 몇 줄만 바꾸면 희극이 된다. 그 반대도 사실이다. 모순이 진보의 이정표라는 것을 알고 있기 때문에, 그는 늘 모순에 대해 깨어 있다. 유머 감각은 그가 모순을 인지하고 그 의미를 알 수 있도록 도와준다.

유머는 성공적인 전술가에게 필수적이다. 왜냐하면 인류에게 알려진 가장 힘 있는 무기는 풍자와 조롱이기 때문이다.

유머 감각은 자신의 시각을 유지할 수 있도록 해 주며 또한 자신이 과연 무엇인지에 대해 자신을 직시할 수 있도록 해 준다. 우리는 덧없는 순간 동안만 타오르는 조그마한 티끌이다. 유머 감각은 구원을 위한 독단적 교리나 종교적, 정치적, 경제적 처방이라면 그 어떤 것에라도 완전히 빠져들게 내버려 두지 않는다. 유머 감각은 호기심, 불경, 상상력과 잘 결합된다. 조직가는 어떤 종류의 집단적 규율이나 조직에 몰두하거나 그것을 수용한다고 해서 상실될 수 없는 자기 자신의 개인적 정체성을 가지고 있다. 나는 거의 이십 년 전에 《급진주의자여 일어나라》에서 약간 직관적으로 주장했던 것, 곧 "조직가는 모든 것의 일부가 되기 위해서 어느 것의 일부도 될 수 없다"는 말을 이제는 이해하기 시작했다.

더 나은 세상에 대한 약간의 희미한 전망 조직가의 일상적인 일은 많은 부분이 지엽적이고 반복적이며, 또한 단조로움 때문에 진절머리가 난다. 전체적으로 볼 때, 그는 하나의 작은 부분에만 관여하고 있다. 이는 마치 그가 화가로서 작은 잎 하나만을 그리고 있는 것과도 같다. 필연적으로 그는 조만간에 다음과 같이 반응할 것이다. "단지 작은 잎 하나를 그리면서 나의 인생 전부를 소비하고 있는 나는 도대체 무엇을 하고 있는 것인가? 이게 대체 뭐야, 그만 떠나자." 그가 계속할 수 있도록 해 주는 것은 거대한 벽화에 대한 희미한 전망이다. 그 거대한 벽화에서 다른 화가들—조직가들—도 모두 자신의 조그마한 몫을 그리고 있으며, 각각의 조각들은 전체에 필수적이다.

조직화된 인격체 조직가는 무질서한 상황 속에서도 편안하고 또한 부조리한 세상에서도 합리적일 수 있기 위해, 그 자신이 잘 조직화되어 있어야 한다. 변화시키기 위해서 부조리들을 받아들이고 활동의 대상으로 삼을 수 있어야 하는 것은 조직가에게 절대적으로 필요하다.

아주 이례적인 경우를 제외하고는, 올바른 일들은 잘못된 이유로 이루어진다. 사람들이 올바른 이유로 올바른 일을 하라는 요구는 쓸 데 없는 것이다. 이는 풍차와 싸우는 것이다. 올바른 목적이 달성되고 나면, 비록 그것이 잘못된 이유로 달성되었다고 하더라도, 올바른 이유가 도덕적 합리화로서 도입될 뿐이라는 사실을 조직가는 알아야 하며 또한 받아들여야 한다. 그런 까닭에 그는 올바른 목표들을 달성하기 위해 잘못된 이유를 찾아야 하며 또한 사용해야 한다. 그는 합리적인 세상으로 전진하려는 자신의 노력 과정에서 능숙하고 신중하게 부조리를 사용할 수 있어야 한다.

여러 가지 이유 때문에 조직가는 다양한 문제들을 드러내어 전개시켜야 한다. 먼저, 광범위한 기초를 지닌 회원 구성은 많은 문제 위에서만 형성될 수 있다. 우리가 백어브드야드*에서 우리의 조직을 건설하고 있던 때, 시카고 시의 폴란드계 로마가톨릭교회들은 아일랜드계 로마가톨릭교회들의 세력 확장에 대해 우려하고 있었기 때문에 우리와 결합했다. 통조림공장노동조합이 우리와 함께했으며, 그러자 그들의 경쟁조합들도 회원 및 세력의 증가 가능성을 견제하기 위해 결합했다. 당연히 우리는 왜 그들이 우리와 결합하는지 신경 쓰지 않았다. 우리는 그들이 그렇게 하면 우리가 더 잘될 것이라는 사실만 알고 있었을 뿐이었다.

조직가는 각각의 개인이나 집단이 위계화된 가치체계를 가지고 있다는 사실을 인정한다. 예를 들면, 모든 사람이 시민권을 지지하는 소수민족 빈민가에 우리 자신이 있다고 가정해 보자.

흑인 한 사람이 그 지역이 처음으로 바뀌고 있을 때 거기에서 작은 집 한 채를 샀으며, 집값을 재산 가치보다 4배 이상 비싼 엄청난 가격으로 다

---

* 〔역주〕 백어브드야드(Back of the Yards)는 시카고 시 남서부에 있는 공단 및 주거 지역이었다. 이 지역 옆에는 과거에 육류통조림공장을 위한 가축임시수용장(stockyards)이 있었다. 지명은 이것으로부터 유래했다. 20세기 초반 이 지역의 주민생활은 싱클레어의 소설 《정글》(The Jungle)에 묘사되어 있다. 1930년대 이 지역에서 알린스키가 조직화사업을 할 때 주민들은 주로 동유럽에서 온 이민자들로 구성되어 있었다.

지불했다. 그의 전 재산은 그 집에 묶여 있다. 이제 도시 재개발이 시작되면서, 그들의 기준에 따른 가치 평가에 기초해서 그 집을 수용하려고 하는 중이다. 그런데 제시된 평가가치는 자신이 지불한 금전적 지출의 1/4 가격보다 더 낮다. 그는 자신이 소유한 조그마한 경제적인 세계를 지키기 위해 필사적으로 노력한다. 그는 시민권을 위한 회합에는 한 달에 한 번 정도 나가고, 아마도 몇몇 탄원서에 서명을 하고 여기저기에 일 달러를 낼지도 모르지만, 그의 재산을 없애 버릴 도시 재개발 위협에 대항한 싸움에는 매일 밤 회합에 나갈 것이다.

그의 이웃에는 집을 세놓는 여인이 한 사람 있다. 그녀는 어린 딸이 셋 있고, 그의 주된 걱정은 마약밀매꾼들과 뚜쟁이들이 이웃에 몰려들어 아이들의 미래를 위협하는 것이다. 그녀도 역시 시민권을 지지하지만, 그녀의 관심은 뚜쟁이나 마약밀매꾼이 없는 지역 사회에 더 많이 기울어져 있다. 그녀는 자기 아이들을 위한 더 좋은 학교를 원한다. 이것이 그녀의 최우선 관심사이다.

그녀의 이웃에는 생활보호를 받는 가족이 있다. 그들의 최우선 관심사는 돈을 더 받는 것이다. 길 건너편에 근로빈곤층이라고 할 수 있는 가족이 있다. 그들은 지독하게 적은 생활비로 살아가려고 애를 쓰고 있으며, 그들에게는 소비자 물가와 동네 상인들의 바가지요금이 최우선 관심사이다. 빈민가 집주인에게 세를 들어 쥐와 바퀴벌레가 우글거리는 속에서 살아가는 사람들은 당신에게 자신들의 최우선 관심사가 무엇인지 즉각 말할 것이다. 그리고 나머지도 그렇고 그렇다. 복잡한 문제들을 다루는 조직에서 개개인은 다른 사람에게 말할 것이다. "나는 나 혼자만이 원하는 것을 얻을 수는 없다. 당신도 마찬가지다. 타협을 하자. 당신이 원하는 것을 위해 내가 당신을 지지할 터이니, 당신도 내가 원하는 것을 위해 나를 지지하라." 이러한 타협들이 활동계획이 된다.

한 가지 문제를 다루는 조직은, 심지어 두 가지 문제를 다루는 조직조차 당신에게 하나의 작은 조직만을 허용할 뿐이다. 더욱이 한 가지 문제만 다루는 조직은 오래 유지될 수 없다는 사실은 자명하다. 사람이 산소를 필요로 하는 것처럼, 조직은 행동을 필요로 한다. 단지 하나 또는 두 개의 문제만으로는 분명히 행동의 감소가 있을 것이며, 그다음에는 최후가 찾아온다. 다양한 문제는 부단한 행동을 그리고 존속을 의미한다.

조직가는 자기 주변에서 일어나는 모든 것에 주의를 기울여야 한다. 그는 언제나 배우고 있으며, 모든 사건은 그에게 무언가 가르쳐 준다. 버스를 타려는 사람들은 빈자리가 몇 개만 있을 때 먼저 타려고 밀어제친다. 만일 빈자리가 많다면 사람들은 친절하고 점잖다. 그는 이것에 주목한다. 모든 사람에게 기회가 있는 세상에서 선을 향한 사람들의 행동에는 변화가 있을 것이다. 그는 이 사실을 깊이 생각한다. 인생과 자기 자신에 대해 끊임없이 검토함으로써, 그는 자신이 점점 더 조직화된 인격체가 되어가는 것을 발견한다.

정치적으로 분열적이지만 동시에 잘 융화된 존재 조직가는 순진무구한 신봉자가 되지 않기 위해서 정치적으로는 분열적인 사람이 되어야 한다. 문제가 극단적으로 나누어져야만 사람들은 행동할 수 있다. 사람들은 자신들의 주장이 100% 천사의 편에 있으며 그 반대는 100% 악마의 편에 있다고 확신할 때 행동할 것이다. 조직가는 문제들이 이 정도로 양극화되기 전까지는 어떠한 행동도 가능하지 않을 것이라고 알고 있다. 나는 이미 미국 독립선언문—눈에 띌 정도로 분명하게 식민지가 영국으로부터 얻었던 이득은 모두 생략해 버리고 손실만을 언급하였던 바로 그 세부목록—의 예를 논한 바 있다.

내가 말하고 있는 것은 조직가라면 자신을 두 부분으로 나눌 수 있어야 한다는 것이다. 그의 한 부분은 행동의 장에 있으며, 그는 문제를 100 대 0으로 양분해서 자신의 힘을 투쟁에 쏟아 붓도록 힘을 보탠다. 한편 그의 다른 부분은 협상의 시간이 되면 이는 사실상 단지 10%의 차이일 뿐이라고 하는 점을 알고 있다. 그런데 양분된 두 부분은 서로 어려움 없이 공존해야만 한다. 잘 체계화된 사람만이 스스로 분열하면서도 동시에 하나로 뭉쳐서 살 수 있다. 그런데 바로 이것이 조직가가 해야만 하는 일이다.

자존심 이러한 바람직한 자질들 전체와 잘 결합해서 강한 자존심이 형성되어 있다. 우리는 바로 그 강한 자존심을 견고성의 측면에서 거대한 건축물로 묘사할 수도 있을 것이다. 여기에서 우리는 앞 장에서 논의되었던 대로 자기중심주의egotism와 분명히 구분되는 자존심이라는 단어를 사용한다. 반드시 해야 한다고 믿는 것을 할 수 있는 자신의 능력에 대한 전적인 믿음이 바로 자존심이다. 조직가는 승산이 언제나 자신의 반대편에 있다는 사실을 두려움이나 걱정 없이 받아들여야 한다. 이러한 종류의 자존심을 가지고서, 그는 행동가가 되고 행동한다. 그는 단념하겠다는 생각에 결코 한순간 이상 머무르지 않는다. 인생은 행동이다.

자유롭고 편견 없는 마음과 정치적 상대성 호기심, 불경, 상상력, 유머 감각, 독단적 교리에 대한 불신, 체계화된 자기 자신, 인간 행위의 많은 부분의 부조리에 대한 이해 등을 가지고 있는 조직가는 자기 방식대로 살아가면서 유연한 인물이 된다. 그는 예상하지 못한 일이 일어났을 때 부서지고 마는 경직된 구조물이 아니다. 자기 자신의 정체성을 가지고 있기 때문에, 그는 어떤 이데올로기나 만병통치약 같은 보호물을 필요로 하지 않는다. 그는 알고 있다. 인생은 불확실한 것을 추구하는 것이고, 인생에서 유일하게 확실한 것은 불확실성이다. 그는 그것과 함께 살아갈 수 있다. 그는 모든 가치들이, 특히 정치적 상대성의 세상에서는, 상대적이라는 사실을 알고 있다. 이러한 자질 덕분에 그는 냉소주의나 환멸 속으로 무너져 내리지 않을 것이다. 왜냐하면 그는 환상에 의지하지 않기 때문이다.

끝으로, 조직가는 낡은 것으로부터 새로운 것을 쉬지 않고 창조한다. 그는 모든 새로운 생각들이 갈등으로부터 발생한다는 것을, 또한 인간이 새로운 생각을 가졌던 때에는 언제나 바로 그 생각이 과거와 현재에 존중되고 있던 생각들에 대한 도전이었으며 필연적으로 갈등이 몰아쳤다는 것을 알고 있다. 호기심, 불경, 상상력, 유머 감각, 자유롭고 편견 없는 마음, 가치의 상대성과 인생의 불확실성을 받아들이는 태도, 이 모든 것은 서로 융합되어, 창조를 자신의 최대 기쁨으로 받아들이는 종류의 인물을 만든다. 그는 창조를 인생의 의미에서 진정한 핵심이라고 생각한다. 새로운 것을 향한 자신의 끊임없는 투쟁 속에서, 그는 자신이 반복적이고 변하지 않는 것을 참지 못한다는 것을 깨닫는다. 그에게 지옥은 동일한 것을 되풀이해서 하고 또 하는 일일 것이다.

이것이 지도자와 조직가의 기본적인 차이이다. 지도자는 자신의 욕망을 채워줄 권력을 쌓기 위해 그리고 사회적이면서도 개인적인 목적을 위해 권력을 잡고 휘두르기 위해 행동한다. 그는 스스로 권력을 원한다. 조직가의 목표는 다른 사람이 사용할 권력을 창조하는 것이라고 할 수 있다.

이러한 자질들은 자유롭고 창조적인 사람이라면, 예술 분야의 교육자이든 인생의 다른 분야의 교육자이든, 그 모두에게 존재한다.《'애덤 스미스'의 머니게임》*에서 이상적인 펀드매니저의 특징이 묘사되어 있다.

---

* 〔역주〕 알린스키가 인용하고 있는 《'애덤 스미스'의 머니 게임》"Adam Smith's" The Money Game의 서지사항은 다음과 같다. 'Adam Smith' The Money Game, New York: Dell Pub.,

그것은 개인적인 직관, 감각적인 행위패턴이다. 언제나 알려지지 않은, 식별되지 않은 무엇인가가 존재한다. … 당신은 분석가를 자금을 관리하도록 바로 보낼 수 없다. 좋은 펀드매니저가 가져야 하는 것은 무엇인가? 그것은 일종의 움직이지 않는 집중력, 직관, 감각, 교육할 수 없는 어떤 것이다. 첫 번째로 알아야만 하는 것은 당신 자신이다. 자신을 아는 사람은 자신의 바깥으로 걸어 나갈 수 있으며, 자기 자신의 반응들을 마치 관찰자처럼 살펴볼 수 있다.

이것이 조직가에 대한 묘사라고 생각할 수도 있겠다. 하지만 상호기금을 조직하든 공제조합을 조직하든 간에 모든 창조적인 일에서는 누구든지 이러한 자질들을 추구하고 있다. 어떤 사람이 다른 무엇이 아니라 조직가가 되는 것은 특정한 성질이 얼마나 강한가 또는 특정한 성질 사이의 관계가 어떠한가 하는 점에 따라 결정된다. 아니면 우연에 따른 일이다.

1969, 또는 George J. W. Goodman, The Money Game: Adam Smith, New York: Vintage Books, 1976. Adam Smith는 G.J.W.Goodman의 필명이다. 최근 이 책이 국내에서 번역되었다. 애덤 스미스 지음, 노승영 옮김, 《머니게임》, 서울: W미디어, 2007.

Rules for
Radicals

의사소통

Communication

누구든지 조직가의 자질 중 부족한 것이 있을 수 있으며, 그래도 여전히 조직가로서 유능하고 성공할 수 있다. 그러나 여러 자질 중에서 하나는 예외이다. 바로 소통의 기술이 그것이다. 당신이 당신 주변의 사람들에게 전달할 수 없다면, 당신이 어떤 것에 대해 알고 있는 것은 중요하지 않게 된다. 그 경우에 당신은 실패자도 못 된다. 당신은 단지 거기에 존재하지 않는 것이다.

다른 사람들과의 소통은 당신이 그들에게 애써서 전달하려는 것을 그들이 이해할 때에야 비로소 일어난다. 만일 그들이 이해하지 못한다면, 당신은 말이든 그림이든, 또는 그 어떤 것이든 간에 상관없이 전달하지 못하고 있는 것이다. 사람들은 자신들의 경험에 비추어서만 사물을 이해한다. 이는 당신이 그들의 경험 속에 들어가야 한다는 것을 의미한다. 더욱이 소통은 양방향의 과정이다. 다른 사람들이 당신에게 말하려고 하는 것에 대해 주의를 기울이지 않고 당신의 생각을 그들에게 전달하려고 노력한다면, 당신은 사물의 전체를 파악하지 못하고 있는 것이다.

상대방의 눈이 빛나면서 "나는 당신이 말하려고 하는 것을 정확하게 이해합니다. 그것과 정말로 똑같은 일이 나에게도 한때 일어났습니다. 내 이야기를 좀 들어봐 주십시오!"라고 대꾸할 때, 나는 내가 상대방과 소통하고 있다는 사실을 깨닫는다. 그때 나는 소통이 이루어지고 있다는 것을 알게 되는 것이다. 얼마 전 나는 시카고 시의 오헤어 국제공항에서 뉴욕 시로 갔었다. 비행기가 탑승구로부터 떨어져 나온 뒤 우리는 익숙한 안내방송을 들었다. "저는 기장입니다. 죄송하게도 우리 비행기는 열여덟 번째로 이륙하게 되어 있습니다. '금연' 표시등을 끄고, 계속해서 상황을 알려 드리도록 하겠습니다."

많은 기장은 당신에게 쓸데없는 말들로 끊임없이 '즐겁게 해 줘야' 한다는 부담을 느낀다. "여러분은 완전히 만원이 된 이 비행기의 무게가 얼마인지 알고 싶을 겁니다." 당신은 조금도 개의치 않는다. 혹은 "우리는 바지쿠스, 오하이오 그리고 정크스포트* 위로 비행할 계획입니다" 등등. 그런데 이번 여행에서 기장은 많은 여행객의 경험에 다가설 줄 알았으며, 진정으로 소통을 하였다. 자신의 '여흥'을 제공하는 중에 그는 말했다. "덧붙여 알려 드리겠습니다. 이륙 허가를 받으면 말씀드리겠습니다. 또한 이륙을 위한 제트엔진의 소음을 듣는 순간부터 이륙의 순간까지 우리는 당신이 자동차를 시카고에서 뉴욕까지 운전하고 또한 되돌아올 만큼의 연료를 사용할 거라는 점도 덧붙여 알려 드립니다." 그때 "뭐야, 설마, 농담하고 있겠지" 같은 말들이 터져 나왔다. 이륙허가 안내방송이 있고 나서 이륙이 시작되자, 비행기 안의 모든 여행객은 자기 시계를 보기 시작했다. 이륙을 위해 대략 25초가 지난 뒤에, 여행객들은 서로 쳐다보며 말했다. "그 말을 믿

---

* 〔역주〕 존재하지 않는 무의미한 지명이며, 기장의 방송이 무의미하다는 것을 보여주기 위해 넣은 것으로 판단된다.

소?" 분명하게도, 당신이 예상했을 것처럼, 많은 여행객은 잠깐 동안이나마 자동차가 일정한 양의 가솔린으로 여행했을 거리에 대해 관심을 가졌을 것이다.

이러한 소통에 대한 개념을 사용하는 교사들은 거의 없지만, 교육자들은 일반적으로 그것에 대해 동의하고 있다. 어쨌든 가르치는 직업 속에도 진정한 교사는 아주 소수밖에 없는 것이다.

교육지도자 중 한 명은 이러한 이해와 경험의 중요성을 매우 개인적인 방식으로 지적하고 있다.

"그가 인생의 경험을 쌓았을 때," 반드시 호메로스와 호라티우스를 읽으시오. 이와 같이 뉴맨John Henry Newman(1801~1890)은 말한다. 마음과 눈, 귀를 그들의 이미지와 언어, 음악으로 풍부하게 하시오. 하지만 당신이 마흔이 되기 전에는 그들이 진정으로 말하고자 하는 것을 이해할 것이라고 기대하지 마시오.

이러한 진리는 30여 년 전 12월 어느 날 나에게 진정으로 다가왔다. 눈이 내린 뒤 몽블랑의 아르장티에르Argentieres에서 샤모니Chamonix로 걸어 내려오고 있는 중에, 갑자기 깊은 무의식의 기억으로부터 베르길리우스의 한 구절이 내 마음 속에 떠올랐으며, 나는 나도 모르게 그것을 읊조리고 있었다.

Sed iacet aggeribus niveis informis et alto
*Terra gelu.**

---

* 〔역주〕 고대 로마 시인 베르길리우스(Publius Vergilius Maro)의 《농경시》(*Georgica*)의 3권 354~355 구절.

나는 그 말들을 학교에서 읽었으며, 의심할 바 없이 그것들을 유창하게 번역하였다. "대지는 쌓인 눈과 두터운 서리 아래에 형태도 없이 누워 있네." 그런데 갑자기 내 눈앞에 펼쳐진 설경과 함께 나는 처음으로 베르길리우스가 informis, 즉 '형태도 없이'라는 형용어로 말하고자 했던 것을 그리고 이 단어가 눈이 하는 일을 얼마나 완벽하게 묘사하는지를 알아차렸다. 눈은 지붕과 처마, 소나무와 바위, 산등성이의 모난 외양들을 희미하게 만들고 그것들의 뚜렷한 외양과 형태를 앗아가 버리면서, 말 그대로 세상을 형태 없이 만든다. 바로 그날 이전에 나는 그 말들이 진정으로 의미하는 바를 알지도 못한 채 얼마나 자주 그 말들을 읽었던가! 물론 내가 대학생이었을 때 **형태도 없이**라는 말이 나에게 아무런 의미도 없었다는 것은 아니다. 하지만 그 말은 그것의 완전한 의미에 전혀 미치지 못하는 의미만을 지니고 있었다. 개인적 경험이 진정한 이해를 위해서는 필요하였던 것이다.

—Sir Richard Livingston, 《교육론》*On Education*, New York, 1945, p.13.

때때로 나는 성교나 용변과 관련된 비유를 사용해 왔기 때문에 거칠고 통속적이라는 비난을 받아왔다. 특별히 충격을 주고 싶어서 이러한 비유를 사용한 것은 아니다. 반대로 이는 모두에게 공통된 어떤 경험들이 있기 때문이며, 성교와 용변은 그러한 것들 중의 두 가지이다. 더욱이 모든 사람은 이 두 가지에 관심이 있다. 그리고 모든 공통 경험과 관련해서 말할 수는 없지 않은가. 다음과 같은 이야기를 하면서 도덕에서의 상대성을 설명했던 기억이 난다. 미국인, 영국인, 프랑스인 여자 세 명에게 똑같은 질문 하나가 던져졌다. 당신이 성에 굶주린 여섯 명의 남자와 함께 무인도에 난파되었다면, 당신은 무엇을 하겠소? 미국인 여자는 말하기를, 일단 숨은 다음,

도망치기 위해 밤중에 뗏목을 만들거나 연기 신호를 피워 올리겠다. 영국인 여자는 말하기를, 가장 강한 남자를 고른 다음 그와 살면, 그가 그녀를 다른 남자들로부터 보호할 수 있을 것이다. 프랑스인 여자는 조롱하듯이 쳐다보며 물었다. "무엇이 문제죠?"

　사람들은 오직 자기 자신의 경험에 기초해서만 사물을 이해하기 때문에, 조직가는 반드시 그들의 경험에 대해 적어도 조야하게나마 알고 있어야 한다. 이는 소통에 유용할 뿐만 아니라, 조직가가 다른 사람들과 더욱 강한 인간적 일체감을 갖고 소통을 더욱 쉽게 하도록 해 준다. 예를 들면, 어느 지역공동체에 그리스정교 사제가 있다고 하자. 여기에서 그는 아나스토폴리스 대수도원장이라고 불린다. 매주 토요일 밤 자기 교회의 신자들 중 여섯 명이 깊은 신앙심을 가지고 자신을 뒤따르는 가운데, 그는 동네 선술집을 한 바퀴 돌 것이다. 몇 시간 동안 술을 마신 뒤, 그는 갑자기 몸이 굳어지고, 너무나 취해서 움직일 수 없게 된다. 이때가 되면 그의 신앙심이 깊은 여섯 명의 신자는 마치 운구하는 사람처럼 그를 안전한 교회로 다시 모시기 위해 그를 들고 거리를 통과할 것이다. 몇 년이 경과하면서 이 일은 이 지역 사람들의 경험, 사실상 살아 있는 전설이 되었다. 이 지역의 사람과 이야기하면서 무엇이 잘 맞지 않고 부적절하다는 사실을 전달하기 위해서는 반드시 "수도원장처럼 부적절하다"고 말해야만 한다. 반응은 웃음보와 끄덕거림 그리고 "그래, 뭔 말인지 잘 압니다"라는 대답일 것이다. 게다가 또한 이것을 넘어 공통의 경험을 나누어 가지고 있다는 친밀감도 얻게 될 것이다.

　상대방과 소통을 하려고 노력하지만 상대방이 당신을 받아들이고 이해하도록 도와줄 수 있는 지렛대를 상대방의 경험에서 발견할 수 없다면, 그때에는 그를 위한 경험을 당신이 만들어야 한다.

나는 훈련을 받고 있던 두 명의 상근 조직가에게, 그들이 공동체 주민들의 경험을 벗어났기 때문에 그들의 문제들이 공동체 안에서 어떻게 발생하였는가를 설명하려고 노력하고 있던 중이었다. 당신이 누군가의 경험을 벗어날 때, 당신은 소통하지 못할 뿐만 아니라 혼란을 야기한다고 나는 그들에게 설명하였다. 그들은 진지하고 알아챈 것 같은 표정을 얼굴에 지었으며, 말과 동작으로 동의하고 이해하였음을 보여 주었다. 그러나 나는 그들이 실제로는 이해하지 못했음을 그리고 나 자신이 소통하고 있지 않았음을 깨달았다. 따라서 나는 그들에게 경험을 한번 만들어 주어야만 했다.

우리는 마침 그때 음식점에서 점심을 먹고 있었다. 나는 그들에게 여덟 가지 일품 또는 배합 요리 목록이 적혀 있고 각각에 번호가 매겨져 있는 점심 식단표를 보라고 했다. 요리 목록 1번은 베이컨과 계란, 감자, 토스트, 커피였고, 2번은 다른 무엇이었고 그리고 6번은 닭고기 간 오믈렛이었다. 웨이터는 그의 경험에 따라 주문을 받으면 즉각 그것을 해당 번호로 바꾸도록 습관화되어 있다고 나는 설명했다. 그가 '베이컨과 계란' 등의 단어를 들으면, 그의 마음은 이미 '1번'을 누른다. 유일한 차이점은 계란 요리가 부드럽게 만들어지느냐 베이컨이 아주 파삭파삭하게 구워지느냐 하는 것이다. 이 경우 그는 "1번, 부드럽게"라고, 또는 손님의 요구에 맞추어 변화된 주문을 주방에 소리쳐 알린다.

이것이 분명하다고 한 뒤, 나는 말을 이어나갔다. "이제, 웨이터가 나의 주문을 받을 때, 내가 '닭고기 간 오믈렛'이라고 말하는 대신에 그의 경험을 벗어나는 방식으로 '보세요, 닭고기 간 오믈렛 있죠?'라고 말한다고 해 봅시다. 그는 '예, 6번'이라고 대답할 겁니다. 나는 '음, 잠깐만요. 나는 오믈렛 속에 닭고기 간이 든 것을 원하지 않습니다. 오믈렛을 주시는데 닭고기 간을 옆에 따로 놓아 주세요. 잘 아셨죠?'라고 말할 겁니다. 그는 알았다고 말할 것이지만, 십중팔구 6번으로는 주방에 주문할 수 없기 때문에 모든 것이 혼란스럽게 될 겁니다. 나는 일이 어떻게 돌아갈지 모르지만, 내가 그의 기존 경험 영역을 벗어난 것은 분명하지요."

웨이터는 나의 주문을 내가 앞에서 말한 대로 정확하게 받아갔다. 대략 이십 분쯤 뒤에 그는 오믈렛 한 접시와 닭고기 간 정식 요리 한 접시 그리고 3.25달러짜리 계산서를 가지고 왔다. 오믈렛 1.75달러, 닭고기 간 1.5달러였다. 나는 항의하면서 즉각 조목조목 이의를 제기했다. 내가 원했던 것은 6번 요리이고, 그건 가격이 1.5달러이다. 다만 나는 간을 오믈렛 속에 섞는 대신에, 접시 한 편에 담아 달라고 요청했다. 그런데 정식 오믈렛 한 접시, 닭고기 간 정식 요리 한 접시 그리고 식단표 가격의 거의 세 배에 가까운 계산서가 나왔다. 더군다나 나는 닭고기 간 정식 요리 한 접시와 오믈렛을 모두 먹을 수는 없다. 혼란이 가라앉은 뒤에, 웨이터와 지배인이 의논을 했다. 마침내 웨이터가 상기되고 당황한 얼굴로 돌아왔다. "실수를 사과드립니다. 모두 헷갈렸습니다. 원하시는 걸로 드세요." 계산서는 6번 요리의 원래 가격으로 바뀌었다.

로스앤젤레스에서 비슷한 상황이 있었다. 네 명의 상근자들과 나는 빌트모어 호텔의 프런트에서 이야기를 하고 있었는데, 나는 위와 똑같은 논점을 설명하려고 노력하던 중이었다. "자, 내 손에 10달러짜리를 들고 있지요. 빌트모어 호텔 주변을 총 네 블록 정도 걸어 다니면서 이걸 누구에게 주려고 해 봅시다. 이건 분명 모든 사람들의 경험을 벗어나는 일이겠지요. 당신들 네 명은 내 뒤를 따라오면서 내가 다가가는 사람들의 얼굴을 잘 보세요. 나는 이 10달러 지폐를 들고는 그들에게로 다가가서, '자, 이거 가지시죠'라고 말할 겁니다. 내 생각에 누구든지 뒤로 물러서면서, 당황하고 모욕당하고 두려운 표정을 짓고, 이 이상한 사람으로부터 빨리 벗어나려고 할 겁니다. 그들의 경험에 따르면, 누군가가 그들에게 다가올 때, 그 사람은 길을 물으려고 하거나 또는 특히 나처럼 상의나 넥타이를 안 매고는 구걸을 하려고 하는 것이다.

나는 주변을 걸어 다니면서 10달러를 줘 보려고 시도했다. 반응들은 모두 '사람들의 경험 안에서' 만들어졌다. 그들 중 세 사람 정도는 10달러 지폐를 보고는 "미안합니다. 잔돈이 없네요"라고 말했다. 다른 사람들은 "미안합니다. 지금 나에게 돈이 전혀 없습니다"라고 말하면서 급하게 지나갔다. 이는 마치 내가 그들에게 돈을 주려고 하는 대신 그들로부터 돈을 얻으려고 하는 것 같았다. 한 젊은 여자는 불같이 화를 내면서, 거의 비명을 질렀다. "나는 그런 여자가 아냐. 여기에서 물러가지 않으면 경찰을 부를 거야!" 다른 30대 여자는 거의 으르렁거렸다. "나는 그렇게 싸게 놀지 않아!" 한 남자는 멈춰서더니 "무슨 사기꾼 같은 짓이야!"라고 말하고는, 멀리 걸어가 버렸다. 대부분의 사람은 당황, 혼란, 묵살이 뒤섞인 방식으로 대응했으며, 발걸음을 빨리 해서는 내 주변을 약간 돌아서 갔다.

대략 열네 사람을 거친 뒤에, 나는 여전히 10달러 지폐를 든 채로 빌트모어 호텔의 정문 앞에 서게 되었다. 그때 네 명의 동행자들은 사람들이 순전히 자신의 경험에 기초해서만 반응한다는 개념을 더 분명하게 깨닫게 되었다.

동일한 원칙의 또 다른 예를 들어보자. 여기 기독교 문명사회가 있다. 여기에서 대부분의 사람들은 교회에 나가고 있으며, 여러 가지 기독교 교리들을 크게 외치고 있다. 하지만 이는 실제로는 자신들 경험의 주요 부분이 아니다. 왜냐하면 그들은 그것대로 살아오고 있지 않기 때문이다. 그들의 교회 경험은 순전히 의례적인 장식일 뿐이다.

《뉴욕타임스》는 몇 년 전에 한 남자의 경우에 대해 기사를 내보낸 적이 있다. 이 남자는 40세쯤에 가톨릭으로 개종을 했으며, 개종한 열정에 가득 차서 성 아시시의 프란체스코의 삶을 될 수 있으면 따라서 살려고 결심했다. 그는 자기가 평생 저축한 돈 약 2,300달러를 인출하였다. 그는 이 돈을 5달러짜리 지폐로 바꾸었다. 5달러짜리 지폐 더미를 품고는, 뉴욕 시의 가장 가난한 구역인 바우어리 가로 내려갔다. 당시는 아직 도시재개발 시기 이전이었다. 궁핍하게 보이는 남녀가 스쳐지나갈 때마다, 그는 가까이 다가가서 "이걸 받으세요"라고 말했다. 그런데 이 상황과 빌트모어 호텔 주변에서 있었던 내 상황 사이의 차이점은 바우어리 가의 걸인들에게는 돈이나 수프 한 그릇을 제공받는 일이 자신들의 경험 안에 들어 있었다는 사실이다. 어쨌든 기독교인의 삶을 살고 성 프란체스코의 뒤를 따르려고 했던 우리의 이 친구는 자신이 단지 40분만 그렇게 할 수 있다는 사실을 알게 되었다. 그는 기독교도인 경찰관에게 체포되었으며, 기독교도인 구급차 의사에 의해 벨뷰 병원에 보내어졌고, 기독교도인 정신과 의사로부터 정신 이상으로 판정을 받았다. 기독교 정신은 기독교도라고 공언하지만 실제로 그렇게 살아가지 않는 주민들의 경험 바깥에 있다.

대중조직에서 당신은 주민들의 실제 경험 바깥으로 나아갈 수 없다. 예를 들자면 나는 이런 질문을 받아 왔다. 왜 당신은 가톨릭 신부나 기독교 목사나 유대교 목사에게 유대-기독교 윤리나 십계나 산상수훈에 의존해서 말을 걸지 않습니까. 나는 결코 그런 말로 이야기하지 않는다. 그 대신에 나는 그들에게 그들 자신의 자기이익, 그들 교회의 복지 그리고 심지어는 교회의 물질적 재산에 기초해서 접근한다.

만일 내가 그들에게 도덕주의적 방식으로 접근했다면, 이는 그들의 경험 바깥에 있었을 것이다. 왜냐하면 기독교 정신이나 유대-기독교주의는 조직화된 종교의 경험 바깥에 있기 때문이다. 아마도 그들은 내 말을 듣기만 하고, 기껏해야 매우 호의적으로 나에게 내가 얼마나 고귀한가를 말할 것이다. 그리고 내가 걸어 나오는 순간, 그들은 비서들을 불러들여서는 "만일 저 괴짜가 혹시 다시 나타나면, 내가 없다고 말하게"라고 말할 것이다.

협상에서처럼 설득을 위한 소통은 다른 사람의 개인 경험의 영역 안으로 들어가는 것 이상을 의미한다. 이는 상대방의 중요 가치나 목표를 알아내고 당신의 행동 방침을 바로 그 표적에 맞추는 것이다. 당신은 어떤 쟁점의 합리적인 사실이나 윤리에만 단순히 기초해서는 어느 누구와도 소통을 할 수 없다. 유대인들이 금송아지를 섬기기 시작했을 무렵에 있었던 모세와 하느님 사이의 대화[1]는 매우 많은 것을 보여 준다. 하느님이 화가 나서

---

1) 그리고 야훼께서 모세에게 말씀하셨다. "당장 내려가 보아라. 네가 이집트에서 데리고 나온 너의 백성들이 고약하게 놀아나고 있다. 저들이 네가 보여준 길에서 저다지도 빨리 벗어나 저희 손으로 부어 만든 수송아지에게 예배하고 제물을 드리며 '이스라엘아, 이 신이 우리를 이집트 땅에서 데려온 우리의 신이다'라고 떠드는구나." 야훼께서 계속하여 모세에게 이르셨다. "보아라, 얼마나 고집이 센 백성이냐? 나를 말리지 마라. 내가 진노를 내려 저들을 모조리 쓸어버리리라. 그리고 너에게서 큰 백성을 일으키리라." 그러나 모세는 그의 하느님 야훼의 노기를 풀어 드리려고 애원하였다. "야훼여, 당신께서는 그 강하신 팔을 휘두르시어 놀라운 힘으로 당신의 백성을 이집트 땅에서 데리고 나오시지 않으셨습니까? 그런데 어찌하여 이 백성에게 이토록 화를 내시옵니까? 어찌하여 '아하, 그가 화를 내어 그 백성을 데려다가 산골짜기에서 죽여 없애 버리고 땅에 씨도 남기지 않았구나' 하는 말을 이집트인들에게서 들으시려 하십니까? 제발 화를 내지 마시고 당신 백성에게 내리려고 하시던 재앙을 거두어 주십시오. 당신의 명예를 걸고 '너의 후손을 하늘의 별처럼 많게 하고, 내가 약속한 이 땅을 다 너의 후손에게 주어 길이 유산으로 차지하게 하겠다'고 맹세해 주셨던 당신의 종 아브라함과 이삭과 이스라엘을 기억해 주십시오." 이 말을 들으시고 야훼께서는 당신의 백성에게 내리겠다고 하시던 재앙을 거두셨다. 출애굽기 32: 7-14. (대한성서공회, 《공동번역 성서(가톨릭용)》(1977, 139쪽)에 기초해서 일부 수정함).

유대인들을 파멸시키려고 할 때, 모세는 자비나 정의라는 말로 하느님과 소통하려고 하지 않았다. 그는 곧바로 최고 가치를 들먹이면서 하느님의 허를 찔렀다. 상대방은 그 자신이 관심이 있거나 위협을 받고 있다고 느낄 때만 들으려고 한다. 행동의 영역에서 위협이나 위기는 대체로 소통의 전제 조건이 된다.

하느님이 "당장 내려가 보아라. 네가 이집트에서 데리고 나온 너의 백성들이 고약하게 놀아나고 있다"고 말했을 때 좀 부족한 사람은 냉정함을 잃어버렸겠지만, 모세와 같이 위대한 조직가는 결코 자신의 냉정함을 잃지 않는다. 만일 그 순간에 모세가 자신의 냉정함을 조금이라도 잃어버렸다면, 우리는 그가 이렇게 말했으리라고 예상할 수 있을 것이다. "어디에서 당신은 제가 이집트에서 데리고 나온 저의 백성들과 관련된 이 모든 일을 그만 두려고 하십니까 … 저는 단지 사막에서 산책을 하고 있을 뿐이었는데, 누가 그 나무가 불타오르도록 했습니까. 누가 저에게 이집트로 건너가라고 했습니까. 누가 저에게 그 백성들을 노예의 신분에서 풀어내라고 했습니까. 누가 그 모든 권력놀음과 역병을 일으켰습니까. 누가 홍해를 가르고 하늘에 구름기둥을 세웠습니까. 그런데 이제 갑자기 그들이 저의 백성이 되었습니다."

그러나 모세는 냉정을 잃지 않았다. 자신의 반격에서 가장 효과가 있을 중심축은 자신이 하느님의 첫째 가치라고 판단하는 것 위에 틀림없이 있을 것이었다. 모세는 이 점을 알고 있었다. 모세가 판단했듯이, 그것이 바로 하느님이 바라시던 가장 중요한 것이었다. 구약 전체를 통해서 우리는 "나 이외에는 어떤 신들도 믿지 마라", "거짓 신들을 섬기지 마라", "나는 질투와 징벌의 신이다", "여호와의 이름을 헛되이 사용하지 마라"는 구절을 읽게 된다. 이러한 구절은 십계명의 첫 계명을 포함하여 계속된다.

이를 알고는 모세는 자신의 반격을 시작했다. 그는 하느님에게 침착하시라고 설득하고 부탁하기 시작했다. (이 지점에서 모세의 동기를 파악하려고 해보면, 우리는 의아심을 갖게 된다. 그가 자기 자신의 백성에게 충실했거나 또는 그들에게 미안했기 때문에 그랬을까. 아니면 마침내 자신의 나이가 120살이 되어 가고 그리고 그 일은 너무 많은 것을 요구하기 때문에, 그는 완전히 새로운 백성을 일으키는 일을 단지 원하지 않았던 것일까.) 하여간 그는 협상을 시작했다. "보십시오, 하느님, 당신은 하느님이십니다. 당신은 전지전능하십니다. 당신이 하시고 싶은 일은 무엇이든지 하실 수 있으시며, 어느 누구도 당신을 막을 수 없습니다. 그러나 아시겠지만, 하느님, 당신께서 이 백성들과 했던 그 거래, 기억하시겠지만 그 약속을 어길 수는 없습니다. 거기에서 당신은 이들에게 단지 노예 상태에서 벗어나게 해 주는 데 멈추지 않고 땅을 실제로 받도록 해 줄 것이라고 언약했습니다. 예, 잘 알고 있습니다, 당신은 그들이 자신들의 몫을 어겼고 따라서 내기는 끝났다고 저에게 말씀하시려고 하지요. 하지만 그게 그렇게 쉽지 않습니다. 당신은 어려운 처지에 놓여 있습니다. 이 거래의 소식은 방방곡곡에 다 퍼져 나갔습니다. 이집트인들, 필리스틴인들, 가나안인들, 모든 이가 다 알고 있지요. 그런데 제가 말씀드렸듯이, 당신은 하느님이십니다. 가셔서 그들을 해치워 버리십시오. 사람들이 '저기 하느님이 계시네. 이제 그가 말하는 것을 믿을 수 없게 되었네. 그와 거래를 하지 말게. 그의 말은 그의 말이 적혀 있는 돌의 가치조차도 없네'라고 말하면 어떻게 하시렵니까. 하지만 결국 당신은 하느님이십니다. 나는 당신께서 잘 처리하시리라 생각합니다."

이 말을 들으시고 야훼께서는 당신의 백성에게 내리겠다고 하시던 재앙

을 거두셨다. (출애굽기 32: 14)

효과적 소통에서 또 다른 실천원칙은 사람들이 스스로 결정을 내려야 한다는 것이다. 모세가 하느님에게 하느님이 해야만 하는 것을 말할 수 없었던 것은 아니다. 어떤 조직가라도 공동체에게 무엇을 해야 하는지 말해줄 수 없는 것은 아니다. 사실 그래도 많은 경우 조직가는 공동체가 무엇을 해야 할지에 대해 꽤 괜찮은 생각을 가지고 있을 수 있으며, 공동체가 그러한 행동을 하도록 제안하고 유도하고 설득하고 싶어 할 것이다. 그렇지만 그는 무엇을 해야 할지 공동체에게 말하려고 하지 않을 것이다. 대신에 그는 함축적인 질문들을 할 것이다. 예를 들면 Z라는 행동방침이 해야 할 일이라고 조직가가 확신하더라도, 전술과 관련된 회의에서 그는 이렇게 할 것이다.

조직가: 이제 우리가 무엇을 해야 한다고 생각하십니까?
공동체 지도자 1: 우리가 반드시 X라는 행동방침을 취해야 한다고 생각합니다.
조직가: 지도자 2께서는 어떻게 생각하십니까?
지도자 2: 그래요, 내 생각에도 그것이 꽤 괜찮아 보이네요.
조직가: 지도자 3께서는 어떻게 생각하세요?
지도자 3: 음, 잘 모르겠네요. 그것이 괜찮아 보이긴 한데, 걱정되는 게 있네요. 조직가께서는 어떻게 생각하세요.
조직가: 당신들이 무엇을 생각하는지가 중요합니다. 당신을 걱정시키는 것이 무엇이지요?
지도자 3: 음, 잘 모르겠어요. 그건 아마도 …

조직가: 음 무슨 생각이 나는데 … 나도 잘 모르겠네요. 그런데 어제 당신과 지도자 1께서 나에게 누군가에 대해 뭔가 이야기하고 설명했던 것이 생각나네요. 그 사람은 행동방침 X와 비슷한 뭔가를 한번 시도하였는데, 이런저런 이유로 그가 크게 실패했다고 했던가요. 그렇다면 이 방침은 잘 되지 않거나, 뭐 그렇겠군요. 그걸 나에게 이야기했던 걸 기억하세요, 지도자 1님?

지도자 1 (이야기를 듣고는 이제 행동방침 X가 작동하지 않을 것이라 이해하게 됨): 그렇군요, 정말 그렇군요. 기억납니다. 음, 그래요. 우리 모두 알다시피 X는 잘되지 않을 겁니다.

조직가: 그래요. 아시겠지만, 잘되지 않을 것들을 모두 제외하지 않으면, 잘됨을 결코 찾지 못할 겁니다. 그렇죠?

지도자 1 (열정적으로): 그럼요! 틀림없습니다!

그러고 나서 어느 누구도 체면을 잃지 않도록 하면서, 또는 의사결정 과정에서 제외되지 않도록 하면서 잘 다듬어진 질문들이 계속된다. 제안된 모든 행동방침들의 모든 약점들이 질문을 통해 검토된다. 언젠가는 누군가에 의해 행동방침 Z가 제안되고, 다시 질문을 거친 다음에 그것의 장점들이 드러나면서 그것으로 결정이 난다.

이것은 사람들을 교묘하게 다루는 수법인가? 분명히 그렇다. 마치 교사가 학생들을 교묘하게 다루듯이 그리고 확실히 소크라테스 같은 이가 그렇게 하듯이. 시간이 지나고 교육이 진척되면서, 지도부는 점점 더 세련되어 간다. 그리고 조직가는 지역의 의사결정자 집단으로부터 물러나게 된다. 그가 무엇을 생각하는가라는 질문에 대한 그의 대답은 "당신은 무엇을 생각하세요?"라는 무엇을 직접 가리키지 않는 역질문이 된다. 그의 일은 그에게 전혀 의존하지 않도록 그 집단을 떼어내는 것이다. 그러면 그의 일은 끝난 것이다.

　조직가가 질문들에 의존해서 앞으로 나아갈 때, 공동체 지도자들은 언제나 그들 자신의 판단 위에 조직가의 판단을 올려놓고 본다. 그들은 조직가가 그 자신의 일을 알고 있다고, 그가 올바른 행동방침들을 알고 있다고 믿는다. 바로 그렇기 때문에 그는 그들의 조직가인 것이다. 심지어 그들이 그러한 방식을 의식하고 있다고 하더라도, 만일 조직가가 지시들을 내리고 '설명하는 것'으로 시작한다면, 이는 무의식적인 적개심, 조직가가 자신들을 억누르고 자신들의 독립적 개인으로서의 존엄성을 존중하지 않는다는 느낌을 불러일으키게 될 것이다. 조직가는 이러한 사실을 이해하고 있다. 도움을 청하고 얻는 사람은 감사하는 마음뿐만 아니라 그를 도와준 사람에 대한 무의식적인 적대감을 가지고 반응한다. 이것이 인간의 특성이다. 조직가는 이 사실을 알고 있다. 이는 일종의 심리적 '원죄'인데, 왜냐하면 그를 도와주었던 사람이 만일 도움이 없었다면 그가 여전히 좌절상태에 빠져 아무것도 못할 것이라는 사실을 언제나 알고 있다고 그가 느끼기 때문이다. 이 모든 것은 조직가의 입장에서는 능란하고 미묘한 역할연기를 필요로 한다. 처음에는 조직가는 사령관이다. 그는 어디서, 무엇을, 어떻게 해야 하는지 알고 있다. 그러나 그는 결코 자신의 별 네 개를 달고 있지 않고, 장군이라 불리지도 장군처럼 행동하지도 않는다. 그는 조직가이다.

　조직가가 위와 같은 논의 과정에서 행동방침 Z가, 또는 그것이 무엇이든 자신이 미리 결정하였던 행동방침이 적절한 행동방침이 아니라고 발견하게 되는 때가 있다. 사실 많은 경우가 그렇다. 이때에는 누군가 다른 사람이 해답을 찾는 것을 인정할 수 있을 정도로 그의 자존심이 충분히 견실하기를 기대해야겠다.

많은 요인 중에서 당신이 소통을 통해 전달할 수 있는 것과 없는 것을 결정하는 요인은 상대방과의 관계이다. 무엇에 함께 관련되어 있다는 사실 덕분에 개인적 관계가 강력해지기 전까지는 다룰 수 없는 예민한 영역들이 있다. 만일 그렇지 않다면, 상대방은 당신이 말하는 것이 그의 경험 안에 들어 있다는 사실과는 무관하게 고개를 돌리고는 말 그대로 듣지 않는다. 반대로 당신이 좋은 관계를 가지고 있다면, 그는 매우 적극적으로 반응하고, 당신의 '메시지'는 긍정적인 맥락에서 전달될 것이다.

예를 들어보자. 나는 가족계획과 임신중절이 개인에 의해 행사될 수 있는 개인적 권리라고 언제나 믿어 왔다. 나는 젊었을 때 시카고의 백어브드야드 지역에서 조직화 사업을 하고 있었다. 그 지역 주민은 95%가 로마가톨릭교도였으며, 대가족 때문에 경제적으로 더욱 어려움을 겪고 있었다. 만일 내가 나의 이러한 생각을 전달하려고 노력했다면, 비록 주민들의 경험에 의존하는 형태를 취했다고 하더라도, 나와 그 공동체의 관계는 끝장나고 말았을 것이다. 그 즉시로 나는 교회의 적으로 낙인이 찍혔을 것이며, 모든 소통도 끝났을 것이다. 몇 년 뒤 굳건한 관계를 맺은 뒤에 나는 가족계획을 포함하여 어떤 문제라도 자유롭게 이야기하게 되었다. 나는 이 문제를 당시 가톨릭 교구장과 논의한 적이 있다. 그때 논의는 "얼마나 오랫동안 가톨릭교회가 이런 낡은 관념을 고수하면서도 유지될 수 있다고 생각하는가?"와 같은 질문들에만 더 이상 멈추지 않았다. 나는 다섯 명의 사제가 교구장을 접견하려고 대기실에서 기다리고 있다는 사실을 기억해 냈고, 또한 교구장이 그들 모두를 경멸한다는 것도 알고 있었다. 그래서 "자, 나는 당신이 가족계획에 반대하는 갖가지 주장을 하고 있지만 실제로는 찬성하고 있다는 것을 당신에게 증명해 보일 겁니다"라고 말하고 나서, 문을 열고 말했다. "저기를 한번 보시오. 저들이 보이지요. 당신이 가족계획에 반대한다고 나에게 말하실 수 있소?" 그는 크게 웃고는, "그건 공평하지 못한 논법이요. 잘 알고 있지 않소"라고 말했다. 당시 그 토론의 주제와 성질은 굳건한 관계가 없었다면 생각할 수 없었을 것이다.

조직가가 대중의 경험을 완전히 벗어났기 때문에 소통에 실패한 전형적인 예는 대학생 활동가들이 빈민들에게 그들이 가지고 있는 일반적인 가치가 파탄지경에 이르렀다는 것을 알려 주려고 한 시도에서 발견된다. "제 말을 믿으세요. 당신이 좋은 직장, 교외에 단층이지만 내부에 층이 나뉘어져 있는 단독주택, 컬러TV, 자동차 두 대, 은행 잔고 등을 가지고 있다고 하더라도, 그것들이 당신에게 행복을 가져다주지는 않을 겁니다." 예외 없이 대답은 언제나 이랬다. "아, 그래요? 제발 내가 그 말을 판단할 수 있도록 해 주십시오. 내가 그것들을 가진 뒤에, 당신에게 정말 그런지 알려 주겠소."

경험의 상세한 부분에까지 파고들지 않고 개괄적으로 이루어지는 소통은 미사여구가 되고, 아주 제한된 의미만을 전달한다. 이는 25만 명의 죽음(이는 통계가 된다)을 아는 것과 친한 친구나 사랑하는 사람 혹은 친척 중의 한두 명의 죽음을 아는 것 사이의 차이이다. 뒤의 경우에 그것은 비극적 종말이 가져다주는 완전히 감정적인 충격이 된다. 개인적 관계가 무엇을 의미하는지 설명하면서, 나는 여러 번에 걸쳐서 이렇게 말했다. "만일 이 회합의 사회자가 입을 열면서 '저는 지금 너무나 충격에 빠졌습니다. 죄송하게도 우리는 알린스키 씨가 비행기 추락사고로 돌아가셨다는 소식을 막 들었는데, 이를 여러분께 알려 드리지 않을 수 없습니다. 이 강연은 취소되었습니다'라고 말했다고 해 보자. 당신들이 가질 유일한 반응은 '이것 참, 아이고. 너무 안됐군. 그가 어떻게 생겼나 궁금했는데. 할 수 없군. 음, 보자. 오늘 저녁 무엇을 할까. 저녁 시간에 할 일이 없어졌네. 영화나 보러 갈까.' 바로 이것이 예상할 수 있는 일이다. 물론 과거부터 나를 알고 있던 사람들은, 그 관계가 무엇이든지 간에, 제외해야겠지요."

"자 또 생각해 봅시다. 이 강연을 끝낸 후, 당신들 모두가 내가 말한 것 전부에 대해 찬성하지 않는다고 가정합시다. 당신들은 내 얼굴, 내 목소리의 어감, 내 태도, 내 복장을 좋아하지 않습니다. 그냥 당신들은 나를 좋아하지 않습니다. 끝이죠. 더 나아가, 내가 다음 주에 다시 당신들에게 강연을 할 계획이었고, 바로 그때 나의 갑작스런 죽음을 알게 되었다고 가정합시다. 당신들의 혐오와는 무관하게, 당신들의 반응은 매우 다를 것입니다. 당신들은 충격에 휩싸인 반응을 보일 겁니다. 이렇게 말할 겁니다. '아이고, 바로 어제 그는 살아있었잖아, 숨도 쉬고, 말도 하고, 웃으면서. 그처럼 갑자기 그가 돌아가다니, 도저히 믿기가 힘들군.' 이것이 개인적 관계에 대한 사람의 반응입니다.

하지만 여기에서 특별히 중요한 것은 당신이 한 명의 특정한 사람과 관계를 하고 있지 일반 대중과 관계를 하고 있는 것은 아니라는 사실이다.

비상한 조직가였던 새뮤얼 애덤스가 보스턴 학살을 계획하고 있다* 는 소문이 나돌고 있던 당시, 그의 유명한 발언에 함축되어 있던 내용이 바로 이것이다. 그는 다음과 같이 말했다고 전해진다. 혁명을 위한 순교자를 갖게 되기 위해서는 서너 명의 사람이 죽어야만 한다. 그러나 열 명이 넘어서는 안 된다. 왜냐하면 그 숫자를 넘어서면 순교자가 아니라 단지 오물처리

---

* 〔역주〕 보스턴 학살사건은 1770년 3월 5일 영국군에 의해 다섯 명의 보스턴 주민이 살해당한 사건이다. 이 일은 미국 독립혁명의 계기가 된다. 식민지 지도자들이 영국의 식민정책에 항의하는 행동의 수준을 의도적으로 높이는 과정에서 보스턴 학살이 야기되었다는 점에서, 알린스키는 보스턴 학살을 '계획하였다'는 표현을 쓰고 있다.

문제만 생기게 될 것이기 때문이다.

　이는 수소폭탄에 관한 논쟁에서 사람들과 소통을 하려고 할 때에도 생기는 문제이다. 수소폭탄은 너무나 크다. 이는 너무나 많은 사상자를 가져온다. 이는 사람들의 경험을 벗어난다. 따라서 사람들은 "그래, 그건 끔찍한 거야"라고 곧장 반응하지만, 그것이 진정으로 그들의 마음을 끈 것은 아니다. 이는 숫자 계산과 관련해서도 마찬가지다. 사람들이 2,500만 달러가 넘는 영역에 들어가는 순간, 예를 들면 단지 10억 달러라고 해도, 듣는 사람은 완전히 막막해져서 더 이상 진정으로 관심을 갖지 못한다. 왜냐하면 그 숫자는 그의 경험을 넘어서서 거의 의미가 없어지기 때문이다. 수백만 미국인들은 얼마나 많은 100만 달러가 모여서 10억 달러를 만드는지 알지 못한다.

　특정 사실이 경험의 힘에 의해 파악될 수 있을 정도로 충분히 작아야만 한다는 이러한 특성은 쟁점이 되는 사안들의 전체 국면을 좌우하는 데에 매우 결정적이다. 논쟁점들은 사람들 사이에서 소통이 될 수 있어야만 한다. 그것들이 소통될 수 있다는 점은 필수불가결하다. 그것들이 집회나 전투의 구호로 만들어질 수 있을 정도로 충분히 단순해야 한다는 점 역시 필수불가결하다. 그것들은 죄악이나 부도덕처럼, 또는 선한 삶이나 도덕처럼 일반적인 것이어서는 안 된다. 그것들은 바로 이 사람들이 고통스럽게 살고 있는 바로 이 빈민가 주택과 관련된 바로 이 빈민가 주택주인의 바로 이러한 부도덕이어야만 한다.

　소통은 사람들의 특정한 경험을 통해서 구체적으로 이루어진다는 사실은 이제 분명해진 것 같다. 일반이론들은 사람들이 특정 구성요소들을 흡수하고 이해한 뒤에 다시 그것들을 일반개념에 관련시켰을 때에만 의미를 가지게 된다. 만일 이렇게 되지 않으면, 특정한 것들은 흥미로운 일상사의 한 부분 이상이 되지 않는다. 바로 이것이야말로 사람들 사이에서 이루어지고 있는 소통 속에 놓여 있는 모습 그대로의 세상이다.

Rules for
Radicals

시작의 순간

In the

새로 들어온 조직가는 시작 단계에서 자신이 누구인지를 밝혀야 한다.
혹은 다른 식으로 표현하면, 일을 할 수 있는 자격을 획득해야 한다. 그는 자신이 거기에 있는 이유를 가지고 있어야 한다. 그리고 그 이유는 사람들이 받아들일 수 있는 것이어야 한다.
모든 낯선 이는 의심을 받는다. "저 작자는 누구지?", "그는 무엇 때문에 저런 질문을 다 하는 걸까?", "그는 실제로는 경찰이나 FBI가 아닐까?", "그의 속셈이 뭐지?", "그는 실제 무엇을 노리고 있는 걸까?", "이 안에서 그의 흥미를 끄는 것이 무엇이지?", "그는 누굴 위해 일하는 걸까?"
이러한 의문에 대한 답변은 공동체의 경험에서 바라볼 때 받아들일 만해야 한다. 만일 조직가가 주민들에 대한 사랑의 맹세로 시작한다면, 그는 모든 사람들을 즉시 쫓아버리고 만다. 이와 반대로 만일 그가 착취를 일삼는 고용주들, 빈민가 집주인들, 횡포를 부리는 경찰들, 바가지 씌우는 상인들에 대한 비판으로 시작한다면, 그는 주민들의 경험에서 벗어나지 않고 따라서 그들에게 받아들여진다. 사람들은 자신들의 경험에 기초해서만 판단을 내릴 수 있다. 그리고 그들의 마음속에 있는 질문은 바로 이것이다. "만일 우리가 조직가의 위치에 있다면, 우리는 그가 하고 있는 것을 할까?

만일 한다면, 왜 할까?" 사람들이 적어도 어느 정도는 받아들일 만한 답을 갖게 되기 전까지는, 조직가를 이해하고 받아들인다는 일은 그들에게 매우 힘들다.

그가 조직가로서 받아들여질 것인가는 그가 핵심적인 사람들뿐만 아니라 다른 많은 이를 설득하여 확신을 갖도록 하는 데에 성공 여부가 달려 있다. 첫째 그가 그들의 편이라는 사실을, 둘째 그가 생각이 많고 세상을 바꾸기 위해 싸울 줄 안다는 사실을, 그는 그들에게 확신시킬 수 있어야 한다. 무엇보다도 그가 "자신이 좋아하는 일만 하는" 그런 부류의 사람이 아니라 승리자라는 사실을 확신시킬 수 있어야 하는 것이다. 그렇지 않다면 누가 그를 필요로 하겠는가? 그의 존재가 의미하는 것이라야 기껏 사람들의 총인원이 22만 5,000명에서 22만 5,001명으로 되었다는 것뿐 아니겠는가.

그들에게 당신의 능력, 자질, 용기를 믿도록 설득하는 것만으로는 불충분하다. 그들이 당신의 기량과 용기에 대해 믿음을 가져야만 한다. 당신이 행동, 권력, 변화, 모험, 한 편의 극적인 인생사 등을 위한 기회를 제공할 수 있을 뿐만 아니라 아주 확실한 희망을 주거나 또는 거의 승리에 대한 보장을 해 줄 수 있는 역량을 가졌다고 그들이 믿어야만 한다. 또한 당신이 억압적인 기성사회에 대항해서 싸울 용기를 가졌다고 그들이 믿어야만 한다. 이러한 용기는, 그들이 앞을 향해 외로운 첫걸음을 내디딜 때에는 가지지 못했지만 권력조직이라는 보호막을 일단 갖게 되면 그들 역시 가지게 될 그런 용기이다.

사랑과 믿음은 보통 함께 존재하지 않는다. 더 일반적으로는 권력과 공포가 믿음과 함께 간다. 무산자는 그들 자신의 판단이 가진 참된 가치에 대해 믿음을 얼마 가지고 있지 않다. 그들은 여전히 유산자들의 판단을 쳐다본다. 그들은 상층 계급의 힘을 존중하고, 유산자들이 더 똑똑하고 더 유능하고 '특별한 무언가'를 타고났다고 믿는다. 차이는 권력을 강화하는 경향이 있기 때문에, 존중은 경외심으로 변질된다. 유산자들은 곧 권력기구이기 때문에, 권력 주변에서 언제나 나타나게 되는 여러 가지 신화와 전설의 수혜자가 된다. 무산자들은 그들 자신의 판단에 대해 주저하고 확신하지 못하는 문제에 관해서 오히려 유산자들을 믿을 것이다. 권력은 반대할 수 없는 것이다. 사람들은 권력을 존중하고 그것에 복종해야 한다. 권력은 힘 strength을 의미하고, 반면 사랑은 사람이 믿지 않는 인간의 허약함이다. 권력과 공포가 믿음의 원천이라는 사실은 인생사의 슬픈 현실이다.

조직가가 해야 할 일은 기성질서가 조직가 자신을 '위험한 적'이라고 공개적으로 공격하기에 이르도록 기성질서를 교묘하게 부추기고 괴롭히는 것이다. '적'이라는 말은 조직가를 인민의 편에 놓고 무산자들과 동일시하도록 만들기에 충분하다. 하지만 그 말은 조직가에게 특별한 자질을, 곧 공포를 불러일으키고 또한 그렇게 함으로써 기성질서에 대항하여 그 자신의 힘을 강하게 세워줄 수 있는 수단을 그에게 주게 되는 특별한 자질을 제공할 정도는 아니다. 여기에서 또다시 우리는 권력과 공포가 믿음의 형성에서 핵심적이라는 사실을 깨닫게 된다. 그런데 바로 이러한 부족 부분은 '위험한'이라는 낙인을 기성질서가 사용함으로써 해소된다. 바로 그 한 마디 말 속에 기성질서는 조직가에 대한 두려움, 조직가가 기성질서의 절대력에 위협적인 존재라는 두려움을 담아서 표현하고 있기 때문이다. 이제 비로소 조직가는 자신의 '출생증명서'를 가지게 되었고, 활동을 시작할 수 있다.

1939년 내가 처음으로 업튼 싱클레어의 소설 《정글》의 무대였던 지역에서 시카고 시 구 가축임시수용장들의 뒷동네를 조직화하기 시작했을 때, 나는 식육가공업자들이 몇 주 되지 않아 나를 '질서파괴분자'라고 공개적으로 밝히도록 만드는 방식으로 행동하였다.《시카고 트리뷴》지가 나를 법과 질서를 해치는 공공의 적으로, '급진주의자 중의 급진주의자'로 지명해줌으로써, 나는 시카고 시에서 언제나 변함없이 갱신할 수 있는 세례증명서를 가지게 되었다. 한 세대 뒤 나의 모교 시카고 대학 주변에 위치한 시카고 시 남부지역의 흑인 공동체에서, 바로 나에 대한 시카고 대학의 악의에 찬 인신공격과 그에 가세한 신문들의 공격이 백인에 대해 약간의 의심을 가지고 있던 흑인 공동체로부터 더 많은 신임을 얻도록 만들어 주었다. 뉴욕 주 로체스터 시에서는 가네트 회사미국 언론 기업-옮긴이 소속 신문사들과 이스트만 코닥 회사가 나에 대해 이와 똑같은 짓을 벌였다. 시카고 시와 로체스터 시 양쪽의 흑인 빈민가에서 나온 반응은 이랬다. "돈 많은 백인 신문들이 알린스키에 대해 지독하게 비난하는 것을 보니, 그가 옳은 것은 분명해!" 텍사스 주 휴스턴 시나 캘리포니아 주 오클랜드 시에도 나는 아주 쉽게 파고들 수 있었다. 휴스턴 시에서는 KKK* 단원들이 완전한 대열을 갖추고는 나의 신변안전을 위협하기 위해 공항에 나타났다. 휴스턴 시 신문들은 휴스턴 시장이 나에게 한 비난들을 찍어내었고, 존버치협회⁑는 대중 피킷라인(항의행렬)을 조직했다. 오클랜드 시의 경우, 내가 그곳으로 들어올 가능성을 두려워한 시의회는 내가 시에 달갑지 않은 손님이라는 것을 선언하는 특별결의안을 통과시키고 그것을 광범위하게 선전하였다.

---

* 〔역주〕 KKK(Ku Klux Klan)는 백인우월주의, 반유대주의, 인종차별주의, 반가톨릭주의, 동성애 혐오주의 등을 주장하는 여러 백인단체가 공동으로 사용하는 명칭이다.
⁑ 〔역주〕 존버치협회(John Birch Society)는 미국의 국가정체와 자유기업체제를 위협하는 세력들에 대항해서 싸우기 위해 1958년에 만들어진 조직이다. 존 버치는 제2차 세계대전 동안 미국 군사정보기구 소속 장교이자 침례교 주창자였다.

두 경우 모두, 흑인 공동체는 기성질서가 평소와는 달리 격심한 공포와 히스테리에 사로잡혀 대응하는 것을 보아야만 하는 대접을 받았던 셈이다.

자신의 역량에 대한 주민들의 신임을 튼튼하게 만드는 것은 조직가가 해야 할 첫 번째 일 중에서 단지 일부분일 뿐이다. 활동을 시작하기 위해서는 그는 더 많은 신임을 주민으로부터 얻어야 한다. "누가 당신더러 여기에 와 달라고 했소?"라는 질문에 대해 "바로 당신이오"라고 답할 수 있도록 만들어 주는 신임이 필요하다. 그는 지역 주민들의 주요 단체로부터, 교회로부터, 마을조직으로부터, 친목모임으로부터 그리고 또 다른 여러 집단으로부터 초대를 받아야만 한다.

오늘날 나의 악명과 기성질서의 절박한 히스테리성 반응은 나의 역량에 대한 주민들의 신임을 확인시켜 줄 뿐만 아니라, 주민들의 거의 자동적인 초대를 보장해 준다. 그러한 사례들 중의 하나가 로체스터 시의 흑인 빈민가로 초대받았던 일이다.

1964년 로체스터 시에서 유혈인종폭동이 폭발하였다. 그 결과 주 방위군이 동원되었으며, 경찰 헬리콥터 한 대가 완전히 추락했으며, 생명과 재산의 피해가 상당한 정도로 일어났다. 시 전체는 큰 충격에 빠졌다. 물질적 풍요로움과 문화적 다채로움, 진보적 교회들을 자랑하던 이 도시는 빈민가의 고통스러운 삶과 그것에 대해 아무것도 하지 못했던 자신들의 과오를 있는 그대로 발견하고는 혼란에 휩싸이고 죄의식에 사로잡혔다. 프로테스탄트 교회들을 대표하던 시교회협의회는 나에게 접근해 와서는, 흑인 빈민가가 평등한 대우, 일자리, 주거지, 좋은 교육 그리고 특별히 흑인들에게 영향을 미치는 모든 공공프로그램의 의사결정에 참여할 수 있는 힘을 갖도록 조직화하는 데에 내가 도움을 줄 수 있겠는지를 물어왔다. 또한 그들은 흑인 공동체의 대표들이 흑인들에 의해 선발된 이들이어야지 주류 백인사회에 의해 선택된 이들이어서는 안 된다는 것을 요구했다. 나는 교회협의회에 비용에 대해 자문을 해 주었고, 또한 나의 조직이 이용 가능하다는 사실도 알려 주었다. 교회협의회는 비용에 대해 동의하였으며, 우리에게 들어와서 조직화를 하라고 '초청하였다.' 그래서 나는 교회들이 그들의 지역에서 그들의 주민들을 조직하라고 우리를 초청할 권리는 가졌지만 반대로 흑인 공동체를 대변하거나 또한, 말할 필요도 없이, 누군가를 그 속으로 초청할 권리는 가지지 않았다고 대답하였다. 덧붙여 우리는, 요청이 있건 없건 선교사들을 어디에나 파견하는 교회들과 같은 식민지 권력이 아니라고 강조하였다. 흑인 공동체는 침묵을 지키고 있었다. 하지만 그때 주류 백인 사회는 겁을 먹었다. 로체스터 시의 신문들은 일면 기사와 사설에서 만일 내가 로체스터 시에 온다면 선의의 협력관계나 형제주간Brotherhood Week이나 흑백 간의 기독교적 상호이해 같은 것들이 바로 끝나고 말 것이라고 탄식을 내뱉었다. 신문들은 내가 흑인들에게 "당신들이 자신의 정당한 권리를 찾을 수 있는 유일한 방법은 조직하고, 세력을 만들고, 주류 백인사회를 향해 '동의하시오, 그렇지 않으면!' 이라고 말하는 것뿐이다"라고 말할 것이라고 했다. 흑인들은 읽었고, 들었고, 동의했다. 신문과 방송을 통해 당신은 나의 로체스터 시 방문이 러시아인들과 중국인들 및 페스트로부터 로체스터 시가 침공을 받는 것과 동일하다는 사실을 추측할 수 있었을 것이다. 로체스터 시민들은 그것을 결코 잊지 않을 것이며, 누구든 거기에 가게 되면 그것을 믿게 될 것이다. 그래서 우리는 빈민가에 있는 거의 모든 교회와 단체로부터 그리고 빈민가 거주자들 수천 명이 서명한 청원서에 의해 초청되었다. 이제 우리는 거기에 갈 정당한 권리를 가지게 되었으며, 우리의 이 권리는 빈민가에 있던 초청 단체들 그 어느 것보다 확실한 것이었다. 왜냐하면 그들조차 지역 공동체의 주민들로부터 초청을 받은 것은 아니었기 때문이다.

우리가 확보한 이러한 이점은 우리가 가지고 있던 평판의 결과물이다. 하지만 여기에서 중요한 점은 평판을 아직 갖고 있지 않은 조직가가 어떻게 초청을 받아내는가 하는 것이다.

조직가가 해야 할 일은 자기 자신을 초청하도록 만드는 것이며, 주민들에게 관심을 불러일으키고 새로운 생각을 불어넣고 변화에 대한 희망과 바람을 갖도록 하는 것이며, 당신을 이러한 목적을 가장 잘 달성할 자질을 갖춘 사람으로 인정하도록 만드는 것이다. 이때 조직가가 지역 지도자들의 조직화와 교육을 위해서뿐만 아니라 초청을 하도록 만드는 여론 환기를 위해서 사용할 도구는 소크라테스적인 방법, 질문의 사용이다.

조직가: 저 빈민가 건물에서 살고 있습니까?

답변: 예. 그런데요?

조직가: 도대체 저기에서 왜 살지요?

답변: 무슨 말이오. 저기에서 무엇 때문에 살다니? 그럼 어디에 가서 살란 말이오? 나는 생활보호자요.

조직가: 아아, 그러면 저기에서 집세를 내고 있겠군요?

답변: 이봐요, 장난치는 거요? 웃기는군! 어디 돈 안 내고 살 수 있는 데가 있소?

조직가: 음. 저곳은 쥐나 벌레들이 우글거리는 곳처럼 보이는데요.

답변: 당연하지요.

조직가: 집주인에게 무슨 조치를 해 달라고 해 본 적이 있습니까?

답변: 집주인에게 무언가 해 달라고 해 보았느냐고! 그게 싫으면 당장 나가. 집주인은 틀림없이 그렇게 말할 거요.

조직가: 집세를 내지 않으면 어찌 될까요?

답변: 십 분 안에 나를 내쫓을 거요.

조직가: 음. 저 건물에 있는 사람이 아무도 집세를 내지 않으면 어찌 될까요?

답변: 글쎄, 쫓아내기 시작하겠죠. … 어어, 알다시피 모두를 쫓아내려면 힘이 들겠죠, 그렇지 않을까요?

조직가: 예, 아마 그렇겠죠.

답변: 이봐요, 당신, 뭔가 있는 모양인데. 좋소. 당신, 내 친구들 몇 사람 만나보시겠소. 한 잔 합시다.

힘(권력) 획득 이후의 행동방침(정책)

종종 조직화를 시작할 때 부딪히는 큰 어려움 중의 하나는 사람들이 자신이 무엇을 원하는지 모르고 있다는 사실이다. 이 사실을 깨닫게 되면, 조직가들은 민주적인 사회를 위한 결단을 내릴 역량이 일반 대중에게 있는가 하는 회의를 마음속으로 가지게 된다. 이러한 내면적인 회의는 많은 사람이 가지고 있다. 우리는 공개적으로는 일반 대중에 대한 믿음을 이야기하지만, 내심으로는 일반 대중이 믿을 만한가에 대한 강한 의구심을 가지고 있다. 바로 이것이 자유사회의 정신분열증이다. 이렇듯 마음속에 감추어진 이중 태도는 가장 창조적이고 뛰어난 조직가의 유능한 역량조차 파괴할 수 있다. 많은 경우, 저소득 집단과의 접촉은 민주주의에 대한 정치적 신조를 사람들에게서 열정적으로 불러일으키지 않는다. 이러한 환멸의 일부는 우리가 사회의 다른 영역들을 낭만적으로 묘사하는 방식으로 가난한 사람들을 낭만적으로 묘사하기 때문에, 일부는 당신이 그들 누군가와 이야기를 나눌 때 상투적 문구나 천박하고 진부한 대답들 그리고 일반적인 정보부족에 부딪히기 때문에 일어난다. 당신이 흑인 빈민가에서 "뭐가 잘못되었지요?"라고 물으면, 당신은 "음, 학교에서 인종 차별이 있어요"라는 답변을 듣는다. "당신 생각에 학교를 더 좋게 만들려면 무엇이 이루어져야 합니까?", "글쎄요, 학교에서 인종 차별이 없어져야지요.", "어떻게 하지요?", "그거야, 당신이 알지 않소." 그런데 당신도 모른다고 대답하면, 그때 당신이 이야기를 나누고 있는 사람 쪽에서는 지식의 결여나 무력감을 방어적이고 적대적인 반응으로 드러낸다. "당신네 백인들이 제일 먼저 인종 차별을 시작했던 책임이 있지요. 우리가 그걸 한 것은 아니죠. 그러니 그건 당신네 문제지, 우리 문제가 아니라고요. 당신네가 시작했으니, 당신네가 끝내시오." 당신이 "이것 참, 그런데 당장 학교에서 잘못된 다른 일은 없나요?"라고 물으면서 요점을 짚어 가면, "건물이 낡았지요. 선생님들이 안 좋아요. 다 바꾸어야 해요"라는 대답이 돌아온다. "그런가요, 어떻게 바꾸란 말이죠?", "이거 참, 모든 게 다 바뀌어야 된다고 누구나 알고 있다오." 이렇게 보통 이야기가 끝난다. 당신이 이야기를 조금 더 끌고 나가면, 다시 당신은 적대적이면서 방어적인 반응에 부딪히거나 또는 그들이 갑자기 자신들이 다른 어떤 장소에 있어야 하는 것을 기억해 낸 것처럼 뒤로 물러나고 마는 태도에 부딪히게 된다.

    조직가나 선교사, 교육자, 또는 다른 어떤 외부인이라도 그들에게 분명하지 않은 문제는 간단히 말해서 바로 이것이다. 사람들은 만일 자신이 열악한 상황을 바꿀 힘을 가지고 있지 않다고 생각한다면, 그때는 그것에 대해 생각하지 않는다. 공상에 빠지기를 원하지 않는다면, 백만 달러를 가지고 있지 않으면서 백만 달러를 어떻게 쓸 것인가에 대해, 또는 백만 달러를 어떻게 가지게 될 것인가에 대해 왜 고민을 시작하겠는가?

일단 사람들이 조직화되어 변화를 일으킬 힘을 가지게 되면, 그때 그들은 변화의 문제에 부딪히면서 어떻게 변화를 일으킬 것인가에 대해 생각하고 질문을 던지기 시작한다. 만일 학교의 선생님들이 나쁘다면, 나쁜 선생님이란 뭘 말하는가? 좋은 선생님이란 무엇인가? 어떻게 좋은 선생님들을 얻을 수 있을까? 우리 아이들이 선생님들이 말하고 있는 것을 이해하지 못하고 우리 선생님들이 아이들이 말하고 있는 것을 이해하지 못한다고 우리가 말할 때, 우리는 어떻게 의사소통이 이루어질 수 있는가를 묻고 있는 것이다. 왜 선생님들은 아이들과, 아이들은 선생님들과 의사소통을 하지 못하고 있는가? 무엇이 문제인가? 왜 선생님들은 무엇이 우리 지역에서 진정한 가치인가를 이해하지 못하는가? 어떻게 우리는 그들이 이해하도록 만들 수 있는가? 이러한 모든 질문과 함께 더 많은 예리한 질문을 제기하기 시작한다. 주민들은 행동을 하고 상황을 바꿀 진정한 기회를 가지게 될 때에야, 비로소 자신들의 문제들을 충분히 생각하기 시작하는 것이다. 그때 그들은 자신들의 역량을 보여주고, 적절한 질문들을 제기하고, 특별한 전문적인 자문을 구하고, 해답을 찾는다. 이제 당신은 일반 사람들을 믿는다는 것이 단지 낭만적 신화가 아니라는 사실을 깨닫기 시작한다. 그러나 여기에서 당신은 깨닫게 된다. 소통과 교육을 위한 첫 번째 필요조건은 주민들이 알려고 하는 이유를 가지게 되는 것이다. 그리고 힘을 위한 도구나 환경을 창조하는 것이야말로 이유를 제공하고 지식을 반드시 필요한 것으로 만든다. 또한 잊지 말아야 할 것이 있다. 힘없는 사람들은 인생사에 대해 목적의식을 지닌 호기심을 가지지 않을 것이며, 그럴 때 그들은 더 이상 살아 있지도 않다.

경험을 통해 얻는 다른 무언가가 있는데, 그것은 특정한 문제의 해결이 또 다른 문제를 야기할 것이라는 사실을 알게 되는 것이다. 조직가는 이 사실을 아마 알고 있겠지만, 그것을 언급하지는 않는다. 만일 그것을 언급하면, 그는 다른 사람들에게서 부질없는 일이라는 기분을 불러일으키고 또한 그런 기분에 부딪히게 될 것이다. "이 일을 하면 또 다른 문제가 생긴다는데, 무엇 때문에 귀찮게 이 일을 하는가? 우리는 싸우고 이기려고 하는데, 과연 무엇을 얻는가? 그렇다면 그만 잊어버리자."

아울러 조직가는 우리가 지금 사활을 걸고 싸우고 있는 그 무엇인가도 곧 망각될 것이며 또한 변화된 상황이 욕구와 쟁점을 바꿀 것이라는 사실을 알고 있다. 일반적으로 행동방침(정책)은 힘(권력)의 산물이다. 당신은 특정한 계획을 위해 힘(권력)을 구축하기 시작한다. 그리고 일단 어떤 힘(권력)이 구축되고 나면, 계획은 변화하게 된다. 시카고 시 우드론 지역 지도자들의 반응은 이 점에서 전형적이다.

우드론 지역 흑인 빈민가를 조직화하던 초기에 그곳에는 도시재개발 문제를 포함하여 다섯 가지 주요 문제들이 있었으며, 이는 모두 바로 옆의 시카고 대학이 빈민가를 밀어 버리지 못하도록 하는 데에 초점이 맞추어져 있었다. 우드론지역조직TWO, The Woodlawn Organization은 빠르게 세력을 확장했으며 계속해서 성공을 거두었다. 8개월 뒤 시카고 시는 도시재개발에 관한 새로운 정책기조를 발표했다. 바로 그날 우드론지역조직의 지도자들은 화가 나서 나의 사무실로 몰려와서는 정책기조를 맹비난하였다. "시가 이것을 해 내지는 못할 거요. 도대체 자신들이 누구라고 생각하는 건지. 우리는 거리에 바리케이드를 치고 싸울 겁니다!" 격론이 진행되는 동안 성난 지도자들 어느 누구도 애초 우드론지역조직이 결성되도록 만들었던 다섯 가지 요구 모두가 시의 새로운 정책 속에 수용되었다는 사실을 결코 떠올리지 않았다. 그 당시에 그들은 햄버거고기를 위해 싸웠지만, 이제 그들은 등심살을 원하였다. 일이란 이렇게 되어 간다. 그렇게 되지 말라는 법이 있는가?

조직가는 인생사가 바뀌기 쉬운 욕구들과 변화무쌍한 요소들로 이루어진 상대성과 불확실성의 바다라는 것을 안다. 그래도 그는 자신이 함께 일하고 있는 일반 대중의 경험 속에 머무를지라도, 명확성과 확실성을 지닌 구체적인 해결책과 해답을 가지고 행동해야만 한다. 그렇게 하지 않으면 조직과 행동을 억누르고 마는 결과를 낳을 것이다. 왜냐하면 조직가가 불확실하다고 인정한 것이 일반 대중에게는 두려운 혼란으로 비춰질 것이기 때문이다.

초기에 조직가는 기성질서의 권력이 사람의 직업을 빼앗고 과도한 보상이나 다른 형태의 보복을 요구할 수 있는 어떤 위험한 상황에서도 전면에 나선다. 이는 부분적으로 이러한 위험들이 많은 지역 주민을 싸움에서 물러나도록 만들 수도 있기 때문이다. 여기에서 조직가는 보호막의 역할을 한다. 만일 무엇이라도 잘못되면, 이는 모두 그의 잘못이며, 그가 책임을 져야 한다. 만일 성공한다면, 모든 명예는 지역 주민들에게 간다. 그는 초기에 오수정화조처럼 행동한다. 그는 어떤 일이라도 받아들인다. 나중에 힘(권력)이 증가하면 위험이 줄어들면서 점점 일반 주민들이 위험을 감수하기 위해 전면에 나서게 된다. 바로 이것이 지역공동체 지도자들이나 조직 모두에게는 성장하는 과정의 일부이다.

조직가는 자신이 공동체에 들어간 처음 얼마 동안은 그를 둘러싸고 있는 장애물들을 알아채고 그에 대해 섬세하게 반응해야만 한다. 이러한 장애물 중의 하나는 일반 사람들이 완전히 새로운 사상을 충분히 이해하기란, 하물며 지지하기란 정말 불가능하다는 점이다. 이미 앞에서 논의한 것처럼 변화에 대한 두려움은 우리가 가진 가장 큰 두려움들 중의 하나이다. 새로운 사상은 적어도 지나간 사상의 언어로 표현되어야만 한다. 종종 새로운 사상은 처음에는 과거의 흔적으로 희석되어야 하는 것이다.

합리화

시작 단계에 있는 조직화 노력을 짓누르는 중대한 어려움 중의 하나는 이번에는 합리화이다. 모든 사람은 자신이 하거나 하지 않는 일에 대해 합당한 이유를 가지고 있거나 합리화를 한다. 어떤 행동이라도 모든 행동은 합리화를 할 수 있다. 빈 투표용지를 받아 표시한 뒤 뒷사람에게 그것을 투표함에 넣게 하거나 다른 사람들 이름으로 여러 번에 걸쳐 투표하게 하는 부정선거행위 때문에 전국적으로 악명이 높았던 시카고 시 정치패거리 두목들 중의 한 명이 한번은 술에 취해 내가 충성스럽지 못한 미국인이라고 장광설을 퍼부었다. 그는 결국에는 이렇게 소리쳤다. "더구나 당신 말이야, 알린스키! 우리 미국의 위대한 날인 선거일, 바로 우리 조상들이 죽음을 무릅쓰고 쟁취한 선거권의 날이 돌아올 때, 바로 그 위대한 날이 돌아올 때, 단 한 번이라도 투표하러 갈 만큼도 당신은 당신 조국에 대해 관심을 가지고 있지 않아!"

조직화 사업을 하면서, 우리는 합리화가 대중의 차원에서 갖고 있는 기능을 이해하는 것이 얼마나 중요한가를 반드시 알고 있어야만 한다. 이는 합리화가 개인의 차원에서 갖고 있는 기능과 유사하다. 대중의 차원에서 보면, 합리화는 공동체 거주자와 지도자들이 조직가가 나타나기 전까지 자신들이 왜 아무것도 할 수 없었던가를 정당화하는 것이다. 근본적으로 이는 조직가가 그들을 내려다보고 있다는 무의식적인 감정이다. 대중들이 최근 수 년 동안 안고 살아왔던 많은 문제를 조직화와 세력 확보를 통해 스스로 해결할 수 있었을 것이라는 사실을 깨달을 수 있는 소위 지식이나 예지를 왜 그들은 가지고 있지 못했는가? 왜 그들은 그를 기다려야만 했는가? 이와 같은 의문을 조직가들이 갖고 있는 것은 아닐까? 이러한 생각이 그들의 마음에 생겨나면서, 그들은 조직 과정의 다양한 측면에 대해 비판적인 주장들을 계속해서 집요하게 내놓는다. 하지만 이러한 비판적 주장들은 진정한 것이 아니다. 단지 그들은 과거에 그들이 움직이지 않고 조직화하지 않았던 사실을 정당화하려고 할 뿐이다. 대부분의 사람은 자신을 조직가뿐만 아니라 자기 자신에게 정당화하기 위해서 이것이 필요하다고 느낀다.

우리가 여기에서 그것을 '자기방어(변명)'라고 부르는 것처럼, 개인의 경우에 상담의는 그러한 것들을 '합리화'라고 부른다. 환자들은 일련의 변명을 가지고 있으며, 이것이 치료 과정에서 반드시 깨어져야만 문제 자체에 도달할 수 있다. 환자들은 이제 문제를 직시하지 않을 수 없는 것이다. 합리화를 쫓아 버리려는 것은 무지개를 잡으려고 애쓰는 것이나 마찬가지다. 합리화는 합리화로 인정해야 한다. 그래야만 조직가는 소통의 문제에 빠지거나 합리화를 실제 상황으로 취급하는 함정에 떨어지지 않는다.

아주 극단적이었던, 하지만 합리화의 본질을 매우 분명하게 보여 주었던 예가 약 3년 전에 일어났다. 당시 나는 캐나다 어떤 주의 북부 지역에서 다양한 캐나다 인디언 지도자들을 만났다. 나는 이 지도자들의 초청으로 거기에 있었는데, 그들은 자신들의 문제를 논의하고 나의 충고를 얻기를 원했다. 캐나다 인디언들의 문제는 미국 인디언들의 문제와 매우 유사하다. 그들은 인디언 보호 거주지에 살고 있으며, 상대적으로 말한다면 격리되어 있으며, 또한 백인들이 북미 대륙을 점령한 이후부터 인디언들이 당해 왔던 모든 일반적인 인종 차별적 관행들을 겪고 있다. 캐나다의 인구 조사에 따르면 2,200만에서 2,400만 명으로 추정되는 총인구 중에서 인디언 주민의 숫자는 대략 15만에서 22만 5천 명 정도이다.

 대화는 나의 제안으로부터 시작되었다. 먼저 나는 인디언들이 모든 부족의 경계를 넘어서 결집하고 조직화하는 것이 보통의 접근방법이라고 말하였다. 그들의 숫자가 상대적으로 적기 때문에, 내 생각에 그들은 진보적인 백인들의 여러 집단과 함께 일하면서 그들을 자기편으로 만들고 나서 전국적으로 활동하기 시작해야만 했다. 즉각 나는 합리화에 부딪히기 시작했다. 대화는 대략 아래와 같이 진행되었다. (먼저 지적해 두어야 할 것이 있다. 무슨 일이 일어나고 있었던 것만은 거의 확실하다. 왜냐하면 인디언들이 서로를 쳐다보는 태도로부터 나는 그들이 무슨 생각을 하고 있는지 알 수 있었기 때문이다. "그래, 우리가 이 백인 조직가를 국경 너머 남쪽에서 여기로 올라오라고 초청했지. 그가 우리에게 조직화를 하고 이러한 일들을 하라고 말하는구나. 그는 마음속으로 분명 이런 생각을 하고 있을 거야. '당신네 인디언들은 무엇이 잘못되어서 지금까지 수백 년 동안 여기에 둘러앉아 있으면서, 이러한 일들을 하기 위해 조직화하려 하지 않았는가?'라고" 그리고 대화는 이렇게 시작되었다.)

 인디언: 음, 그런데 우리는 조직화를 할 수 없소.
 나: 왜 못하죠?
 인디언: 왜냐하면 그건 백인들이 일하는 방식이기 때문이오.
 나(그 말은 분명 틀렸지만, 나는 그 말을 그냥 넘어가기로 작정했다. 사실 인류는 아득한 옛날부터 변화를 일으키려고 할 때에는

언제나 인종이나 피부색에 관계없이 조직화를 했었다): 무슨 말인지 모르겠군요.

인디언: 음, 보시오. 만일 우리가 조직화를 한다면, 이는 당신이 우리에게 하라고 말하는 방식대로 나가서 싸우는 것이오. 그건 또 우리가 백인들의 문화에 물들어서 우리 자신의 가치를 잃어버리는 것을 의미하지 않겠소?

나: 당신들이 잃어버릴 것이라고 하는 이 가치들은 도대체 무엇이오?

인디언: 이것 참, 모든 가치들을 말하는 거요.

나: 이를테면 어떤 것이요?

인디언: 음, 독창적인 낚시질이 있지 않소.

나: 독창적인 낚시질이라니, 뭘 말하는 거요?

인디언: 독창적인 낚시질.

나: 당신들한테 처음 들었소. 이 독창적인 낚시질이란 대체 무엇이오?

인디언: 음, 보시오, 당신네 백인들이 물고기를 낚을 때, 당신들은 단지 그냥 나가서 낚시질을 하지요. 그렇지 않소?

나: 예, 그렇다고 생각하지요.

인디언: 그렇다니까, 보시오, 우리는 나가서 물고기를 낚을 때, 낚시질을 독창적으로 하지요.

나: 좋소. 당신은 그 말을 벌써 세 번째 하고 있소. 바로 그 독창적인 낚시질이란 무얼 말하는 거요?

인디언: 그래요, 시작해 봅시다. 우리가 물고기를 잡으러 나갈 때, 우리는 모든 일로부터 벗어나지요. 우리는 일에서 벗어나 숲으

로 갑니다.

나: 그렇지요. 당신도 알다시피, 우리 백인들도 타임스 스퀘어로 낚시질하러 가지는 않는다오.

인디언: 예, 하지만 그건 우리의 경우와 달라요. 우리가 밖으로 나갈 때, 우리는 물 위에 있지요. 당신은 파도가 카누의 바닥을 치는 소리를, 숲에서 새들이 지저귀는 소리를, 나뭇잎들이 와스스하는 소리를 들을 것이오. 내가 무얼 말하는지 아시겠소?

나: 아니오. 당신이 뭘 말하는지 모르겠네요. 더욱이 내 생각에는 그것은 단지 허풍일 뿐이오. 당신 스스로 정말 그걸 믿는 거요?

이 말은 충격적인 침묵을 가져왔다. 내가 순전히 신성모독을 위해서 불경스러웠던 것은 아니었다는 사실에 주의해야 한다. 나는 의도적으로 그렇게 했다. 만일 내가 세련된 방식으로 "음, 당신이 말하려는 것을 잘 이해하지 못하겠군요"라고 대답했다면, 우리는 그 이후 30일 동안 수사학의 영역을 돌아다니기 위해 떠나야 했을 것이다. 여기에서 신성모독은 말 그대로 곤란한 상황을 벗어나기 위한 우격다짐이었다.

그 이후에 우리는 독창적 복지사업으로 넘어갔다. '독창적 복지사업'은 "백인들이 인디언들의 땅을 빼앗은 이후 모든 인디언들에게 주어지는 생활보조금은 실제로는 빼앗은 땅에 대한 할부 지급액이며 진정한 복지사업이나 자선사업이 아니다"는 사실과 관계가 있는 것처럼 보였다. 그래서 우리는 또 5분 내지 10분 정도를 썼다. 이런 식으로 우리는 하나의 '독창적' 합리화에서 또 다른 합리화로 하나씩 하나씩 헤쳐 나갔다. 마침내 우리는 조직의 문제에 도달했다.

하나 흥미로운 뒷이야기가 있는데, 당시 나의 활동에 대해 다큐멘터리

연작을 만들고 있던 캐나다국립영화원이 이러한 대화의 일부를 필름에 담았고, 이 일화를 담고 있던 필름이 캐나다 지역개발활동가들의 모임에서 바로 이 인디언들 중 몇몇이 참석한 가운데 방영되었다. 백인 캐나다 지역개발활동가들은 그 장면이 펼쳐지고 있는 동안 매우 당황한 채로 바닥을 보고 있었으며 또한 인디언들을 곁눈질로 슬쩍슬쩍 바라보았다. 방영이 끝난 다음에 인디언들 중의 한 명이 일어나 말하였다. "알린스키 씨가 우리를 엉터리라고 불렀을 때, 이는 백인이 진정 우리를 동등한 사람으로 대우하며 이야기하였던 최초의 순간이었다. 당신들은 우리에게 결코 그렇게 말하지 않는다. 당신들은 '좋아요, 나는 당신의 견해를 이해합니다. 그런데 약간 혼란스럽군요'라거나 또는 그와 비슷한 투로 항상 말한다. 다른 말로 하면, 당신들은 우리를 아이로 취급한다."

합리화하는 행위들을 찾아내고, 그것들을 합리화하는 행위들로 이해하고 그리고 그것들을 깨뜨릴 수 있도록 배워 나가야 한다. 마치 합리화하는 행위들이 당신이 지역 주민들을 끌어들이려고 노력하고 있는 문제들이라도 되는 것처럼, 합리화하는 행위들과 싸우는 데에 온통 몰두하는 실수를 저지르지 마라.

힘(권력)의 획득 과정

조직가는 공동체에 첫발을 내딛는 순간부터 생활하고 꿈꾸고 먹고 호흡하고 자면서도 오직 한 가지 일만 생각한다. 그것은 조직가가 군대라고 부르는 것으로 대중 권력의 기반을 구축하는 일이다. 바로 그 대중 권력의 기반을 구축하기 전까지는, 그는 어떤 주요한 문제에도 맞서 싸우지 않는다. 그는 어떤 것과 맞서 싸울 때 사용할 아무것도 가지고 있지 않다. 그가 그러한 수단이나 권력기구를 획득하기 전까지는, 그의 '전술'은 권력전술과는 매우 다르다. 그러므로 모든 행동은 하나의 중심점을 두고 이루어진다. 이 행동은 얼마나 많은 신참자를 조직 속으로 끌어들일 것인가? 신참자 확대가 지역조직, 교회, 봉사모임, 노동조합, 변두리 갱단을 사용하거나 또는 개인들로 이루어지거나 간에 상관이 없다. 유일한 문제는 어떻게 이 행동이 조직의 세력을 증가시킬 것인가이다. 만일 어떤 활동에서 성공보다 실패를 통해 더 많은 회원을 모을 수 있다면, 승리는 실패하는 데에 있으며, 따라서 그는 실패할 것이다.

변화는 힘(권력)으로부터 오며, 힘(권력)은 조직으로부터 온다. 행동하기 위해서는 사람들이 반드시 모여야만 한다.

힘(권력)이 조직의 존재 이유이다. 사람들이 어떤 종교사상에 동의하고 자신들의 신념을 전파하기 위한 힘을 원한다면, 그들은 조직화하고 그것을 교회라 부른다. 사람들이 어떤 정치사상에 동의하고 그 사상을 실현하기 위한 힘을 원한다면, 그들은 조직화하고 그것을 정당이라고 부른다. 동일한 논리가 전반적으로 작동한다. 힘(권력)과 조직은 아주 동일한 것이다.

예를 들면, 사람들이 무엇인가 할 수 있다는 의식을, 또한 사람들이 조직이 힘(권력)을 의미한다는 생각을 혹시 받아들인다면 이 생각을 실제 행동에서 체험해야만 한다는 의식을 그들에게 심어주는 일이 조직가 자신이 해야 할 가장 중대한 임무라는 점을 조직가는 알고 있다. 조직가의 임무는 조직이라는 개념 속에, 나아가 사람들 속에 자신감과 희망을 쌓아 나가는 것이다. 제한된 승리라고 하더라도 그것을 얻어내는 것이 바로 조직가의 임무이다. 그 각각의 승리는 자신감을 높여줄 것이며, "우리가 현재 가진 것으로도 이토록 많이 할 수 있다면, 우리가 크고 강해질 때 우리가 할 수 있게 될 것이 무엇일지 한번 생각해 보자"라는 의식도 만들어 줄 것이다. 그것은 프로권투선수를 챔피언의 길로 끌어올리는 것과 거의 마찬가지다. 당신은 어떤 패배가 사기를 저하시키고 경력을 끝장내어 버릴지도 모른다는 사실을 충분히 잘 알고, 매우 조심스럽게 그리고 선별적으로 그의 상대를 골라야만 한다. 때때로 조직가는 일반 대중들 속에서 지독한 좌절감을 발견하기 때문에 확실한 싸움에만 내기를 걸어야 한다.

하나의 예가 내가 조직화 사업을 했던 첫 번째 공동체인 백어브드야드 지역에서의 초창기 시절에 일어났다. 당시 이 지역은 완전히 사기가 저하되어 있었다. 주민들은 그 자신들이나 그 이웃들, 그들의 주장에 대해 아무런 확신이 없었다. 그래서 우리는 확실한 싸움을 하나 계획했다. 당시 백어브드야드 지역의 주요 문제들 중의 하나는 엄청나게 높은 유아사망률이었다. 몇 년 전에 이 지역은 유아복지협회 의료진료소의 서비스를 받았다. 그런데 내가 이 지역에 오기 대략 10년인가 15년 전에, 유아복지협회는 그 직원들이 가족계획 관련 지식을 퍼뜨리고 있다는 소문이 나돌았기 때문에 쫓겨나고 말았다. 교회들은 당연히 이 '악의 앞잡이들'을 내몰았다. 그러나 얼마 지나지 않아 주민들은 유아의료서비스가 절실하게 되었다. 그들은 자신들이 유아복지협회를 백어브드야드 지역공동체에서 쫓아 버렸다는 사실을 잊어버렸다.

이것을 확인한 뒤에, 나는 유아복지협회의 의료서비스를 이 지역에 다시 불러들이기 위해 해야 할 일이 기껏 그것을 요청하는 것이라는 사실을 알게 되었다. 그러나 나는 이 정보를 다른 사람에게 알리지 않았다. 나는 긴급회의를 소집한 뒤, 우리가 위원회 차원에서 협회의 사무실에 가서 의료서비스를 요청하자고 권유하였다. 우리의 전략은 협회 직원들이 아무 말도 못하도록 막는 것, 즉 다짜고짜 사무실로 가서 의료서비스를 해 달라고 요구하고 그들이 우리 이야기를 끊거나 어떤 공식발언을 하도록 결코 허용하지 않는 것이었다. 그들이 말하도록 내버려 둘 유일한 시간은 우리가 우리 자신의 일을 마친 뒤였다. 이처럼 면밀하게 사전준비를 서로 숙지하고, 우리는 도심에 있는 유아복지협회 사무실에 몰려가서는, 우리가 누구인지 밝히고, 그들이 아무 말도 못하도록 닦달하면서, 우리의 공세적인 요구를 길게 늘어놓기 시작했다. 그 시간 동안 계속해서 협회의 가엾은 여직원은 이렇게 말하려고 필사적으로 노력했다. "아, 그럼요, 받을 수 있습니다. 즉시 시작해 드릴게요." 그러나 그녀는 무슨 말을 할 기회를 결코 갖지 못했다. 마침내 우리는 "그러니 우리는 '안 됩니다'라는 대답을 받아들이지 않을 거요!"라는 외침으로 끝을 내었다. 그때 그녀는 "좋아요, 당신에게 이 말을 하려고 했는데 …"라고 말하려고 했고, 나는 말을 자르면서 "됩니까, 안 됩니까?"라고 물었다. 그녀는 "당연히 되지요"라고 말했다. 나는 "바로 그것이 우리가 알고 싶은 것 전부요"라고 말했다. 그리고 우리는 그 장소에서 바로 빠져나와 버렸다. 백어브드야드로 돌아오는 길 내내, 그 위원회의 구성원들이 말하는 것을 들을 수 있었다. "그래, 이게 바로 일이 되도록 하는 방법이야. 그들에게 오직 우리의 말만 쏟아내고는, 그들이 무슨 말을 할 기회를 주지 않는 거야. 지금 우리 조직에 있는 단지 몇 사람만으로도 이걸 할 수 있다면, 우리 조직이 더 커지면 우리가 무엇을 할 수 있을까 생각해 보자." (나는 비판자들이 이것을 '속임수'로 바라보기 전에 수단과 목적에 대한 논의를 먼저 깊이 검토해 보라고 권하고 싶다.)

조직가는 일반적인 권력 패턴을 분석하고 공격하고 분쇄하면서, 한꺼번에 많은 역할을 수행한다. 그가 조직화 사업을 하고 있는 소수집단 거주형의 또는 보통의 빈민가는 무질서한 공동체가 아니다. 무질서한 공동체라고 하는 그런 실체는 존재하지 않는다. '무질서'와 '공동체'라는 두 단어를 같이 사용하는 것은 언어모순이다. 공동체라는 단어 자체가 조직화된 공동생활을 의미한다. 사람들은 조직화된 방식으로 살고 있다. 공동체 주민들은 참여 의지가 위축된 것처럼 보일 정도로까지 계속 좌절을 경험해 왔는지도 모른다. 그들은 아마 이름 없는 존재로 살고 있으며, 따라서 개인적으로 인정을 받기를 갈망하고 있을 것이다. 그들은 아마 여러 형태의 박탈행위와 차별대우로 고통을 받고 있을 것이다. 그들은 자신들이 이름 없는 존재라는 사실을 받아들이고, 무관심 속에 몸을 맡기고 살아오고 있는지도 모른다. 그들은 아마 자신의 아이들이 다소 나은 세상을 물려받을 것이라는 희망도 가지고 있지 않을 것이다. 당신의 관점에서 보면, 그들은 매우 소극적인 형태의 생활을 하고 있을지 모른다. 그러나 사실인즉슨 그들은 그러한 생활방식으로 조직화된 채 살아가고 있다. 그것을 조직화된 무관심 또는 조직화된 비참여라고 불러도 되겠는데, 그래도 바로 그것이 그들의 공동체 형태이다. 그들은 특정한 생활질서, 생활규범, 생활방식 아래에서 살아가고 있다. 요컨대 그들은 완전히 굴복하였는지도 모른다. 그러나 생활은, 비록 그것이 소로가 대부분의 인생에 붙였던 이름인 '조용한 절망'*이라고 하더라도, 명확한 권력구조를 갖춘 조직된 형태로 계속된다.

---

* 〔역주〕 '조용한 절망'(quiet desperation)이라는 표현은 소로(Henry David Thoreau)의 Walden 1장 'Economy'의 아홉 번째 문단에 나온다. 국문 번역은 다음과 같다. "대부분의 사람은 절망의 인생을 조용히 보내고 있다(The mass of men lead lives of quiet desperation). 이른바 체념이라는 것은 확인된 절망에 지나지 않는다. 우리는 절망의 도시에서 절망의 시골로 들어가 밍크나 사향쥐의 용기(밍크나 사향쥐는 덫에 걸렸을 때 다리를 물어뜯어 잘라내서라도 자유의 몸이 되고 만다고 한다)에서나 위안을 찾을 수밖에 없다. 인류의 이른바 유희나 오락의 밑에는 무의식이나마 판에 박은 절망감이 숨겨져 있다. 이것들 안에는 진정한 놀이가 없

그러므로 당신의 역할이 무관심을 타파하고 사람들이 참여하도록 만드는 것이라면, 공동체에서 이미 조직화된 생활의 일반적 형태를 공격할 필요가 있다. 공동체의 조직화에서 첫 번째 단계는 공동체의 해체이다. 현존하는 조직의 와해가 공동체의 조직화를 향한 첫걸음이다. 시민참여의 기회와 수단을 제공할 새로운 형태의 질서로 대체되려면, 현존하는 질서는 반드시 파괴되어야 한다. 모든 변화는 낡은 질서의 파괴와 새로운 질서의 형성을 의미한다.

이것이 조직가가 곧바로 갈등에 부딪히게 되는 이유이다. 특정 공동체의 생활을 바꾸려고 힘을 쏟는 조직가는 먼저 공동체 주민들의 분노가 그대로 드러나도록 해야 한다. 그는 많은 주민이 감추고 있는 적개심이 겉으로 표현되도록 부추겨야 한다. 그는 논쟁점과 논쟁거리를 회피하기보다는 찾아내어야 한다. 만일 논쟁점이 없다면, 주민들은 행동을 할 만큼 관심을 가지지 않을 것이기 때문이다. '논쟁거리'라는 단어를 수식하는 '논쟁적인'이라는 형용사의 사용은 의미 없는 용어반복이다. '논쟁적이지 않은' 논쟁거리 같은 것은 존재할 수 없다. 동의가 존재할 때에는 어떤 논쟁거리도 없다. 의견의 불일치와 논쟁이 존재할 때에만 논쟁거리가 생겨난다. 조직가는 불만과 불평을 불러일으켜야 하고, 주민들이 자신들의 좌절감을 화가 나서 토해 낼 수 있는 통로를 제공해야 한다. 그는 주민들이 그토록 오랫동안이나 이전의 상황을 받아들여 왔다는 감추어진 죄의식을 배출시킬 수 있는 장치를 새롭게 만들어야 한다. 바로 이러한 장치로부터 새로운 공동체 조직이 생겨난다. 그런데 이 점에 관해서는 나중에 더 이야기하도록

다. 왜냐하면 놀이는 일 다음에 오기 때문이다. 그러나 절망적인 행동은 하지 않는 것이 지혜의 한 특징이다." 헨리 데이빗 소로 지음, 강승영 옮김, 《월든》, 이레, 1993, 17쪽.

하자.

이제 해야 할 일은 주민들이 움직이고 행동하고 참여하도록 하는 것이다. 간단히 말해, 현재 지배적인 패턴들에 효율적으로 투쟁하면서 변화를 일으키는 데에 필요한 힘을 계발하고 이용하도록 만들어야 한다. 기존 질서에서 우월한 지위를 차지한 사람들이 당신을 일컬어 '선동가'라는 딱지를 붙일 때, 그들은 전혀 틀리지 않았다. 왜냐하면 한마디로 바로 그것, 투쟁이라고 해도 좋을 정도로까지 선동하는 것이 당신의 역할이기 때문이다.

적절한 비유가 노동조합의 조직화에서 발견될 수 있다. 어떤 유능한 노동조합 조직가가 그의 목표―여기에서는 노동자들이 직업 보장도 없이 차별적 관행에 시달리면서 저임금을 받는 특정 제조업 공장에서 조직화를 하는 것이라고 해 두자―에 착수한다. 노동자들은 이러한 조건을 불가피한 것으로 받아들인다. 그들은 "무슨 소용이 있단 말인가"라고 말하는 것으로 자신들의 좌절감을 표현한다. 개인적으로 그들은 이러한 상황에 대해 분노하고 불평하고, "힘센 놈들에게 대드는 것"이 다 쓸모없다고 말하고는 보통 좌절하고 만다. 이 모든 것은 효과적인 행동의 기회가 없기 때문이다.

이제 노동조합 조직가나 선동가가 들어오도록 해 보자. 그는 이러한 분노, 좌절감, 원한을 자극하고 또한 논쟁을 야기할 특별한 사안이나 불평을 강조함으로써, 자신의 일인 '문제 일으키기'를 시작한다. 그는 같은 종류의 제조품을 만드는 다른 공장들의 조건을 설명함으로써 불의를 극적으로 표현한다. 다른 공장들의 노동자들은 경제적으로 훨씬 좋은 상태에 있고, 더 나은 근로조건, 직업 안정성, 의료급부, 연금뿐만 아니라 그가 조직화하려고 노력 중인 노동자들이 결코 생각해 본 적이 없는 다른 이점들을 누리고 있다. 그런데 다른 공장들의 노동자들도 과거에는 착취를 당했으며, 자신들의 사고력과 행동력을 사용하여 노동조합이라고 하는 권력수단을 조직화하고 그 결과로 이러한 이점들을 성취하기 전까지는 비슷한 사정 아래에서 살았다. 바로 이러한 사실을 지적하는 것이 마찬가지로 아주 중요하다. 일반적으로 이러한 접근은 새로운 노동조합의 형성으로 마무리된다.

이 노동조합 조직가가 한 일을 검토해 보자. 그는 한 무리의 무관심한 노동자들을 사로잡았으며, 비슷한 업계에 종사하는 다른 노동자들의 더 나은 생활조건들을 도발적으로 대비시키는 것까지도 포함한 여러 수단을 사용해서 그들의 분노와 적개심을 불러일으켰다. 가장 중요하게는, 그는 무언가 이루어질 수 있다는 사실을 보여 주었다. 또한 그것을 이루어낼 그리고 이미 실효성과 성공을 입증 받은 구체적 방법이 존재한다는 사실을 그리고 노동조합처럼 조직화를 함으로써 그들이 이러한 변화를 일으킬 힘과 도구를 가지게 될 것이라는 사실도 보여 주었다. 그는 이제 노동조합에 참여하고 노동조합의 계획을 지지하는 노동자들을 가지게 되었다. 우리는 결코 한 가지 사실을 잊어서는 안 된다. 변화를 만들어낼 기회와 방법이 없는 상황에서는, 멋대로 지껄이게 하는 것 이외에는 아무런 행동방침도 주지 못하면서 사람들을 선동하고 화나게 하는 짓은 정말 분별없는 일이다.

그러므로 노동조합 조직가는 갈등을 일으키는 일과 권력조직을 만드는 일을 동시에 추진한다. 노동조합과 경영진 사이의 싸움은 파업 아니면 협상을 통해 해결된다. 어느 방법이든 힘의 사용을 필요로 한다. 이는 파업이나 파업 위협이 갖는 경제적인 힘이며, 이 힘이 성공적인 협상을 가져온다. 어느 누구도 협상을 하도록 압박할 힘이 없이는 협상을 잘할 수 없다.

이것이 공동체 조직가의 역할이다. 그렇지 않은 다른 어떤 것이라도 그것은 단지 주관적 희망에 근거한 착각이다. 힘에 바탕을 두지 않고 선의에 기대어 움직이려고 하는 시도는 세상이 아직 경험하지 못한 것을 시도하는 것이라고 하겠다.

시작 단계에서 조직가가 첫 번째로 해야 할 일은 논점을 만드는 것이다. 저소득 빈민가 같은 지역공동체나 심지어 중산층 지역공동체조차도 본질적으로 아무런 논점이 없다고 말하는 것은 이상하게 들린다. 독자는 이러한 말이, 특히 저소득 지역공동체들과 관련해서는 거의 터무니없다고 생각할 것이다. 얼마나 가난한가와는 상관없이 어떤 지역공동체라도 주민들은 심각한 문제를 안고 있을 것이다. 이는 너무나 명료한 사실이다. 그렇지만 주민들 자신은 논점을 가지고 있지 않으며, 나쁜 사정을 가지고 있다. 논점이란 당신이 그것과 관련해서 무언가를 할 수 있는 어떤 것이다. 하지만 당신이 아무 힘도 없고 그것과 관련해서 아무것도 할 수 없다고 생각하는 한, 당신이 안고 있는 모든 것은 나쁜 사정일 뿐이다. 사람들은 합리화하는 데에 자신을 맡기고 만다. 그런 게 세상이야, 정말 지저분한 세상이야. 우리는 들어가게 해 달라고 부탁하지도 않았지만, 이제는 이 세상으로부터 떨어질 수도 없어. 언제 어디선가 어떻게 해서든 무슨 일이라도 일어났으면 하고 바라는 것이 우리가 할 수 있는 전부야. 바로 이것이 보통 무관심이라고 불리는 것, 우리가 앞에서 논의했던 것이다. 정말 행동방침(정책)은 힘(권력)을 뒤따라오는 것이다. 행동, 설득, 소통을 통해 조직가는 조직이 그들에게 이러한 특정한 문제와 관련하여 무엇인가를 할 수 있는 힘, 능력, 세력, 영향력을 줄 것이라는 사실을 분명하게 해 준다. 바로 이때 나쁜 사정은 분해되어 구체적인 논쟁거리로 변한다. 왜냐하면 이제 사람들은 그것에 대해 무엇인가를 할 수 있기 때문이다. 조직가가 하는 것은 어려운 상황을 하나의 문제로 바꾸는 것이다. 이제 질문은 사람들이 그 무엇인가를 이 방법으로 하는가 아니면 저 방법으로 하는가, 또는 전부 다 하는가 아니면 일부만 하는가 하는 것이다. 어쨌든 이제 당신은 해결해야 할 논점들을 가지고 있다.

조직은 논점들로부터 생겨나고, 논점들은 조직으로부터 생겨난다. 그것들은 함께 가고, 서로에게 없어서는 안 될 동반자이다. 조직들은 구체적이고 당면한 그리고 해결할 수 있는 논점들 위에 세워진다.

조직들은 해결해야 할 많은 논점에 바탕을 두고 있어야 한다. 사람이 산소를 필요로 하는 것처럼, 조직들은 행동을 필요로 한다. 행동의 중지는 파벌과 나태를 통해, 실제로는 생명보다는 사후경직의 형태라고 할 토론과 회의를 통해 조직에 죽음을 가져온다. 한 가지 논점을 두고 부단히 행동을 유지해 나가기란 불가능하다. 단일 논점이란 조직의 생명을 끊어버리는 치명적인 제약이다. 더욱이 단일 논점은 철저하게 당신의 호소를 제한할 것이다. 반면 다양한 논점은 광범위하고 대중에 기반을 둔 조직을 구축하는 데에 핵심적인 잠재적 회원을 많이 끌어 모을 것이다. 사람은 각자 우선순위가 있는 욕구나 가치의 체계를 가지고 있다. 그는 당신의 유일한 논점에 공감을 표시할지 모르지만, 그 특정한 논점과 관련해서 일하고 싸울 만큼 그것에 대해 충분한 관심을 갖지 않을 수도 있다. 많은 논점은 많은 회원을 의미한다. 지역공동체는 노동조합과 같이, 특정한 경제적 논쟁거리를 가지고 있는 경제적 조직체가 아니다. 지역공동체는 생활 그 자체처럼 복잡하다.

지역공동체를 조직하기 위해서는, 당신은 매우 이동성이 강하고 도시화된 사회에서 '지역공동체'라는 단어가 물리적 공동체가 아니라 이익의 공동체를 의미한다는 사실을 이해해야만 한다. 예외가 있다면, 인종 차별의 결과로 이익의 공동체와 일치하는 물리적 공동체가 만들어진 경우인 소수민족 빈민가들 또는 정치운동 기간 동안 지리적 경계에 기초를 두고 형성된 선거구들이다.

사람들은 황량하고 단조로운 생활 속에서 극적 사건과 모험을, 활기찬 한 순간을 갈망한다. 내 사무실에 있는 많은 시사만화 중의 하나는 막 영화를 보고 나오면서 껌을 씹고 있는 속기사 두 명을 보여 주고 있다. 한 명이 다른 사람에게 이렇게 말한다. "있잖아, 새디, 너 인생에서 무엇이 문제인지 아니? 그건 바로 배경음악이 전혀 없다는 거야."

그런데 현실은 그 이상이다. 인생은 개인의 정체성을 찾아가는 절망적 노력이다. 당신이 적어도 살아 있다는 것을 다른 사람들이 깨닫도록 하는 것이다. 빈민가의 일상적인 예를 하나 들어 보자. 한 사람이 싸구려 임대주택에 살고 있다. 그는 아무도 모르고, 또한 아무도 그를 모른다. 어느 누구도 그에 대해 신경을 쓰지 않기 때문에, 그도 어느 누구에게도 신경을 쓰지 않는다. 길모퉁이 신문판매대에 시카고 시 시장인 데일리Richard Joseph Daley 같은 인물이나 전혀 딴 세상에 살고 있는 다른 인물들의 사진을 담은 신문이 놓여 있다. 그 세상에 대해 그는 전혀 모르며, 그 세상 또한 그가 살아 있다는 것조차 모른다.

조직가가 그에게 접근하여, 처음으로 서로 이야기를 나누게 되는 것 중의 일부는 다음과 같다. 조직과 조직의 힘을 통해 그는 인생에 대한 자신의 출생증명서를 가지게 되고 사람들에게 알려지게 될 것이며, 또한 변화하는 것이라고 해 보아야 기껏 달력뿐이었던 인생의 단조로움에서 벗어나 모든 것은 바뀌게 될 것이다. 바로 이 사람은 시청 시위에서 시장에 맞서서 "시장님, 우리는 지금까지 이렇게 살아왔지만, 더 이상 이를 받아들이지는 않을 겁니다"라고 말하고 있는 자신을 발견하게 될 것이다. 텔레비전 카메라맨들이 그의 앞에 마이크를 가져다 놓고는 "선생님, 당신의 성함이 무엇이죠?"라고 물어 본다. 그는 "존 스미스"라고 답한다. 지금까지는 어느 누구도 그에게 이름이 무엇이냐고 묻지 않았다. 그리고 그들은 "스미스 씨, 이 일에 대해 어떻게 생각하십니까?"라고 묻는다. 지금까지는 아무도 그에게 그가 어떤 일에 대해 어떤 생각을 하는지 묻지 않았다. 갑자기 그는 이 세상에서 살아 있는 것이다! 이것은 모험의 일부, 조직 활동에 참가하고 있는 사람들에게 매우 중요한 일 중의 일부, 조직가가 그에게 말해 주어야만 하는 것 중의 일부이다. 조직의 모든 구성원이 텔레비전에서 자신의 이름을 말하게 되지는 않을 것이다. 이는 특별한 보상이다. 그리고 이번만은, 그가 집단과 함께 활동하기 때문에, 그가 목표로 삼고 일하고 있는 것은 특별한 의미를 가지게 될 것이다.

과정이라고 부르는 것을 살펴보자. 과정은 우리에게 **방법**을 말해 준다. **목적**은 우리에게 이유를 말해 준다. 그러나 현실에서 보면, 그것들 사이에 경계선을 긋는 것은 현학적인 것이다. 과정과 목적이란 연속적인 개념의 일부이기 때문이다. 과정과 목적은 서로 밀접하게 연결되어 있기 때문에, 하나가 끝나고 다른 것이 시작하는 곳을 지적거나 그리고 어느 것이 어느 것인지 말하기란 불가능하다. 뒷골목에서 쓰레기를 제거하는 것이 아니라 바로 이러한 민주적 참여의 과정이 조직의 목적에 해당하는 것이다. 과정이 실제로 목적이다.

이 모든 것의 처음부터 끝까지 조직가를 변함없이 인도하는 길잡이는 '개인의 존엄성' 이라는 바로 이 구절 속에 있다. 바로 이 나침반을 가지고 일을 해 나가면서, 조직가는 효과적인 조직화의 많은 원칙을 멀지 않아 발견하게 된다.

당신이 함께 일하는 개인의 존엄성을 존중한다면, 당신의 욕구가 아니라 그의 욕구가, 당신의 가치관이 아니라 그의 가치관이, 당신의 활동방식이나 투쟁방식이 아니라 그의 방식이, 리더십과 관련한 당신의 선택이 아니라 그의 선택이, 당신의 계획이 아니라 그의 계획이 중요하며 또한 반드시 우선되어야 한다. 물론 그의 계획이 자유롭고 개방된 사회라는 고귀한 가치를 침해하는 경우는 제외해야 할 것이다. 예를 들어, "지역 주민들의 계획이 피부색이나 종교, 경제적 신분, 정강을 이유로 다른 집단의 권리를 침해한다면, 어찌할 것인가? 이 계획이 그들의 계획이라는 이유만으로 용인되어야만 하는가?"라는 질문을 살펴보자. 이에 대해서는 단호하게 아니라고 답해야 한다. "길잡이는 '개인의 존엄성'이다"라는 사실을 언제나 잊지 말아야 한다. 이것이 계획의 목적이다. 인종이나 종교, 신조, 경제적 신분 등을 이유로 사람들을 적대시하는 계획은 어떤 것이라도 분명히 개인의 근본적인 존엄성에는 정반대되는 것이다.

당신이 진정으로 사람들의 존엄성을 존중한다고 그들이 믿기란 어려운 일이다. 요컨대 그들은 자신들의 존엄성을 존중해 주는 사람들을, 자신들의 이웃까지 포함해서, 아주 극소수밖에 알지 못한다. 다른 한편으로, 우리 모두들 속에 숨어서는, 무엇이 사람들에게 최선인가를 우리 자신이 잘 알고 있다고 내심 생각하고 있지 않은가라고 우리에게 속삭이는 존재가 있다. 이 존재는 우리 자신의 모습 속에 만들어져 있는, 하느님을 꼭 닮은 작은 사람이라는 존재이다. 바로 이러한 존재를 당신이 내던져 버리기란 마찬가지로 어렵다. 성공적인 조직가는 자신이 함께 일하는 사람들의 존엄성을 존중하는 것을 정서적으로뿐만 아니라 이지적으로도 배우게 된다. 따라서 효과적인 조직화 경험은 함께 일하는 사람들에게 하나의 교육과정인 만큼이나 조직가에게도 하나의 교육과정이다. 그들 모두는 개인의 존엄성을 존중할 수 있게 되어야 하며, 또한 결국 이것이 조직의 근본 목표라는 사실을 깨우쳐야 한다. 왜냐하면 참여가 민주적 생활 방식의 핵심이기 때문이다.

우리가 사람들의 존엄성을 존중할 때, 우리는 그들이 자기 자신들의 문제에 대한 해결책에 완전히 참여할 기본 권리를 반드시 가져야만 한다는 사실을 알고 있는 것이다. 자존심은 자기 자신의 위기를 해결하는 데에 적극적인 역할을 하는 사람들, 또한 사적 혹은 공적 지원을 꼭두각시처럼 받기만 하는 무력하고 소극적인 보호대상자들이 아닌 사람들에게서만 나타난다. 사람들에게 도움을 주면서도 그들이 활동에서 주요한 요소임을 부정해 버린다면, 도움을 주는 일은 개인의 발전에 아무런 기여도 하지 못한다. 심사숙고해 본다면, 그것은 주는 것이 아니라 빼앗는 것, 그들의 존엄성을 빼앗는 것이다. 참여할 기회에 대한 부정은 인간 존엄성과 민주주의의 부정이다. 이는 작동하지 않을 것이다.

《급진주의자여 일어나라》에서 나는 멕시코 정부가 한번은 멕시코 어머니들에게 현물로 무엇을 주기로 결정하였던 사건을 기술한 적이 있다. 자신의 재봉틀이 몬테데피에다드Monte de Piedad, 멕시코의 전국에 걸쳐 있는 전당포-옮긴이에 저당 잡혀 있는 모든 어머니들은 어머니날 선물로 자신의 재봉틀을 돌려받게 될 것이라는 포고가 발표되었다. 엄청난 환호가 그때 일어났다. 이는 받는 사람 쪽에서는 어떠한 참여도 없이 무조건적으로 이루어지는 선물이었다. 삼 주 안에 정확히 똑같은 수의 재봉틀이 전당포로 되돌아왔다.

또 다른 예가 라이베리아의 유엔 대표가 발표한 성명에서도 발견되었다. 라이베리아의 문제점들을 분석하면서, 그는 자기 조국이 '과거 식민지 시대의 혜택'을 받지 못했다고 지적했다. 언론의 반응은 경악과 조롱 일색이었지만, 그 발언은 통찰력과 지혜를 보여 주었다. 라이베리아 사람들은 식민지 지배권력으로부터 결코 착취를 받지 않았으며, 자유를 위한 반란을 일으키기 위해 엄청난 개인적 희생을 무릅쓰고 단결해야만 했던 적도 없었다. 그들은 자신들의 조국의 수립과 함께 '자유'를 받았다. 자유조차도 단지 선물일 뿐이라면 존엄성이 부족하다. 바로 이 사실에서 라이베리아의 정치적 빈곤이 유래한다.

핀리 피터 둔*의 미스터 둘리가 말한 대로,

권리를 요구하지 마라. 그것을 빼앗아라. 그리고 누구든지 그것을 당신에게 주도록 내버려 두지 마라. 아무 대가 없이 당신에게 넘겨진 권리는 그것에는 안 맞는 무언가를 가지고 있다. 그것은 겉과 속이 뒤집혀진 잘못된 일일 뿐이라고 해도 무방한 정도를 넘어선다.

조직은 모든 가능한 의미에서 교육기구로 사용되어야 하는데, 교육이란 선전이 아니다. 진정한 교육을 통해, 조직구성원들은 자신들이 조직에 대해 그리고 자신들이 살아가는 세상에 대해 개체로서 가지는 관계를 이해하게 될 것이며, 따라서 그들은 박식하고 현명한 판단을 내릴 수 있다. 진정한 교육은 바로 이러한 수단이다. 계속되는 조직의 활동과 계획은 학습과정을 위한 풍요로운 현장을 만들어내는 구체적인 논점들과 상황을 끊임없이 제공한다.

각각의 구체적 논점과 관련된 이해관계와 갈등은 관심의 영역을 급속하게 확대하기에 이른다. 유능한 조직가들은 이러한 기회들에 민감하게 반응해야만 한다. 학습과정 없이 하나의 조직을 건설하는 것은 단순히 한 권력집단을 다른 권력집단의 자리에 앉히는 일에 불과하다.

---

* 〔역주〕 핀리 피터 둔(Finley Peter Dunne, 1867~1936)은 시카고에서 주로 활동한 미국의 작가이다. 그는 1898년《전쟁과 평화 속의 둘리 씨》(Mr. Dooley in Peace and War)라는 작품을 썼으며, 이 작품은 전국에 걸쳐 조합형태로 관리되는 최초의 신문기사가 되었다. 둘리 씨는 시카고 시의 아일랜드계 대중술집의 주인이자 바텐더이며, 일상의 정치사회문제에 대한 의견을 피력한다.

전술

Rules for Radicals

Tactics

길을 찾아내거나 아니면 만들 것이다.—한니발

전술은 당신이 가진 것으로 당신이 할 수 있는 일을 하는 것을 의미한다. 인간은 의식적으로 깊이 생각한 행동들을 통해 다른 사람들과 함께 살아가고 자기 주변의 세상에 대처한다. 전술은 바로 이러한 행동들이다. 교환으로 살아가는 세상에서, 전술은 어떻게 주고 어떻게 받는가 하는 기술이다. 여기에서 우리의 관심은 받아내는 책략, 곧 무산자가 유산자로부터 권력을 빼앗아 오는 방법에 있다.

전술에 대한 초보적 설명을 위해, 판단의 기준으로 당신의 얼굴 일부인 눈, 귀, 코를 이용해 보자. 먼저, 눈의 경우이다. 당신이 일반 대중에 기반을 둔 광범위한 주민조직을 만들었다면, 당신은 적들 앞에 당신 조직을 눈에 띄도록 내보이고 당신의 힘을 공공연하게 보여 줄 수 있다. 다음으로, 귀의 경우이다. 당신 조직이 수적으로 작다면, 그때에는 기드온Gideon*이 한 일

---

* 〔역주〕 기드온은 이스라엘 사람들의 판관 중의 한 사람으로, 삼백 명의 군사로 미디안 사람들이 주축이 된 대군을 물리쳤다. 구약 판관기, 7장.

을 하라. 당신의 조직원들을 보이지 않게 숨기고는 큰 소리를 내어서, 그것을 듣는 사람이 당신 조직의 숫자가 실제보다 훨씬 많은 것으로 믿게 만들어라. 끝으로, 코의 경우이다. 당신 조직이 큰 소리조차도 내지 못할 정도로 너무 작다면, 지역에 악취를 퍼뜨려라.

권력 전술의 첫 번째 규칙을 결코 잊어서는 안 된다.

권력(힘)은 당신이 가진 것뿐만 아니라, 당신이 가지고 있다고 적이 생각하는 것이다.[1]

두 번째 규칙: 당신 편인 사람들의 경험을 결코 벗어나지 말아라. 어떤 행동 또는 전술이 사람들의 경험 밖에 있으면, 결과는 혼란, 공포, 후퇴일 뿐이다. 또한 이미 앞에서 언급한 것처럼, 이는 소통의 실패를 의미한다.

세 번째 규칙: 가능하다면 어디에서든 적의 경험을 벗어나라. 여기에서 혼란, 공포, 후퇴를 야기하도록 하여라.

여전히 남부 전역에 걸쳐 격앙된 반응을 불러일으키는 이름, 윌리암 T. 셔먼William T. Sherman 장군은 적의 경험을 벗어나는 것과 관련된 전형적인 예를 제공하였다. 셔먼 이전까지 군사 전략 및 전술은 정형화된 유형에 바탕을 두고 있었다. 모든 군대는 전방, 후방, 측면, 연락선, 보급로를 가지고 있었다. 군사 행동은 적군의 측면을 찌르거나, 보급로 또는 연락선을 차단

---

[1] 힘(권력)은 언제나 두 가지 주요 자원으로부터 나왔다. 돈과 사람이다. 돈이 없기 때문에, 무산자들은 반드시 힘(권력)을 자기 자신들의 살과 피로 쌓아올려야 한다. 대중운동은 대중전술로 표현된다. 기성질서의 세련됨과 정교함에 대항해서, 무산자들은 언제나 자신들의 길을 헤쳐 나가야만 했다. 초기 르네상스 시대 이탈리아의 카드놀이에서는 칼이 귀족을(단어 스페이드는 칼을 의미하는 이탈리아어의 전와〔轉訛〕이다), 성배(이는 하트가 되었다)가 성직자를, 다이아몬드가 상인을 의미했고, 클럽(clubs ♣, 곤봉)은 농민의 상징이었다.

하거나, 후방 공격을 위해 우회하는 것과 같은 정형화된 목표를 겨냥하였다. 셔먼이 유명한 '바다로 향한 진격'*을 시작했을 때, 그에게는 전방도 후방 보급로도 그리고 다른 어떤 전선도 없었다. 그는 어디에 연결되어 있지 않았고, 그냥 전장에서 활발하게 움직이고 있었다. 이러한 새로운 형태의 군사적 침입에 직면한 남부는 올바른 대응을 하지 못하고 혼란, 당황, 공포, 와해만을 보여 주었다. 셔먼은 파죽지세로 진격하여 필연적인 승리에 도달하였다. 수십 년 뒤 제2차 세계대전 초기에 나치의 전차기갑사단들이 적의 영토 깊숙이 연승을 거두며 침입해 들어오면서 펼쳤던 작전이나 우리의 패튼 장군 George Smith Patton, Jr.이 미국 3기갑사단을 이끌고 펼쳤던 작전이나 모두 동일한 전술이었다.

　네 번째 규칙: 적이 그들 자신의 교본에 따라 행동하도록 만들어라. 당신은 이것으로 적을 이길 수 있다. 왜냐하면 기독교 교회들이 기독교 신앙에 따라서만 살 수는 없는 것처럼 그들도 그들 자신의 규칙만을 따를 수는 없기 때문이다.

　이 네 번째 규칙은 그 속에 다섯 번째 규칙을 가지고 있다. 비웃음은 인간의 가장 효과적인 무기이다. 비웃음에 대해 반격하기란 거의 불가능하다. 또한 비웃음은 상대를 격노하게 만들어서, 그는 오히려 당신에게 유리한 방향으로 대응하게 된다.

　여섯 번째 규칙: 좋은 전술은 당신 편의 사람들이 좋아하고 즐기는 전술이다.[2]

---

* [역주] '바다로 향한 진격'은 셔먼 장군이 미국 남북전쟁 당시 1864년 11월 15일 조지아 주 애틀랜타 시에서 시작하여 12월 22일 사바나 항구에서 끝낸 진격을 일컫는다.

[2] "일반사람들이 생각할 수 없을 정도로, 알린스키는 시내에서 최고 실력자의 뒤를 발로 차는 것을 즐긴다. 스포츠는 그에게 매력이 없다. ⋯" (William F. Buckley, Jr., Chicago Daily News, October 19, 1966).

당신 편의 사람들이 행동을 하면서 즐겁지 않다면, 그 전술은 무언가 아주 잘못된 것이다.

일곱 번째 규칙: 너무 오래 끄는 전술은 장애물이 되고 만다. 사람은 어떤 논점이라도 오직 제한된 기간 동안만 그것에 열정적으로 참여할 수 있다. 그 시간이 지나면, 참여는 일요일 아침에 교회에 나가는 것처럼 의례적 참가가 되고 만다. 새로운 문제들과 중대국면들은 항상 나타나고 있으므로, 사람의 반응은 이렇게 된다. "그래, 그 사람들을 생각하면 마음이 너무 아파. 그러니까 나는 불매동맹에 전적으로 찬성하는 거야. 그렇지만 결국 인생에는 다른 중요한 일들도 있어." 세상은 이런 식으로 흘러간다.

여덟 번째 규칙: 여러 상이한 전술과 행동으로 압력을 계속 가하라. 그리고 당신의 목적을 위해 당시의 모든 사건들을 활용하라.

아홉 번째 규칙: 보통 협박은 전술 행동 자체보다 더 위협적이다.

열 번째 규칙: 전술을 위한 대전제는 상대에 대해 끊임없이 일정한 압력을 계속 가할 수 있는 활동의 전개이다. 이러한 지속적 압력이야말로 사회운동의 성공에 필수적인 상대의 대응행동을 결과적으로 불러일으킨다. 행동은 대응행동 속에 있다는 사실뿐만 아니라, 행동은 그 자체가 대응행동의, 대응행동에 대한 대응행동의, 이처럼 끝없는 연쇄고리의 결과라는 사실을 잊지 말아야 한다. 압력은 반응을 낳고, 끊임없는 압력은 행동을 유지시킨다.

열한 번째 규칙: 만일 당신이 어떤 하나의 부정을 필요한 만큼 강하게 그리고 끝까지 밀고 나가면, 그 부정은 반대편으로까지 뚫고 들어갈 것이다. 이는 모든 긍정은 그것의 부정을 내포하고 있다는 원리에 근거를 두고 있다. 우리는 마하드마 간디가 보여 준 소극적 저항 전술의 선개에서 이미 부정의 긍정으로의 전환을 확인하였다.

우리가 조직화하여 대항하였던 한 회사는 불법으로 나의 집에 침입한 뒤 열쇠를 훔쳐 내가 일하고 있는 산업사회재단의 사무실에 불법으로 침입하는 방식으로 우리의 지속적 압력 행사에 대응하였다. 이 회사가 얼마나 당황했는가는 도둑질의 모습에서 너무나 분명히 드러났다. 왜냐하면 도둑들이 두 번의 주거침입 어느 경우에도 통상적인 도둑질에 관심이 있었다는 것을 보여줄 만한 아무것도 가져가지 못했기 때문이다. 도둑들은 그 회사에 관련된 기록들만 가져갔다. 아무리 서투른 도둑이라도 그 회사가 고용한 사설탐정사무실이 한 식으로는 하지 않았을 것이다. 캘리포니아 주와 시카고 시의 두 경찰국은 "그 회사가 사방에 지문을 남겨 둔 거나 매한가지다"라고 서로 동의하였다.

싸움에서는 거의 모든 일들이 일어난다. 우연히 주먹이 벨트 위에 맞았는데도 싸움을 멈추고 사과하기에 이르는 지경에까지도 갈 수 있는 것이다. 나의 집과 사무실을 불법침입해서 도둑질을 했던 회사처럼 어떤 회사 하나가 서투른 짓을 할 때, 내 주변의 대중들이 명백하게 보여 주는 반응은 충격, 공포, 도덕적 모욕감이다. 이 경우 우리는, 이 회사가 조만간 미 상원 조사 소위원회 앞에서 이러한 범죄행위뿐만 아니라 다른 모든 종류의 범법행위에 관해 조사를 받게 될 것이라고 널리 알린다. 일단 선서를 한 후 의회의 면책특권을 갖게 되면, 우리는 이러한 행동들을 공개적으로 밝히게 되는 것이다. 이러한 위협은, 남 캘리포니아 주에서 나에 대한 암살 미수 사건이 있었다는 사실에 덧붙여, 그 회사를 암살 사건의 용의자로 공공연하게 의심을 받는 어려운 처지로 빠뜨렸다. 언젠가 나는 방이 서른 개나 있는 모텔에 머물렀는데, 다른 모든 방들은 그 회사의 경호원들이 차지하고 있었다. 이 일은 이 회사를 늘 따라다니면서 압력을 가하는 또 하나의 비밀스런 악마가 되었다.

열두 번째 규칙: 성공적 공격의 대가는 건설적인 대안이다. 당신은 적이 당신

의 요구에 갑자기 동의한다고 해서 그것에 사로잡혀서는, "당신이 옳소. 이 문제에 대해 무엇을 해야 할지 우리는 모르겠소. 당신이 우리에게 말해 보시오"라고 말하는 위험천만한 일을 해서는 안 된다.

열세 번째 규칙: 표적을 선별하고, 고정시키고, 개인화하고, 극단적인 것으로 만들어라.

갈등 전술 속에는 조직가가 언제나 보편적인 것으로 바라보아야만 하는 일정한 규칙들이 있다. 그중 하나는 상대방을 골라내어 표적으로 만든 뒤에 '고정화' 시켜야만 한다는 것이다. 이 말은 복잡하고 상호 연관되어 있는 도시 사회에서 어떤 특정한 나쁜 일에 대해 책임을 져야 할 사람을 골라낸다는 것이 점점 어려워지고 있다는 뜻이다. 끊임없이 그리고 어느 정도는 정당한 책임 전가가 일어난다. 도시화, 복잡한 대도시 행정체계, 상호 결합된 대규모 기업들의 복잡성, 도시·군 및 대도시의 행정당국들 사이에 서로 얽혀 있는 행정업무 등이 특징으로 부각되고 있는 요즈음, 적을 정확하게 식별해 내는 어려운 문제는 점점 더 자주 발생할 우려가 있다. 만일 집중해서 공격할 표적을 갖고 있지 않다면, 이는 분명 전술상 좋지 못하다. 중대한 문제 중 하나는 책임의 관할권이 끊임없이 여기저기로 옮겨 다니는 것이다. 개인들이나 사무소들은 약간의 변화에도 어떤 다른 권력집단에 권한을 떠넘기면서, 잇따라 특정한 조건을 이유로 책임지기를 거부한다. 회사의 경우에도 회사의 사장이 자신은 책임이 없다고 말하면서 책임을 이사회나 임원회의에 떠넘기고, 임원회의도 책임을 주주들에게 떠넘기는 등의 상황이 발생한다. 예를 들자면 똑같은 일이 시카고 시의 교육위원회 임명에서도 일어난다. 시카고 시에서는 법적 근거가 없는 인사위원회가 교육위원회 후보위원들을 선별할 권한을 갖고 있으며, 시장은 그 뒤에 후보위원 명단에서 위원들을 선별할 법적 권한을 사용한다. 교육위원회 명단에 흑인

이 한 명도 없다는 점 때문에 시장이 공격을 받는다면, 그는 자신은 인사위원회가 제출한 명단에서만 위원을 선별해야 한다고 지적하면서 책임을 인사위원회에 돌린다. 인사위원회는 시장만이 위원들을 최종 선별할 권한을 가지고 있다고 지적하면서 책임을 다시 떠넘길 수 있다. 이처럼 일은 아주 비극적이라고 할 수는 없지만, "누가 먼저인가" 또는 "어느 컵 속에 동전이 들었나?"라고 하는 상투적인 방식으로 우스꽝스럽게 진행된다.

동일한 책임 회피가 인생의 모든 영역에서, 또한 시청 도시재개발 관련 부처들의 담당분야에서도 발견되기 마련이다. 누구는 책임이 이쪽에 있다고 하고, 또 다른 이는 책임이 저쪽에 있다고 한다. 시 정부는 그것이 주 정부 책임이라 하고, 주 정부는 연방 정부 책임이라 하고, 연방 정부는 다시 문제를 지역공동체로 내려 보낸다. 이런 식으로 끝도 없다.

표적은 표적이 되지 않기 위해 언제나 책임을 떠넘기려 한다는 사실을 반드시 명심해야만 한다. 표적으로 지목된 편에서는 빠져나가기 위한 끊임없는 암중모색과 선동, 전략이 존재한다. 이는 때로는 고의적이고 악의적이며, 때로는 단지 살아남기 위한 것이다. 변화를 추구하는 세력은 반드시 이 점을 마음에 새기고 있어야 하며, 표적을 확실하게 파악해야 한다. 만일 책임이 여러 영역으로 분산되고 분배되는 것을 조직이 내버려 둔다면, 공격은 불가능해진다.

나는 한 가지 일을 특별히 기억하고 있다. 우드론지역조직이 공립학교에서의 인종 차별에 반대하는 운동을 시작했을 때, 지역의 교육장과 교육위원회 위원장은 시카고 시 공립학교제도 내에는 어떠한 인종 차별적 관행들도 존재하지 않는다고 매우 강하게 부정하였다. 그들은 자신들이 가진 서류에는 인종을 식별할 정보라고는 전혀 없었으므로 그 학생들 중 누가 흑인이고 백인인지 알지 못했다는 견해를 취했다. 하긴, 당시 완전 백인 학교와 완전 흑인 학교만 있었다는 사실에 비추어 본다면, 그들의 말이 실제 그대로였다.

　우리가 정치적으로 세련된 교육장을 만났더라면, 그는 더 훌륭하게 답했을 것이다. "보십시오. 내가 시카고 시에 왔을 때, 시의 학교제도는 현재 그런 것처럼 지역별 학교정책을 따르고 있었습니다. 시카고 시의 지역들은 인종별로 분리되어 있습니다. 백인지역과 흑인지역이 있고, 따라서 학교도 백인학교와 흑인학교가 있습니다. 왜 나를 비난하지요? 왜 인종별로 분리된 지역들을 공격하여 그것들을 바꾸려고 하지 않습니까?" 그는 그런대로 유효한 주장을 한 셈이었다. 나는 이러한 가능성을 생각하면 지금도 후들후들 떨린다. 인종별로 분리된 지역들은 책임을 다른 누군가에게 돌릴 것이고, 일은 자기 꼬리를 물려고 하는 개의 양상으로 돌아갈 것이다. 인종별로 분리되어 있는 시카고 시의 주거 양식을 부수어 버리려고 하는 것은 아마도 15년짜리 일거리는 될 것이다. 우리는 그런 종류의 투쟁을 시작할 힘을 가지고 있지는 않았다. 당신의 표적을 고를 때 고려할 기준의 하나는 표적의 취약성이다. 당신은 시작할 힘을 어디에 두겠는가? 더욱이 어떤 표적이라도 언제나 이렇게 말할 수 있다. "똑같이 비난할 다른 사람들도 있는데, 왜 당신은 나에게만 집중하지요?" 당신이 '표적을 고정하고' 나면, 당신은 이러한 주장들을 무시하고 또한 일시적으로는 비난해야 할 다른 사람들도 무시해야 한다.

　이제 당신이 당신의 표적을 조준하고 고정시킨 뒤 공격을 시작하면, 그 '다른 사람들'이 곧바로 모두 숲으로부터 나온다. 그들은 공격의 표적을 지지함으로써 드러나게 된다.

　표적을 고르는 데에서 다른 중요한 사항은 표적이 지역공동체의 인종차별적 관행이나 대기업이나 시청과 같은 어떤 일반적이고 추상적인 것이 아니라 구체적인 사람으로 지정되어야 한다는 것이다. 예를 들어 시청(이는 결국에는 구체적이고 물질적이지만 생명이 없는 구조물이다)이나 기업(이는 영혼이나 개성을 갖고 있지 않다)이나 공립학교 당국(이 또한 생명이 없는 조직이다)에 대해서는 반드시 필요한 적개심을 불러일으키기가 쉽지 않다.

1930년대 급진적이었던 노동조합 C.I.O.의 지도자였던 존 루이스*는 이 점을 충분히 알고 있었으며, 따라서 C.I.O.는 결코 제너럴모터스 회사를 공격하지 않았다. 그들은 언제나 회장인 '냉혈한' 알프레드 슬론Alfred Sloan을 공격하였다. 그들은 결코 리퍼블릭철강회사를 공격하지 않았고, 언제나 회장인 '피 묻은 손' 톰 거들러Tom Girdler를 공격하였다. 따라서 우리의 경우에는 시카고 시 공립학교 체제에서 당시 교육장이었던 벤자민 윌리스Benjamin Willis를 공격하였다. 이제는 어떤 것도 당신의 표적으로부터 멀어지게 해서는 안 된다.

이처럼 초점을 맞추게 되면서 양극화가 일어난다. 앞에서 지적한 것처럼, 모든 논점은 행동을 유발하기 위해서는 양극화되어야 한다. 양극화에 관한 고전적인 언명은 그리스도에게서 발견된다. "내 편에 서지 않는 사람은 나를 반대하는 사람이다"(누가복음 11:23). 그는 교회의 환전상에 대해 어떤 중간지대도 허용하지 않았다. 모든 천사는 한쪽 편이고 모든 악마는 다른 편이라는 확신 속에서만 사람은 단호하게 행동한다. 지도자는 결정을 내리기 위해 애를 쓸 것이며, 52%는 긍정적이고 48%는 부정적인 어떤 상황의 장단점을 평가하려고 할 것이다. 그렇지만 일단 결정이 내려지면, 그

---

* 〔역주〕 알린스키는 존 루이스의 전기, *John L. Lewis, An Unauthorized Biography*(이신범 역, 《존 루이스》, 1979, 한길사)를 썼다.

는 자신의 대의명분이 100% 옳으며 상대방의 주장은 100% 틀렸다는 태도를 취해야만 한다. 그는 중간지대에 머무르면서 결정을 영원히 피할 수는 없다. 그는 논거들을 비교하면서 끝없이 숙고할 수는 없다. 그는 반드시 결정을 내리고 행동에 나서야 한다. 그렇지 않다면 햄릿의 대사가 기다리고 있을 뿐이다.

> 그리하여 최초의 강렬한 결심은
> 창백한 생각으로 병들고,
> 또한 웅대한 계획들도
> 이런 까닭으로 방향을 잃고,
> 행동으로부터 멀어진다.
>
> ―햄릿 3막 1장 84~88

많은 자유주의자는 우리가 당시 교육장 월리스를 공격하는 동안 이런 점들을 지적하였다. 뭐라고 해도 그는 100% 악마는 아니고, 규칙적으로 교회에 다니는 사람이며, 매우 가정적인 사람이며, 자선을 베푸는 데에 매우 호의적인 사람이다. 당신은 투쟁의 장에서 아무개 씨가 인종차별주의자라고 비난하고 나서는, "그는 교회를 다니는 훌륭한 사람이며, 자선을 많이 베풀며, 좋은 남편이다"와 같이 비난을 누그러뜨리는 지적들로 공격의 영향을 완화시키는 일을 생각할 수 있겠는가? 이는 정치적 바보 행위이다.

양극화의 중요성을 보여 주는 뛰어난 예가 루스 멕케니Ruth McKenny의 《인더스트리얼 밸리》Industrial Valley(오하이오 주 아크론 시 고무산업 노동자들의 초기 조직화에 대한 그녀의 고전적 연구임)에 인용되어 있다.

루이스John L. Lewis는 아크론 시의 산악지대 노동자들을 침착하게 마주 바라보았다. 그는 고무산업과 굿이어타이어고무회사에 대해 정확한 정보를 미리 조사하는 노력을 기울인 상태였다. 그는 어떠한 모호하고 일반적인 발언도 하지 않았다. 이런 발언은 이미 고무산업 노동자들이 그린(당시 A.F. of L. 의장)으로부터 신물이 나도록 들었다. 루이스는 이름들을 열거했으며 숫자를 나열하였다. 청중들은 그가 클리프 슬러서Cliff Slusser의 이름을 부르고 그에 대해 묘사를 하고 최종적으로 그를 비난할 때 깜짝 놀랐으며 동시에 매우 만족했다. 지난 날 아크론 시에 자주 왔던 A.F. of L.의 지도자들은 만일 그들이 폴 리치필드Paul Weeks Litchfield 1926~1940년 굿이어타이어고무공장의 회장-옮긴이가 누군지 기억을 했었다면 대체로 잘했을 것이다. 루이스의 연설은 투쟁 슬로건이자 도전이었다. 그는 고무공장들이 항상, 심지어 대공황이 최악의 상태에 이르렀던 때 올렸던 이윤을 상기시키면서 연설을 시작했다. 그는 굿이어공장의 노동자 관리정책을 언급하였고, 노동과 자본의 협력에 관한 리치필드 씨의 경건한 견해를 인용하였다. 그는 낮고 굵으면서도 열정적인 목소리로 말을 했다. "굿이어 노동자들이 회사의 성장으로부터 무엇을 얻었습니까?" 그의 청중들은 거의 고통스럽다고 할 정도의 열정에 차서 그의 말을 들으며 의자에서 꿈틀거렸다. "협력?"이라고 말하며 그는 비웃었다. "좋소, 노동과 자본은 이론상으론 협력자가 될 수 있소. 그렇지만 그들은 현실에서는 서로 적이오."

… 고무산업 노동자들은 이 말을 경악과 엄청난 흥분 속에서 주의 깊게 들었다. 윌리엄 그린은 거의 폴 리치필드만큼이나 설득력 있게 노동과 자본의 협력관계에 대해 그들에게 늘 말했다. 그런데 여기 그들이 자신들의 경험을 통해 진실이라고 알고 있던 사실들을 말로 표현하는 한 사람이 나타났다. 게다가 그는 웅변적이고 교양이 있고 심지어 품위 있는 말투로

말한다. 그는 굿이어 공장에서 타이어 기계를 움직이는 사람도 진정으로 이해할 수 있는 것들을 말했다.

"조직하시오!" 루이스는 외쳤고, 그의 목소리는 공장의 확성기를 타고 울려 퍼졌다. "조직하시오!" 그는 연단이 튀어오를 때까지 쾅쾅 치면서 말했다. "조직하시오! 굿이어 회사에 가서, 그들의 주식배당금 중 일부를 원한다고 그들에게 말하시오. 말하시오. 그래 우리가 협력자라고 생각하시오, 진정 그렇소? 좋소, 그렇지 않소. 우리는 적이오."

- 진정한 행동은 적의 대응행동 속에 있다.
- 적은 적절하게 자극을 받고 유도된 대응행동을 함으로써 바로 당신의 핵심적인 힘이 될 것이다.
- 전술은 조직과도 같고, 생명과도 같아서 당신이 행동으로 움직이는 것을 요구한다.

무대는 이스트만 코닥 회사의 본거지 뉴욕 주 로체스터 시, 아니 오히려 뉴욕 주 로체스터 시의 본거지 이스트만 코닥 회사이다. 로체스터 시는 말 그대로 이 산업 거인에 의해 지배되고 있다. 누군가가 코닥 회사를 상대로 싸우거나 도전장을 공개적으로 내는 일은 본질적으로 로체스터 시의 경험을 완전히 벗어난다. 오늘날까지 이 회사는 노동조합을 가지고 있지 않다. 일반 대중에 대한 이 회사의 태도는 가부장적인 봉건제도를 참여민주주의인 것처럼 보이게 만든다.

로체스터 시는 스스로를 미국의 문화적 영광을 나타내는 보석 중의 하나라고 자랑한다. 이 도시는 자체의 도서관들, 학교 제도, 대학, 기념관들 및 잘 알려진 교향악단을 가지고 있다. 앞에서 언급한 대로 우리는 흑인 빈민가의 초청으로 그들을 조직화하기 위해 들어갔다. (그들은 말 그대로 우리를 불러들이기 위해 조직화하였다.) 도시는 나의 이름을 언급하는 것만으로도 히스테리와 공포의 상태에 놓여 있었다. 내가 하는 것은 무엇이든지 뉴스가 되었다. 나의 오랜 친구이자 선생이라고 할 존 루이스조차 나를 불러서는 다정스럽게 투덜거렸다. "당신이 과거의 나보다 로체스터 시에서 더 미움을 받는 것을 보니 화가 나는군." 이것이 당시 상황이었다.

처음 내가 공항에 도착했던 날, 언론에서 온 보도기자들이 나를 둘러쌌다. 첫 번째 질문은 내가 로체스터 시를 도시로서 어떻게 생각하는가 하는 것이었다. 나는 "로체스터 시는 북부에 옮겨 놓은 남부의 거대한 농장이다"라고 대답했다. 이스트만 코닥 회사가 흑인들을 위해 '모든 것'을 한 후 (사실 그 이전 여름에 유혈폭동, 주방위군 동원 등이 있었다)에 내가 왜 흑인 빈민가에 "쓸데없이 참견하려고" 하는가라는 질문에 대해, 나는 멍청한 표정을 지은 다음 대답했다. "나는 여기에서 무슨 일이 일어나고 있는지 잘 모르고 소식도 듣지 못했습니다. 하지만 내가 알고 있는 한, 이스트만 코닥 회사가 미국 내 인종문제와 관련하여 유일하게 한 일은 컬러필름을 도입했다는 것입니다." 코닥 회사는 충격, 분노, 적개심으로 반응했다. 그들은 공격을 받거나 모욕을 당한 것이 아니었다. 그들은 비웃음을 받았으며, 이는 참기 어려웠다. 그것은 거대한 황소에게 던져진 최초의 창이었다. 곧 코닥 회사는 너무나 화가 나서 비난을 퍼부었는데, 이는 결과적으로는 자신들에게 실패로 돌아가고 말았다.

이어진 질문은 로체스터 대학 총장이며 현재 코닥 회사 이사들 중의 한 명인 알렌 윌리스W. Allen Wallis가 나에게 퍼부은 신랄한 인신공격에 대한 나의 대응에 관한 것이었다. 그는 이전에 시카고 대학 경영학과장이었다. 시카고 대학이 우드론 지역의 흑인 조직체와 심각한 싸움을 하고 있을 때, 그는 시카고 대학에 있었다. "월리스?" 하고 나는 대답했다. "어느 월리스에 대해 말하고 있는 겁니까? 알라바마의 월리스, 아니면 로체스터의 월리스? 하지만 내 생각에는 별 차이가 없을 것 같군요. 그래, 도대체 질문이 뭐였죠?" 이 답변은 (1) 조롱하는 의미를 담고 있었고, (2) 로체스터 대학의 총장이 더 이상 공격을 못하도록 만들었다. 사실 그는 면도칼로 공격을 받을지도 모르며 또한 나 혹은 나의 동료들과의 만남이 학문적 대화가 되지는 않을 것이라는 의구심을 갖기 시작했을 것이다.

반드시 기억해야 할 일은 당신이 적을 잘 위협할 수 있다는 사실이다. 당신은 그를 모욕하고 괴롭힐 수 있다. 그런데 결코 용서가 안 되고 또한 그가 반드시 반응하도록 만드는 한 가지 일은 그를 비웃는 것이다. 이는 이성으로 통제가 안 되는 분노를 불러일으킨다.

나는 이러한 전술의 구체적 적용 사례를 일일이 설명해도 되는지 망설이지 않을 수 없다. 나의 책 《급진주의자여 일어나라》와 관련하여 좋지 못한 경험이 생각나기 때문이다. 그 책에서 나는 수많은 공동체를 조직화하는 과정에서 사용했던 개별적인 행동과 전술에 대한 자세한 전말을 모아 두었다. 그 책이 발간된 이후 얼마 동안 나는 조직가가 되려는 사람들이 이 책을 교범처럼 사용하고 있으며 당혹스러운 상황에 처하게 될 때면 언제나 후미진 장소에 가서 답을 찾기 위해 책을 뒤진다는 소문을 듣게 되었다. 하지만 특수한 개별 상황에 대해 정해진 해법이 있을 수는 없다. 역사가 반복되지 않는 것처럼, 동일한 상황은 좀처럼 다시 일어나지 않기 때문이다. 사람, 압박, 권력 패턴은 움직이는 변수이며, 그것들 사이의 특정한 결합은 오직 특정한 때에만 나타나며, 그때조차 변수는 끊임없이 유동적인 상태에 놓여 있다. 전술은 반드시 내가 위에서 열거한 규칙들과 원칙들의 구체적인 적용으로 이해되어야 한다. 그것은 조직가가 싸우러 갈 때 반드시 지니고 있어야만 하는 원칙들이다. 그는 이것들에 자신의 상상력을 덧붙이고, 또한 이것들을 구체적 상황에 맞추어 전술적으로 적용한다.

예를 들면, 이미 되풀이해서 강조했듯이, 전술은 당신이 가진 것으로 당신이 할 수 있는 것을 당신이 하는 것을 의미하며, 또한 힘(권력)은 대체로 돈을 가지고 있는 사람이나 대중들이 따르는 사람에게로 언제나 집중된다. 무산자의 자원은 (1) 결코 돈이 아니며, (2) 수많은 사람이다. 좋다, 바로 이 지점에서 시작해 보자. 사람들은 투표함으로써 자신들의 힘을 보여줄 수 있다. 다른 무엇이 있는가? 그래, 사람들은 신체를 가지고 있다. 이 신체를 어떻게 사용할 수 있는가? 이제 다양한 생각이 떠오르기 시작한다. 법의 힘을 사용하여 기성질서가 그 자체의 규칙을 지키도록 만들어라. 적의 경험에서 벗어나 당신 편 사람들의 경험 안에 머물러라. 당신 편 사람들이 즐겁게 참가할 전술에 역점을 두어라. 위협은 보통 전술 행동 그 자체보다 상대방을 더 놀라게 한다. 일단 이 모든 규칙들과 원칙들이 당신의 상상력 속에서 뒤섞여 발효하게 되면, 그것들은 하나의 합성물로 바뀌게 된다.

나는 로체스터 시 교향악단 연주회에 한번 참석하기 위해 백 장의 표를 사는 게 어떻겠느냐고 넌지시 제안한 적이 있다. 우리는 음악이 비교적 조용한 연주회를 고를 것이다. 표를 받은 백 명의 흑인들은 우선 지역공동체에서 연주회 직전 세 시간짜리 만찬을 대접받을 것이다. 만찬에서 그들은 찐 콩과 베이컨 등을 구운 요리만을, 그것도 엄청나게 먹게 될 것이다. 그 후에 사람들은 연주회장으로 갈 것이다. 이제 결말은 분명하다. 행동이 시작되었을 때의 광경을 상상해 보라! 연주회는 첫 악장 이전에 끝나고 말 것이다. (만일 이것이 프로이트 학파식의 나쁜 짓이라면, 그렇다고 하자!)

이제 이 전술을 위에서 언급된 개념을 사용해서 검토해 보자.

먼저, 이런 소동은 현존 지배층의 경험에서 완전히 벗어난다고 하겠다.

왜냐하면 그들은 대중회합, 거리시위, 충돌, 행진 등 통상적 요소들을 예상하고 있었을 것이다. 그들은 엄청난 공포 속에서 자신들의 훌륭한 문화자산, 자신들의 유명한 교향악단에 대한 공격을 예상하지는 못했을 것이다. 둘째, 자연스러운 육체의 작용을 금할 어떤 법도 존재하지 않고, 또한 결코 존재할 수 없을 것이기 때문에, 이 모든 행동들은 법을 비웃고 조롱하는 것이다. 이제 여기에 소음뿐만 아니라 냄새까지 배합된, 자연산 악취탄이라고 부를 만한 것이 나타난 것이다. 정규 악취탄은 불법이며 현장 체포의 원인이 된다. 하지만 이 경우에는 경찰당국이나 좌석안내원이나 다른 기성질서 관리인들이 이와 관련해서 할 수 있는 일이라고는 정말 전혀 없다. 법이 완전히 마비되었다고 하겠다.

사람들은 연주회장에서 일어났던 일을 자세히 이야기하게 될 것이고, 듣는 사람들은 배꼽이 빠지도록 웃는 반응을 보일 것이다. 이 사건은 로체스터 교향악단과 주류사회를 완전히 우스꽝스럽게 보이도록 만들 것이다. 또한 공공기관들이 앞으로도 비슷한 성격의 공격에 대응할 방법은 결코 없을 것이다. 그들이 무엇을 할 수 있겠는가? 사람들에게 연주회에 오기 전에 찐 콩과 베이컨 등을 구운 요리를 먹지 말라고 요구할 수 있겠는가? 연주회 동안 자연적 신체현상에 굴복하는 것을 금할 수 있겠는가? 연주회가 방귀 때문에 방해를 받아서는 안 된다고 세상에 공포할 수 있겠는가? 그러한 이야기는 다가올 연주회 시즌을 망쳐 버릴 것이다. 연주회가 시작할 때 나타날 긴장을 한번 생각해 보라! 지휘자가 지휘봉을 드는 순간 느끼게 될 감정을 생각해 보라!

이것은 약간의 부수적 결과를 가져올 것이다. 다음 날 아침, 연주회 시즌이 주요한 사회적 행사들 중의 하나인 부인들은 아침상에서 임원 또는 예비임원인 남편들과 마주앉아서 이렇게 말할 것이다. "존, 우리의 연주회 시즌이 그 사람들 때문에 망쳐 버리게 되는 것을 난 원하지 않아요! 나는 그 사람들이 뭘 원하는지 모르겠어요. 하여튼 원하는 것이 무엇이든지 간에, 뭔가 해야만 해요. 이 따위 일들은 반드시 그만 두도록 해야 되요!"

마침내 보편적 규칙을 가지게 되었다. 누구든 적에게 혼란과 공포를 유발하기 위해 적의 경험에서 벗어나는 동안에도, 자기 편 사람들에게 같은 일을 해서는 안 된다. 왜냐하면 당신은 당신 편 사람들이 혼란이나 두려움에 빠지는 것을 원하지 않기 때문이다. 이제 연주회 전술을 참조해서 이 규칙을 검토해 보자. 우선 첫째로, 이 전술적 행동은 지역 주민들의 경험에서 벗어나지 않았다. 이 행동은 사람들이 반드시 전술을 즐겨야 한다는 또 다른 규칙을 만족시킨다. 여기에서 우리는 상반되는 의미를 지닌 상황에 처하게 된다. 그 전술이 제안되었을 때 웃음이 터졌는데, 이러한 빈민가 흑인들의 반응은 그 전술이 적어도 상상 속에서나마 그들의 경험 안에 있었다는 것을 분명하게 보여 주었다. 이는 그들의 백인종에 대한 집단적 혐오와 잘 맞아떨어졌다. 모든 억압받는 사람들이 자신들의 압제자들에게 해 주고 싶은 일 한 가지는 그들에게 똥을 싸주는 것이다. 이와 비슷한 짓을 해 줄 방법이 바로 여기에 있었다. 그런데 우리는 또한 다음과 같은 사실을 알아야 한다. 그들이 아마도 자신들의 인생에서 처음으로 연주회장에 실제로 들어가게 되었을 때, 그들은 수많은 백인(그중 많은 수가 정장을 하였을 텐데) 한가운데에 앉게 되었을 것이다. 이 상황은 너무나도 그들의 경험에서 벗어나기 때문에, 그들은 아마도 얼어붙어서 이전의 태도로 돌아갈지도 모른다. 그들이 애초에 와서 하려고 했던 일을 하려는 바로 그 생각이 그들을 너무나 당황스럽고 기분이 나쁘도록 만들어서, 그들은 계획을 실천에 옮기는 것을 피하기 위해 거의 어떤 일이라도 할지 모른다. 하지만 콩요리가 그들의 기분과는 상관없이 그들이 신체적으로 그 전술을 수행하도록 만들 것이라는 사실을 우리는 잘 알고 있다.

이러한 전술들이 그다지 멋지지만은 않다는 점을 강조해 두어야 할 것이다. 특정한 전술은 혁명의 규칙과 원칙으로부터 만들어진 다음에는 그 틀을 벗어나게 되므로, 모든 조직가는 자신이 언제나 그 동일한 규칙과 원칙에 기초해서 그 전술의 가치를 분석하고 장단점을 결정하여야만 한다는 사실을 알고 있다.

최근 시카고에서 있었던 7인 음모단 재판 중에 피고인들과 변호인단이 호프만 판사와 사법부를 항문으로 나팔소리를 내며 모욕했다면 미국 법정의 광경이 어떠했을까를 상상해 보라. 호프만 판사, 법정의 정리들 그리고 또 다른 사람들이 무엇을 할 수 있었을까? 판사는 그들을 방귀 때문에 모욕죄로 평결했을까? 관련된 법적 판례가 없는 전술이 바로 이것이다. 언론의 반응은 나머지 기간 동안 내내 판사를 기분 나쁘게 만들었을 것이다.

민주당과 공화당의 대통령 후보였던 존슨Johnson과 골드워터Goldwater 사이에 선거운동이 벌어지고 있던 시기에 시카고에서 개발된, 신체 기능을 활용한 또 다른 전술을 살펴보자. 시 당국이 우드론 빈민가 조직에 했던 약속들이 시 당국에 의해 지켜지지 않고 있었다. 애초 이런 약속들을 억지로나마 받아낼 수 있도록 만들었던 정치적 협박이 더 이상 작동하고 있지 않았다. 지역공동체 조직은 존슨을 지지하는 것 이외에 다른 대안이 없었고, 따라서 민주당 행정부는 정치적 위협이 이제 사라졌다고 생각했다. 바로 여기에서 반드시 기억해야 할 점이 있는데, 압력은 현존 권력기구가 처음으로 양보를 하도록 강제하는 데에 반드시 필요할 뿐만 아니라, 권력기구가 약속을 지키도록 만들기 위해서도 반드시 유지되어야 한다. 바로 이 두 번째 요소가 우드론지역조직에게는 없었던 것처럼 보인다.

조직이 정치 영역 속으로 들어간 이후에는 새로운 전술과 새로운 활동

영역이 고안되어야만 했다.

오헤어 시카고 국제공항이 표적으로 되었다. 무엇보다도 먼저 오헤어 공항은 세계에서 가장 번잡한 공항이다. 잠깐 제트기 여행자들의 일반적 경험을 생각해 보라. 스튜어디스가 점심과 저녁을 가져다준다. 먹은 뒤에, 대부분의 사람은 화장실에 가고 싶어 한다. 하지만 이는 종종 불편함을 가져다주는데, 바로 당신과 당신 옆자리 사람들의 음식 쟁반이 접시들을 가득 담고 있기 때문이다. 그래서 당신은 스튜어디스가 쟁반을 치워줄 때까지 기다린다. 그때 화장실에 가장 가까운 자리에 앉은 사람이 일어나고, '사용 중'이라는 신호등이 들어온다. 그래서 당신은 기다린다. 그런데 요즈음 제트기 여행에서는 비행기가 착륙 강하를 시작하면 안전벨트 신호등이 곧 켜진다. 당신은 착륙 이후까지 기다렸다가 공항 터미널에서 화장실을 이용할 생각을 한다. 어느 공항에서나 여러 게이트들에서 승객들이 내리는 것을 지켜본 사람들에게 이 일은 너무나 명백하다. 사실 많은 승객이 남녀 화장실로 곧바로 간다.

이 점을 염두에 두면 전술은 명확해진다. 우리는 화장실을 독점한다. 화장실에서 10센트 동전을 넣고 빈 칸에 들어간 다음 문을 잠근다. 그리고 하루 종일 있을 수 있다. 그러니까 양변기 화장실을 독차지하고 있는 것은 아무 문제가 없다. 이 전술은 정말로 비교적 소수 인원, 책과 신문을 들고 화장실 내부 개별 칸으로 들어가 문을 잠그고 있으면서 모든 화장실을 점거할 인원만 있으면 될 것이다. 경찰이 무엇을 할 것인가? 문을 열고 들어와서는 정당하게 사용하고 있다는 증거를 요구할 것인가? 그러므로 여성용 화장실은 완전히 점거할 수 있을 것이다. 남성용 화장실의 단 하나 문제는 서서 누는 소변기들이겠다. 이것 역시 신경을 써서 해결할 수 있는데, 집단을 몇 개 만들어서 공항을 여기저기 돌아다니다가, 비행기가 도착할 때마다 소변기 앞에 네다섯 줄을 서도록 급히 움직이게 한다. 오헤어 공항 청사 전체에 얼마나 많은 남녀 양변기와 소변기가 있는지, 또한 전국적으로 최초의 '화장실 연좌항의'*를 위해 얼마나 많은 남녀가 필요한지를 알기 위한 정보조사가 이루어졌다.

이런 종류의 행동이 가져올 결과들은 많은 측면에서 거의 파국이었을 것이다. 사람들은 용변을 볼 장소를 찾지 못해 죽을 지경이 되었을 것이며, 우리는 이런 장면을 볼 수 있었을 것이다. 아이들이 부모들에게 "엄마, 나 화장실 가야 하는데"라고 소리를 지르면, 혈안이 된 엄마들은 속무무책으로 "좋아, 그래, 해, 여기서 해"라고 말하고 만다. 오헤어 공항은 금방 난장판이 될 것이다. 이 모든 광경은 거의 믿을 수 없을 정도가 되고, 웃음과 조롱은 전국적으로 퍼져 나간다. 이 일은 아마도 런던 《타임스》지의 일면 기사가 되고, 또한 시 행정당국에게는 거대한 실패와 혼란의 원인이 될 것이다. 아마도 이는 긴급 상황을 만들 텐데, 비행기들은 승객들이 비행기 화장실을 사용하기 위해 다시 타는 동안 서 있어야만 할 것이다.

이 전술을 쓸지 모른다는 위협은 뒤로 새어나가(여기에서 다시 프로이트적 실수_slip_가 있었을 것이다. 그래서 무엇이 문제인가?) 행정당국에게 전달되었다. 48시간 안에 우드론지역조직은 당국과 회의를 하게 되었다. 회의에서 시 당국은 자신은 확실하게 자신들의 책임을 다할 것이며 시카고 시청이 한 약속이 지켜지지 않을 것이라는 생각이 도대체 어디에서 나왔는지 전혀 알 수 없다고 밝혔다. 당시뿐만 아니라 그 이후 어느 때에도 오헤어 국제공항 전술의 위협에 대해서는 공개적인 언급이 전혀 없었다. 우드

---

* [역주] 알린스키는 'shit-in' 이라고 영어 조어로 이를 표현했다. 연좌항의를 의미하는 영어단어 'sit-in' 을 본떠서 만든 조어인 'shit-in' 에서 'shit' 는 '똥누다' 는 의미를 가지고 있다.

론지역조직 구성원 중 극소수만이 자신들이 새로운 역사를 쓸 참이라는 사실을 알았다.

올바른 일들이 언제나 나쁜 이유들로 이루어진다는 보편적 원리와 부정이 긍정으로 된다는 전술 규칙을 가지고, 우리는 아래의 예들을 이해할 수 있을 것이다.

시카고 시 우드론 지역의 조직화된 흑인 빈민가는 초기에 슬럼가 집주인들과 싸움을 시작하였다. 빈민가 조직은 결코 지역의 슬럼가 주택들이나 집주인 사무실 주변에서 시위를 하지 않았다. 조직은 흑인 중에서도 가장 검은 흑인들을 선별한 후, 그들을 버스에 태워 슬럼가 집주인이 살고 있는 백옥 같은 백인들만의 주거지역인 교외로 보내었다. 그들이 준비한 "당신 이웃인 존이 슬럼가 집주인이라는 사실을 아십니까?" 라고 적힌 시위용 표지판은 완전히 엉뚱한 것이었다. 그런데 여기에서 핵심은 존에게 그의 이웃들로부터 전화가 빗발치리라는 사실을 시위자들이 알고 있었다는 점이다.

존: 당신이 말씀하시기 전에 한마디 하도록 해 주시오. 저 표지판들은 완전 거짓말들이요!

이웃: 이보세요, 존, 저는 당신이 무엇으로 살아가는지 조금도 개의치 않습니다. 단지 우리가 이해하고 있는 사실은 당신이 저 빌어먹을 검둥이들을 여기에서 쫓아내든지 아니면 당신이 나가든지 해야 한다는 거요.

존은 집에서 나와서 서명을 했다.

우리 자신이 가진 긍정적 힘을 우리에게 주었던 압력은 백인 사회 속에 있던 인종차별주의라는 부정적인 측면이었다. 우리는 바로 이 점을 우리 자신의 목적을 위해 잘 활용하였다.

아주 많은 백인이 흑인들에 대해 가지고 있는 부정적인 고정관념들 중의 하나를 소개해 보자. 그들은 흑인들이 둘러앉아서 수박 먹는 것을 좋아한다고 생각한다. 한번 상상해 보라. 3천 명의 흑인들이 각자 커다란 수박 조각을 하나씩 들고 우적우적 먹으면서 갑자기 어떤 도시의 번화가 지역으로 내려온다. 이 광경은 백인들의 경험에서 완전히 벗어나는 일이기 때문에 백인들은 기겁을 하고 혼란에 빠질 것이다. 흑인들이 꾀하고 있는 일에 깜짝 놀라서는, 기존 지배층은 필시 흑인들에게 유리한 방향으로 반응을 보일 것이다. 더욱이 백인들은 흑인들의 습관에 대한 자신들의 고정관념이 터무니없다는 점을 깨달을 것이다. 백인들은 자신들이 조롱을 당하고 있다는 사실을 깨닫고는 곤혹 속에서 어쩔 줄 몰라 할 것이다. 이제 수박과 관련된 흑인에 대한 잘못된 고정관념은 끝날 것이다. 내 생각에, 이 전술은 행정당국이 흑인 지도자들을 만나도록 만들고 또한 그때까지 아무런 요구 조건이 제시되지 않았다면 그들의 요구가 무엇인지 물어보도록 만들 것이다. 여기에서도 당신이 가진 것으로 당신이 할 수 있는 일을 하는 경우를 보았다.

당신이 가진 것으로 당신이 할 수 있는 일을 하는 또 다른 예를 아래에서 보자.

나는 매우 보수적인, 거의 근본주의적인 프로테스탄트 교파가 운영하는 대학에서 강연을 하고 있었다. 강연 후에 몇몇 학생들이 나와 이야기를 하기 위해 나의 모텔로 찾아왔다. 그들의 문제는 대학 캠퍼스 내에서 어떤 식으로도 재미있게 놀 수 없다는 것이었다. 춤을 추거나 담배를 피우거나 캔맥주를 마시는 것도 금지되어 있었다. 나는 사회에 변화를 가져오는 전략에 대해 이야기를 하는 중이었고, 그들은 자신들의 상황을 바꾸는 데에 사용할 수 있는 전술이 무엇인지 알고 싶어 했다. 나는 그들에게 전술이란 당신이 가진 것으로 당신이 할 수 있는 일을 하는 것이라는 점을 상기시켜 주었다. "자, 너희는 무엇을 가지고 있나?" 나는 물었다. "너희에게 허용되어 있는 일들 중에서 할 수 있는 게 무엇이지?" 그들은 대답했다. "실제로 거의 없지요", "음, 하지만 당신도 알다시피, 껌 씹는 것은 할 수 있을 겁니다." 나는 말했다. "좋아. 껌이 무기가 될 수 있겠다. 너희는 이삼백 명 학생들이 각각 껌 두 봉지를 가지고 오도록 해라. 양이 상당하겠지. 그리고 그 껌들을 캠퍼스 보도에 떨어뜨리도록 시켜라. 이 일은 분명 혼란을 가져올 거다. 왜냐고. 나는 5백 봉지의 껌을 가지고 시카고 시를 마비시킬 수 있었다. 시카고 시 중심 상업지구의 교통을 모두 멈추게 만들 수 있었다." 그들은 내가 마치 약간 머리가 돈 사람인 것처럼 나를 쳐다보았다. 하지만 약 2주 뒤에 나는 흥분한 편지를 받았다. "전술이 작동했습니다. 일이 잘 되었습니다. 이제 우리가 껌을 씹지 않는다면 어떤 일이라도 할 수 있게 되었습니다."

―Marion K. Sanders, 《직업적 급진주의자 The Professional Radical―사울 알린스키와의 대화》에서 인용

슬럼가 집주인들과 마찬가지로, 전국적으로 거대 백화점들에 속하는 백화점 하나도 다음과 같은 위협 전술에 굴복하게 되었다. 위협이 종종 전술 자체보다도 더 효과적이라는 규칙을 상기해 보라. 그런데 이는 당신들이 아주 잘 조직되어 있어서 당신들이 그 전술을 실행할 힘을 가지고 있을 뿐만 아니라 틀림없이 할 것이라는 사실을 기존 지배층이 깨닫고 있을 때에

만 그렇다. 당신은 이 게임에서 지나치게 허세를 부릴 수는 없다. 만일 당신이 허세를 부리다가 잡히면, 앞으로 위협을 사용하겠다는 생각은 잊어버려야 한다. 그 점에서 당신은 끝난 것이다.

마침 부자를 상대로 하는 장사에 집중하는 특정 백화점이 하나 있다. 이 백화점은 브랜드와 상품의 질 덕분에 많은 손님을 끌고 있다. 이 때문에 불매운동은 실패했으며, 흑인 중산층조차도 이 운동에 끌어들이지 못했다. 당시 이 백화점의 경영방침은 다른 백화점들보다 더 제한이 많았다. 흑인은 오직 가장 천한 업무만을 위해 고용이 되었다.

우리는 전술을 하나 구상하였다. 우리는 어느 바쁜 토요일 영업일을 골랐다. 약 3천 명의 흑인들이 교회에 갈 때 입는 좋은 정장들을 차려 입고는 버스를 타고 도심으로 갈 계획이었다. 백화점이 한 블록을 차지한다고 하더라도 주요 층에 3천 명의 흑인이 들어온다면, 백화점의 전체 색깔이 갑자기 바뀐다. 회전문을 통해 들어온 백인은 누구라도 눈이 휘둥그레질 것이며 아무래도 자신이 아프리카에 들어왔는가 보다는 생각을 하게 될 것이다. 그는 바로 백화점을 나갈 것이다. 이것으로 당일 백인들에 대한 판매는 끝장일 것이다.

저소득 집단에게 절약은 모든 것이기 때문에, 쇼핑은 시간이 많이 걸리는 일이다. 이 말이 의미하는 바는 모든 판매대가 상품의 질을 꼼꼼하게 살피는, 예를 들면 셔츠 판매 점원에게 원사, 색깔, 스타일, 단, 깃, 가격 등에 대해 묻는 잠재적인 소비자들로 꽉 차게 된다는 것이다. 셔츠 판매대 주변에서 점원의 주의를 끌던 무리가 속옷 판매대 쪽으로 옮겨 가면, 속옷 판매대에 있던 무리가 셔츠 판매대에 있던 무리를 대신하게 된다. 이에 따라 백화점의 직원들은 쉬지 않고 일을 해야 할 것이다.

이제 이 전술을 검토해 보자. 여기에는 연좌데모나 건물 불법 점거가 없다. 수천 명의 사람이 상점에서 '물건을 사고 있을' 뿐이다. 경찰은 아무 힘도 쓸 수 없고, 당신은 법 안에서 행동하고 있다.

이 행동은 매장을 닫기 한 시간 전까지 계속되고, 그때부터 무리들은 눈에 보이는 모든 것들을 배달시 결제 방식으로 사기 시작한다. 이 일은 적어도 이틀 동안 물건배달 서비스를 꽉 차도록 만들 것이다. 그리고 모든 상품들은 배달이 되었을 때 반환될 것이므로, 덧붙여 엄청난 금전적 비용을 확실히 가져올 것이다.

이 위협은 합법적이고 '믿을 만한' 경로를 통해 당국이나 최고담당자에게 전달되었다. 모든 조직에는 틀림없이 기존 지배질서로부터 신뢰를 받고 있는 두세 명의 밀고자들이 들어 있다. 이 밀고자들은 기존 지배질서에게는 '믿을 만한' 연락책으로써 엄청나게 귀중하다. 실행할 준비가 된 모든 계획을 가지고, 우리는 일련의 위원회들을, 예를 들면 버스를 준비할 수송위원회, 사람들을 버스에 타도록 만들기 위해 성직자들과 함께 일할 동원위원회 그리고 또 다른 특정한 기능을 담당할 다른 위원회들을 만들기 시작했다. 이 위원회들 중 두 개의 핵심 위원회에는 의도적으로 이 끄나풀들을 각각 한 명씩 들어가게 해서, 그들 서로가 상대방을 지원하도록 만들었다. 우리는 계획이 백화점에 즉각적으로 보고될 것이라는 점을 확신하였다. 다음 날 우리는 백화점으로부터 새로운 인사방침을 논의할 회의에 관한 전화를 한 통 받았고, 확실하게 토요일 이전인 이삼 일 내에 그 회의가 열릴 것이라는 긴급제안도 받았다.

그 백화점의 인사방침은 철저하게 바뀌었다. 하룻밤 사이에 186개의 새로운 일자리가 생겨났다. 처음으로 흑인들이 판매장과 사무직에서 일하게 되었다.

이는 중산층들도 역시 사용할 수 있는 종류의 전술이다. 대규모 구매와

배달시 반환 및 환불 요구 같은 조직적인 쇼핑은 소매상인에 대한 공격이 계속 반복될지 모른다는 불길한 위협과 함께 회계비용을 추가할 것이다. 이는 외상거래를 취소하는 것보다 훨씬 더 효과적이다. 성과를 따져보자. (1) 1일분의 판매가 완전히 날아갔다. (2) 배달 서비스가 이틀 또는 그 이상의 기간 동안 꽉 차고 말았다. (3) 회계부서가 일로 압박을 받았다. 총비용은 어떤 소매상인에게도 악몽일 뿐만 아니라, 여전히 위험이 도사리고 있다. 중산층 역시 적의 본질에 대해 틀림없이 알게 되었고, 또한 내가 대중유술大衆柔術, mass jujitsu이라고 묘사했던 것, 곧 권력구조 내에서 한 부분이 가지고 있는 권력을 다른 부분에 대해 사용하는 법을 실천할 수 있게 되었다.

경쟁

일단 우리가 무산자들의 도전에 대한 유산자들의 외부적 반응들을 이해하면, 우리는 이제 분석의 다음 단계, 유산자들 내부의 권력에 대한 철저한 분석으로 나아간다.

그런데 이 골리앗의 정신세계로 더 깊이 들어가 보자. 유산자들은 권력을 가지고 있으며, 또한 반대로 권력에 사로잡혀 있다. 권력을 잃어버릴지도 모른다는 공포감에 사로잡혀서, 그들의 모든 행동은 권력을 지키겠다는 생각에 의해 완전히 지배된다. 유산자들의 생활방식은 그들이 가진 것을 보호하고 자신들의 방어벽을 세울 수 있는 곳이라면 어디든지 지키는 것이다.

이는 새로운 시야를 열어준다. 먼저 자신들의 권력을 지키려는 단호한 결심을 가지고 있으며 또한 무산자들과 항시적 갈등에 놓여 있는 일체화된

계급이 있다. 또한 동시에 그들은 자신들 내부에 갈등을 가지고 있다. 권력은 정지해 있지 않다. 권력은 음식물처럼 냉동되어 보관될 수 없다. 권력은 계속 성장하거나 소멸한다. 그러므로 권력을 지키기 위해서는 기성 지배계층은 더 많이 가져야 한다. 그런데 도대체 누구로부터? 무산자로부터 짜낼 수 있는 것보다 더 많은 것이 있다. 그러니까 유산자들은 서로에게서 권력을 빼앗아야만 한다. 그들은 되돌아올 수 없는 길 위에 서 있다. 유산자들 사이에 권력을 놓고 벌이는 이 식인풍습은 오직 일시적 휴전만을, 그것도 오직 공동의 적에 함께 직면했을 때에만 허용한다. 그때에도 개별 단위들이 공동의 위협을 자신들만의 특수 이익을 위해 활용하려고 시도하기 때문에, 서열에서 급작스런 변화가 규칙적으로 나타난다. 바로 이것이 기성 지배계층들의 위험한 식욕이다.

나는 1930년 대공황 기간에 이 교훈을 처음 배웠다. 그때 미국은 C.I.O.로 알려진 대중적인 노동조합 조직운동의 형태에서 혁명적 변화를 겪었다. C.I.O.는 노동운동 내부에서 급진파였으며, 보수적이고 오래된 A.F. of L. 이 직업별 노동조합주의를 고수할 때 산별 노동조합주의를 내세웠다. A.F. of L.은 노동자 대중이 노동조합에 들어오지 못하도록 만드는 입장이었다. C.I.O.의 투쟁구호는 "비조직 노동자들을 조직하라"였다. 매우 급속하게 이 문제는 거대한 자동차 산업과 결합되었다. 당시 이 산업 분야는 비조합원도 고용하는 오픈숍이었고, 따라서 완전히 조직되지 않았다. 첫 번째 공격은 이 산업 분야에서 거대기업이었던 제너럴모터스 사를 겨냥하였다. 연좌파업이 시보레 사*를 상대로 일어났다. 당시 C.I.O.의 지도자였던 존 L.

---

* [역주] 제너럴모터스 사의 창립자였던 윌리엄 뒤란트(William Durant)는 1910년 GM 사에서 억지로 내몰린 뒤, 1911년 시보레 사를 세웠다. 뒤란트는 1916년 시보레 사의 수익을 이용하

루이스는 나에게 이렇게 말했다. 이 연좌파업이 한창이던 때에 그는 GM 사가 포드 사와 크라이슬러 사를 만나서는 다음과 같은 제안을 건넸다는 소문을 들었다. "우리 GM 사는 당신네들의 싸움을 하고 있는 중이다. 왜냐하면, 만일 C.I.O.가 우리를 이기면, 다음은 당신네들 차례가 될 것이고 아무도 그들을 막지 못할 것이기 때문이다. 실은 만일 당신들이 (시보레에 대한, 같은 가격대의 경쟁 차종들인) 포드와 플라이마우스의 생산을 현재 당신네 시장판매 수준으로 유지한다면, 우리는 C.I.O.가 시보레 사에서 끝까지 연좌하도록 내버려두고 이윤 손실도 감내할 생각이다. 이와 달리 만일 당신들이, 시보레를 살 수 없기 때문에 당신네 자동차를 사려고 할 모든 잠재적인 시보레 구매자들에게 팔기 위해 생산을 끌어올린다면, 우리는 C.I.O.에 대항해서 끝까지 싸울 수 없을 것이다."

기성 지배계층 내부에서 일어나는 권력 작동의 원리에 대해 드문 통찰력을 가진 천재적 조직가였던 루이스는 매우 뛰어난 논평으로 그 문제를 간단하게 처리했다. 이것이 가짜 소문이든 진짜 소문이든 문제가 되지 않는다고 그는 말했다. 왜냐하면 포드 사도 크라이슬러 사도 자신들의 이윤이나 권력에서 즉각적인 증대를 가져다 줄 기회를 그냥 넘기는 데에 결코 동의하지 않을 것—비록 이것이 근시안적이라고 하더라도—이기 때문이다.

유산자들 사이에 벌어지는 개별적인 자기이익을 위한 서로 죽이고 죽는 투쟁은 무산자들 사이의 서로 죽이고 죽는 투쟁과 마찬가지로 근시안적이다. 나는 이따금 다음과 같은 나의 확신을 언급해 왔다. 대부호가 일요일에 어떤 혁명으로부터 막대한 이윤을 획득할 수 있다면, 비록 그가 월요일

여 GM 사의 대주주가 되었고, 1917년 협상 끝에 시보레 사와 GM 사가 합병이 되면서 뒤란트가 GM 사의 회장이 되었다.

에 처형당할 것이 분명하다고 하더라도, 나는 토요일에 있을 혁명을 후원하라고 대부호를 금요일에 설득할 수 있을 것이다.

일단 우리가 기성 지배계층 안에서 벌어지는 내부 권력투쟁을 이해한다면, 우리는 그것을 활용할 효과적인 전술들을 파악할 수 있게 된다. 슬프게도 경험이 부족한 조직가들은 이러한 전술 형태에 대해 가치를 부여하는 초보적인 평가조차도 내리지 못하는 멍청한 실수를 하는 어리석음을 보여준다.

바로 이삼 년 전에 민권투쟁이 최고조에 이르렀던 당시에 시카고 시의 몇몇 민권운동 지도자들이 도심지의 모든 백화점에 대해 크리스마스 시기 불매운동을 내걸었던 예가 있다. 불매운동은 비참한 실패로 끝났다. 사실 경험이 있는 혁명가라면 누구라도 전혀 망설임 없이 그것이 그렇게 될 것이라고 예측할 수 있었다. 기성 지배질서에 대항하는 모든 공격은 적의 힘을 사용하여 적 자신에게 향하도록 만들어야 한다. 지금 이 불매운동을 구체적으로 검토해 보자. 실수는 불매운동을 일부가 아니라 모두에게 하려고 했다는 데에 있었다. 진보주의자들조차 백인이든 흑인이든 무관하게 극소수를 제외하고는 가장 인기가 많은 상점에서 크리스마스 쇼핑을 전혀 하지 않고 지내기는 어렵다. 크리스마스 시기가 아니었다고 하더라도, 잘 알다시피 오늘날 시위행렬은 보통 사람들을 붙잡기에는 그다지 효과적이지 않다. 요즈음 대체로 노동운동이나 시위행렬에 대해 일반인들이 공감대를 느끼는 정도는 낮다. 그렇지만 오직 한 백화점 앞에만 시위행렬을 배치한다면 이처럼 낮은 공감대라도 끌어내어 활용할 수 있다. 동일한 상품을 동일한 가격에 길 건너 다른 백화점에서 살 수 있다면, 시위행렬이 야기한 약간의 불편함은 상당수의 손님에게 영향을 미칠 수 있다. 그들은 그런대로 힘들이지 않고 눈에 띄는 대안을 발견할 수 있다. 그들은 길을 건널 것이다.

시위대가 막고 있는 백화점은 많은 고객이 길 건너 경쟁가게로 가는 것을 보게 되고, 이때 힘에 의한 압박효과가 나타난다.

유산자들 일부의 힘이 다른 유산자들을 겨냥하도록 정교하게 움직이는 것은 전략의 핵심이다. 어떤 의미에서 이는 아무것도 가지지 못한 국가들이 미국을 활용하여 소련에 대항하도록 만드는 것과 비슷하다.

유산자들 자신의 폭탄

유산자들에 대항한 전쟁에서 기본이 되는 전술은 정치적 대중유술이다. 무산자들은 유산자들에게 경직된 방식으로 저항하지 않고, 오히려 잘 계획된 능숙한 방법으로 움직여서 유산자들의 힘의 우위가 그들의 파멸의 원인이 되도록 한다. 예를 들자면, 유산자들은 공공연하게 책임감과 도덕심, 법, 정의(이것들은 종종 서로 어울리지 않는다)의 관리인인 체하기 때문에, 그들은 도덕원리와 규칙을 담은 자신들의 고유한 교본에 따라 살아가라고 하는 압박에 항상 노출될 수 있다. 어떤 조직도, 심지어 조직화된 종교조차도 자신들의 고유한 교본에 씌어 있는 자구에 맞추어 살 수 없다. 당신은 그들의 규칙과 규범 '교본'으로 그들을 죽음으로 내몰 수 있다. 바로 이것을 위대한 혁명가 사도 바울은 고린도인들에게 편지를 쓸 때 잘 알고 있었다. "그는 우리로 하여금 당신의 새로운 계약을 이행하게 하셨을 따름입니다. 이 계약은 문자로 된 것이 아니고 성령으로 된 것입니다. 문자는 사람을 죽이기 때문입니다." *

미국 남부 앨라배마 주 버밍햄 시에서 1963년에 있었던 민권운동 시위의 경우를 예로 살펴보자.* 당시 흑인 어린이 수천 명이 거리 시위에 참가하기 위해 학교에 가지 않았다. 버밍햄 시교육위원회는 규범집을 꺼내어 와서는 시위 참가 때문에 결석한 모든 아이들을 퇴학시키겠다고 위협했다. 이때 민권운동 지도자들은 더 많은 시위를 조직하고 또한 버밍햄 시교육위원회를 그들 자신들의 규범과 성명의 자구에 따르도록 강제하면서 그들 자신의 규범집 각 절들 사이로 밀어붙이는 대신에 뒤로 물러남으로써 (다른 사활적 전술에서 그랬던 것처럼) 실수를 했다. 만일 그들이 행동하기 전에 자신들의 입장을 바꾸지 않았더라면, 버밍햄 시교육위원회와 시 당국은 퇴학을 당해 거리에서 떠돌아다니는 흑인 아이들 때문에 아주 견딜 수 없는 상황에 처하게 되었을 것이고, 결국 하루 뒤에는 자신들의 입장을 바꾸었을 것이다.

전술을 이해하지 못한 또 하나 인상적인 실패는 사실상 인종 차별적이었던 공립학교제도에 반대한 투쟁이었던, 1964년 2차 시카고 시 공립학교 휴업동맹 기간에 일어났다. 잘 알다시피 어떤 행동의 효력은 그 행동이 유

---

* 〔역주〕 고린도인들에게 보낸 둘째 편지, 3장 6절. 이 절의 앞뒤 전체를 인용하면 다음과 같다. "우리는 그리스도를 통해서 하느님을 굳건히 믿고 있기 때문에 이런 말을 하는 것입니다. 그렇다고 해서 이런 일을 할 수 있는 자격이 우리 자신에게서 났다고 내세우는 것은 아닙니다. 다만 하느님께서 우리에게 그런 자격을 주셔서 우리로 하여금 당신의 새로운 계약을 이행하게 하셨을 따름입니다. 이 계약은 문자로 된 것이 아니고 성령으로 된 것입니다. 문자는 사람을 죽이고 성령은 사람을 살립니다." 대한성서공회 발행, 《공동번역 성서(가톨릭용)》, 1977.

: 〔역주〕 이 운동 과정에서 남부기독교지도자협의회(Southern Christian Leadership Conference)의 마틴 루터 킹(Martin Luther King, Jr.) 목사와 프레드 셔틀워스(Fred Shuttlesworth) 목사는 조직적인 불매운동과 항의활동을 폈다.

산자들에게서 불러일으키는 대응행동에 있으며, 따라서 상호 순환작용은 끝없는 갈등 속에서 단계적으로 고조된다. 참가한 어린이 숫자의 공식 발표를 제외하고는 유산자들로부터 어떠한 대응행동도 일으키지 못하면, 반대운동의 영향은 그다음 날 크게 떨어지고 만다. 이 휴업동맹은 파도처럼 최고조에 도달해서는 부서져서 사라지고 마는 전술, 내가 종말적 전술 terminal tactic이라고 부르는 것이었다. 종말적 전술은 갈등의 진전에 반드시 필요한 반응을 불러일으키지 않는다. 종말적 전술은 오직 갈등을 마무리하기 위해 사용되어야 한다. 왜냐하면 그것은 전쟁을 촉진하고 운동을 일으키는 동안 유지해야 할 반복적인 응수를 발전시키는 데에는 비효율적이기 때문이다.

민권운동 지도자들은 '심리적 이월', '공공의 지지 표명' 및 유사한 형태의 신앙심 깊은 희망으로 스스로를 위로할 수 있었을 것이다. 그렇지만 인종 차별 폐지를 위한 투쟁을 계속해 나간다는 측면에서는 모든 일이 그다음 날 끝나고 말았다. 아름다운 기억일 뿐이다.

시카고 시에서 판사와 지방검사는 규범집이 공립학교 학생들의 결석을 유도하는 시도를 금지한다고 중얼거리면서 휴업동맹의 확산에 참가한 모든 민권운동 지도자들에 대한 금지명령을 기분 나쁘게 언급했는데, 사실 바로 이때 유산자들은 발을 크게 헛디딘 것이었다. 바로 이 지점에서 유산자들이 자신들의 교본에 따라 살려고 시작할 때면 언제나 그랬던 것처럼, 그들은 종말적 전술이었던 것을 많은 측면에서 전면적 전진으로 바꿀 황금의 기회를 무산자들에게 제공한다. 어린이들은 결석을 할 필요가 없게 된다. 지도자들만이 행동을 할 필요가 있는 유일한 사람들일 것이다. 이제는 지방검사와 판사에게 할 수 있다면 그들의 규범에 따라 행동하면서 금지명령을 발부하거나 아니라면 법을 자신들이 말한 대로 집행하기를 두려워하는 지독한 사기꾼처럼 대중들에게 비춰지게 될 것이라고 정면 도전을 하면서, 경멸, 모욕, 조롱 섞인 무시를 보여 주는 운동을 시작할 때가 되었다. 무산자들의 편에서 나타난 그러한 행동은 거의 틀림없이 금지명령을 불러올 것이다. 그러나 바로 이때 거부운동전술은 놀랄 만한 결과를 얻게 될 것이다. 거부운동에 뒤이어 곧바로, 그 운동에 관여한 시카고 시의 모든 민권운동 지도자들은 법원의 금지명령을 위반하게 된다. 그렇지만 현존 권력집단이 끝까지 하고 싶지 않은 일은 시카고 시에 있는 모든 개별 민권운동 지도자들(이는 도시에 있는 모든 종교조직의 지도자들까지도 포함할 것이다)을 기소하고 구속하는 것이다. 이 조치는 시카고 시의 권력구조를 뒤흔들 것이며, 분명히 교육 관련 인종 차별 정책의 문제 전체를 전면으로 부각시킬 것이다. 의문의 여지 없이, 지방검사와 판사는 모든 사람들이 분명 그것을 잊어버릴 것이라는 희망 속에 사건을 유예시키고 기다릴 수밖에 없게 된다. 바로 이 순간, 민권운동 지도자들은 유산자들의 법령집이라는 강력한 무기를 가지게 되었기 때문에, 재빠르게 대중들 앞에 서야만 한다. 지방검사와 법원이 금지명령을 발부했으며 자신들은 공공연하게 의도적이면서도 악의적으로 이 명령을 위반했기 때문에 이 행동에 대한 처벌을 받지 않을 수 없다고 주장하면서, 또다시 판사와 지방검사에게 "법에 따라 행동할 것"을 요구하고 조롱하고 모욕해야 한다. 만일 민권운동 지도자들이 자신들은 체포되어서 재판에 회부되어야 한다고 주장한다면, 유산자들은 뒤쫓기는 상태에 놓이면서 혼란에 빠지게 되고 결국 자기 자신들의 교본이라는 덫에 걸려들게 될 것이다. 금지명령의 집행은 시 전체에 걸친 항의 소동과 조직의 급격한 성장으로 마무리될 것이다. 만일 집행하지 않는다면, 이는 무산자들에 대한 유산자들의 붕괴와 퇴각을 알리는 전조가 될 것이며 또한 무산자 조직의 규모와 힘을 팽창시키는 결과를 낳을 것이다.

감옥에서 보내는 시간

　유산자들이 혁명적 지도자들을 감옥에 가두는 대응행동은 그 자체로 무산자 운동의 발전뿐만 아니라 혁명적 지도자들의 개인적 발전에 엄청나게 기여를 하게 된다. 이 점은 대중유술 전술의 사용방법과 관련한 또 하나의 주요한 예로서 반드시 기억되어야 한다. 여기에서 지배계층은 대중유술 전술의 교묘한 유도에 걸려들어 자신들의 권력이 오히려 자기 자신들을 겨냥하도록 만들어 버리고 만다.

　혁명적 지도자들과 그들의 동료들을 구속하는 것은 무산자 운동을 위해 세 가지 매우 중요한 역할을 하게 된다. (1) 구속은 그 자체로 유산자들과 무산자들 사이의 갈등을 눈에 띄도록 만들어주는, 현존 지배질서의 편에서 한 행동이다. (2) 구속은 감옥에 갇힌 지도부를 수난의 후광으로 둘러쌈으로써 혁명적 지도자들의 입지를 그들 편에 선 대중들 속에서 엄청나게 강화시킨다. (3) 그들의 지도부가 그들을 너무나 걱정하고 또한 논점에 너무나 진정으로 관심을 쏟기 때문에 대의를 위해 투옥이라는 고통도 기꺼이 겪고 있다는 반응이 무산자들 사이에 일반적으로 퍼져 나가면서, 구속은 지도부와 그들을 따르는 대중들 사이에 일체감을 심화시켜 준다. 무산자들과 그들의 지도자들 사이의 관계가 긴장이 되었던 상황에서는 언제나 반복적으로 현존 지배질서에 의한 지도자들의 구속이 해결책이 되었다. 즉시 결속은 강화되고, 지도자들은 자신들의 대중들로부터 지지를 다시 획득하게 된다.

　동시에 혁명적 지도자들은 투옥 기간이 하루에서 두 달 정도로 비교적 길지 않도록 대중에게 공표된 자신들의 규범위반이 아주 조심스럽게 선택되도록 확실하게 처리해야 한다. 장기투옥의 선고를 받게 되면 문제들이 발생한다. (a) 혁명가는 상황을 뒤쫓아 가지 못할 정도로 오랜 기간 행동으로부터 격리를 당하게 된다. (b) 만일 당신이 그토록 오랫동안 떨어져 있으면 모든 사람들이 당신에 대해 잊어버리게 된다. 세상살이는 계속되고, 새로운 논쟁거리들이 나타나고, 새로운 지도자들이 등장한다. 그렇지만 감옥에 투옥됨으로써 활동에서 간헐적으로 떨어져 있는 것은 혁명가의 발전에서 핵심적인 요소이다. 혁명가가 스스로 해결할 수 없는 한 가지 문제는 그가 때때로 자신의 생각을 반성하고 종합하는 기회를 가져야만 한다는 것이다. 자신이 무엇을 하고 있고, 왜 그러한 일을 하고 있으며, 어디로 가고 있는지, 자신이 했던 일에서 무엇이 잘못이었는지, 무엇을 해야만 했는지를 이해하고, 다른 무엇보다도 모든 일과 행동의 관련성들을 일반적 패턴에 잘 맞추어 바라보는 노력을 할 수 있도록 해 주는 개인적 자유를 얻기 위해서, 가장 편리하고 쉽게 이용할 수 있는 해결책은 감옥이다. 바로 여기에서 그는 하나의 철학을 발전시키기 시작한다. 바로 여기에서 그는 중장기적 목표를 구상하고, 전술들을 자기 자신의 개성에 연결된 것으로 바라보면서 스스로 분석하기 시작한다. 바로 여기에서 그는 행동에서 행동으로 옮겨가면서 궁리하지 않을 수 없었던 행동의 노예 상태로부터 해방된다. 이제 그는 자신의 행동과 적의 대응행동 전체를 꽤 공평한 관점에서 바라볼 수 있다.

 모든 주요 혁명지도자는 행동 영역으로부터 이처럼 물러나 있는 경험을 겪어야만 했다. 그러한 기회가 없이는, 그는 한 가지 전술이나 행동에서 다른 전술이나 행동으로 넘어갈 뿐이다. 또한 그가 채택하는 이러한 전술이나 행동의 대부분은 그 자체로는 거의 종말적 전술이다. 그는 전체적인 종합을 통해 숙고해 볼 기회를 결코 갖지 못하고, 그 자신의 정력을 다 소모하게 된다. 그는 실제로는 일시적 자극 이상이 되지 못한다. 구약과 신약의 예언자들은 자발적으로 물러나 사막으로 들어감으로써 종합을 할 수 있는 자신들의 기회를 발견했다. 그들이 다시 돌아왔을 때, 그들은 자신들의 철학을 선전하기 시작했다. 종종 혁명가들은 사건과 활동의 압력이 그에게 현실로부터 잠시도 떨어져 있을 호사를 허용하지 않기 때문에 자발적으로 그러한 시간을 가질 수는 없다고 생각한다. 더욱이 혁명가 또는 행동가는 학구적인 학자의 성격에 속하는, 오래 앉아 있으려는 사고방식을 가지고 있지 않다. 그는 조용히 앉아서 생각하고 글을 쓰는 일이 매우 어렵다고 생각한다. 그런 종류의 상황을 스스로 가지게 되었을 때조차, 그는 생각하고 글을 쓰는 일로부터 벗어나기 위해 애를 쓰는 반응을 보일 것이다. 그는 그 일을 피하기 위해 어떤 일이라도 할 것이다.

 한번은 애스펀연구소*에서 일주일간 열리는 토론회에 참가해 달라는 초청을 받아들였던 일이 기억난다. 그때 생각은 토론회 참가가 모든 일로부터 벗어나 글을 쓸 수 있는 좋은 기회가 되리라는 것이었다. 연구소의 회의는 오전 열 시부터 정오까지만 계속될 것이며, 나는 오후와 저녁의 나머지 시간은 완전히 자유로울 것이었다. 그날 아침은 연구소 회의로 시작되었다. 토론 주제는 매우 흥미로웠으며, 토론은 점심시간으로까지 이어졌다. 점심시간 토론은 2시 30분 아니면 3시가 되어 끝났다. 이제 나는 3시부터 저녁까지 앉아서 글을 쓸 수 있었다. 그런데 그때 토론그룹의 구성원 중 한 명이었던, 매우 흥미를 불러일으키는 천문학자가 이야기에 끼어들기 위해 들어왔다. 그가 떠났을 때는 오후 5시였다. 5시 30분에 칵테일파티가 있을 예정이었으므로, 그때 글을 쓰기 시작하는 것은 그다지 의미가 없었다.

---

* 〔역주〕 1950년에 세워진 미국의 비영리국제기구이다. www.aspeninstitute.org 참조.

칵테일파티 뒤에는 저녁이 곧 시작될 것이므로 글을 쓰기 시작하려고 앉는 것이 그다지 의미가 없었다. 저녁을 먹은 뒤에는 너무 늦었고 피곤했으므로 글을 쓰기 시작하려고 하는 것이 그다지 의미가 없었다. 이제 진실을 말하자면, 나는 점심 후에 바로 일어나서, 방해를 받지 않고 글 쓰는 데에 오후 시간을 사용하러 가야겠다고 모두에게 말할 수 있었을 것이다. 나는 내 숙소로 돌아와서 문을 잠그고 기대에 부풀어서 글쓰기를 시작할 수 있었을 것이다. 하지만 실제로는 나 역시 혁명운동에 참여하는 다른 모든 사람들과 마찬가지로 생각하고 글 쓰는 일에 달라붙기 위해서 돌아오고 싶지 않았다. 나는 방해받는 것을 환영했고, 또한 그런 방해를 생각하고 글을 쓰는 고역을 피할 수 있는 적당한 변명으로 활용했다.

감옥은 정확히 정반대의 상황들을 제공한다. 당신은 전화도 없고, 하루에 한 시간 남짓 이외에는 방문객도 없다. 당신의 교도관들은 거칠고 친절하지 않고 일반적으로 무디기 때문에, 당신은 어쨌든 그들에게 이야기하고 싶어 하지 않을 것이다. 당신은 자신이 신체적으로 생기가 없고 갇혀 있다는 사실을 깨닫고, 그것으로부터 벗어나려고 필사적으로 노력한다. 하지만 신체적으로 벗어날 길이 없기 때문에, 당신은 당신의 주위환경을 상상 속에서 지워나가려고 억지로라도 노력하게 된다. 당신은 생각하고 글 쓰는 속으로 달아나는 것이다. 바로 간헐적인 투옥들을 통해서, 나는 나의 첫 번째 출판과 나의 사상과 목표의 첫 번째 철학적 체계화를 위한 기초를 만들었다.

전술에서의 시간문제

독방에서 보내는 철학적 시간은 이제 충분하다. 이제 조직화를 하는 데에서 실제적이고 본질적인 요소들과 관련된 일로 다시 돌아가자. 본질적 요소들 중의 하나는 적절한 시점선택, 타이밍이다.

타이밍이 전술에 대해 갖는 관계는 타이밍이 인생사의 모든 일에 대해 갖는 관계와 같다. 이는 성공과 실패를 가른다. 여기에서는 어떤 전술적 행동을 시작할 타이밍에 관해 말하려고 하지 않는다. 물론 그것은 분명히 중요하지만, 이미 반복해서 말했듯이 실생활은 갈등이 시작되고 나면 일상적으로 전술가에게 시간이나 장소를 선택할 호사를 제공하지 않는다. 반면에 실생활은 정교한 전술가가 전술의 집행 과정에서 의식적으로 시간을 이용하는 것은 허용한다.

일단 싸움이 시작되어 어떤 전술적 행동이 채택되면, 갈등이 너무 오랫동안 지속되지 않는 것이 중요하다. 상기해 보면, 이것은 본 장의 시작부에서 일곱 번째 규칙으로 언급되었다. 사람들의 경험 속에는 이러한 점을 뒷받침해 주는 많은 이유가 존재한다. 너무 오래 끄는 갈등은 지겨운 일이 된다는 사실은 아무리 자주 반복해도 지나치지 않다. 동일한 보편적 원리가 전술 행동이나 특정한 다른 행동들 모두에 적용된다.

인간은 단지 제한된 기간 동안만 어떤 구체적 주제에 대해 관심을 계속 유지할 수 있다는 단순한 사실이 이러한 이유들 중의 하나이다. 집중, 감정적인 열중, 심지어 신체적 에너지, 흥분되고 도전적이고 매력적인 특별한 경험은 단지 그런 만큼만 지속될 수 있다. 이는 성욕에서 갈등에 이르기까지 인간 행위의 전 영역에서 진실이다. 일정 시간이 지나면, 모든 것은 지루하고 반복적인 것이 되고, 감정적으로도 단조로운 일이 되며, 심지어 다른 어떤 것보다 더 나쁜 따분한 것이 된다. 전술가가 갈등에 개입하는 순간부터 시간이 그의 적이다.

이러한 사실은 불매운동을 고려할 때 마음에 새겨두어야만 한다. 먼저, 불매운동을 준비할 때에는 고기, 우유, 빵 또는 기본 야채 등과 같은 필수품은 아주 조심스럽게 피해야만 한다. 왜냐하면 일정 기간이 지나면 적이 가격을 자신의 경쟁자들보다 낮게 설정하면서 선별적 구매조차도 약화되기 때문이다. 포도, 바나나, 피스타치오 열매, 마라스키노주에 절인 앵두 등과 같은 필수품이 아닌 것들을 대상으로 할 때, 많은 자유주의자는 '희생'을 감내하면서 고귀한 일을 하고 있다는 느낌을 가질 수 있다.

그런 경우에조차 능숙한 조직가라면 자신이 이러한 부정적인 것을 긍정적인 것으로 바꾸어낼 수 있다는 점을 깨닫는다. 그는 상대가 스스로 실수를 하도록 압박을 가하거나 유인할 수 있다. 끊임없이 성가신 일에 말려드는 상태는 더 이상의 흥분을 불러일으키지 못하도록 오히려 면역력만을 높이고 만다. 그 결과는 상대가 자기 자신의 지루함을 견디다 못해 마침내 굴복하고 마는 것이다.

전술가가 행동에 착수하기 시작하면서 시간이 야기하는 압력은 전술가의 마음을 떠나지 않는다. 이는 대중시위와 같은 신체적 행동뿐만 아니라 그것에 대응하는 감정적 변화에도 적용된다. 시카고 시의 우드론지역조직이 교육문제와 관련하여 시 청사에 대한 대중 진입을 시도하기로 결정했을 때, 5,000~8,000명 가량의 사람들이 시장을 직접 대면하기 위해 오전 10시 시카고 시 청사의 로비를 가득 채웠다. 그 작전이 구상되고 있을 무렵, 전술의 사용에서 시간의 작용이 충분히 검토되고 이해되었으며, 따라서 전술은 근래에 있었던 빈민행진, 부흥도시Resurrection City* 등의 경우가 그랬던 것처럼 군중의 패배로 결말이 나기 위해서가 아니라 전술 자체의 완전한 잠재력이 발휘될 수 있도록 활용되었다. 수천 명의 사람이 도심에 집결해 있을 때 일정한 시간 동안 한 장소에 머무르면서 서 있는 것이 신체적으로 지루함을 불러일으켜 얼마 지나지 않아 열정을 사라지게 하고 또한 소그룹들이 쇼핑을 가거나 주변 구경을 가거나 음료수를 사러 사라지기 시작한다는 사실에 대한 분명한 이해가 지도부 차원에서는 있었다. 간단히 말해, 상대편의 충격을 직접 바라보는 흥분이 이미 다 가라앉은 상태에서, 인접한 도심 지역의 활기는 시위를 위해 단순히 시청 안에 머무르는 것보다 훨씬 더 매력적이고 마음을 끈다. 잠시 후, 이 경우에는 두세 시간 뒤, 8,000명은 800명이나 그 이하로 줄어들 것이며, 대중이 참가했다는 영향력은 심각하게 감소하고 약화될 것이다. 더욱이 상대편에 미칠 효과는 다음과 같을 것이다. 8,000명으로 된 대중행동이 800명으로 줄어드는 것을 본 시장은 다시 두세 시간만 더 버티면 800명이 80명으로 줄어들고, 다시 하루만 더 버티면 아무도 없을 것이라고 생각할 것이다.

이 점을 염두에 두고, 우드론지역조직의 지도부는 시장과 대면을 하였고, 시장에게 자신들의 구체적 요구에 대한 빠른 조치를 원하며 자신들의

---

* 〔역주〕 마틴 루터 킹 목사는 빈민운동 과정에서 1968년 4월 3일 워싱턴에서 연설을 한 다음 날 암살당한다. 킹 목사의 암살 이후에 남부기독교지도자협의회는 빈민운동을 더 적극적으로 추진하여, 암살 5주 뒤에는 워싱턴 시의 중앙공원 지대에 부흥도시라는 이름으로 빈민들의 주거지대를 만든다. 그러나 킹 목사가 암살된 지 두 달 뒤에는 빈민운동 협력자이자 민주당 대통령 후보였던 로버트 케네디도 암살당한다. 그로부터 얼마 지나지 않아 연방 정부는 이미 주거지로서 올바른 기능을 못하고 있던 부흥도시를 철거하고 만다. Robert T. Chase, "Class Resurrection: The Poor People's Campaign of 1968 and Resurrection City," *Essays in History*, Vol. 40, 1998, Corcoran Department of History at the University of Virginia(http://etext.virginia.edu/journals/EH/EH40/chase40.html) 참조.

요구를 충족시키는 데에 필요한 만큼의 시간만 시장에게 주겠다고 말하였다. 자신들의 메시지를 전달한 다음, 그들은 지금 시위를 중단하겠지만 비슷하거나 더 많은 숫자가 다시 돌아올 수도 있다고 말했다. 이렇게 말하고 나서, 그들은 돌아선 뒤 아직도 열광적인 자신들의 군대를 조직적이고 강력하면서도 완전무장한 상태로 이끌고 나오면서, 시청 당국에 이러한 대중들이 주는 강한 인상을 남긴다.

행동을 지속시키면서 싫증이 나지 않도록 막아내는 방법이 있다. 그러나 이는 행동이 계속 진행되는 과정에서 새로운 논점들을 끊임없이 만들어야 하는 것을 의미한다. 이렇게 함으로써 하나의 논점에 대한 열정과 감정이 줄어들기 시작했을 때 새로운 하나의 논점이 다시 그에 따른 감흥을 불러일으키면서 전면에 등장한다. 새로운 논점들을 쉬지 않고 끌어들임으로써, 행동은 끊어지지 않고 지속될 것이다. 이러한 현상은 오래 끌었던 많은 싸움에서 나타난다. 결국에는 협상이 처음 갈등이 발생하도록 만들었던 논점들을 다루지도 못한다. 이는 오래전 유럽에서 있었던 사건인 백년전쟁을 생각나게 한다. 전쟁참가자들이 평화협상을 위해 마침내 모였을 때, 어느 누구도 전쟁이 대체 무엇 때문에 일어났는지 그리고 어떻게 시작되었는지 기억할 수 없었다. 더군다나 최초의 논점이 무엇이었든지 간에 그것들은 현재 평화협상과 그다지 큰 관련이 없었다.

새로운 전략과 오래된 전략

여러 논점과 관련해서 이야기하자면, 환경오염이라는 논점을 한번 말해 보자. 여기에서도 또한 우리가 원하는 것을 얻기 위해서 유산자들을 유산자들에 대립시키는 방법을 사용할 수 있다. 사회간접자본 산업이나 중공업 산업이 '사람' people에 대해 언급할 때, 그들은 은행이나 자기 자신들 세계의 다른 권력집단들에 대해 생각하고 있다. 말하자면 그들의 은행이 그들에게 압력을 넣기 시작하면, 그때에야 그들은 말을 듣고 어려움을 느낀다. 그러므로 표적은 철강, 자동차 등의 산업 분야에 편의를 제공하는 은행일 것이며, 목표는 상당한 정도의 오염 감소이다.

먼저 우리는 은행들이 자기 자신들의 공개 선언에 따르도록 만들어야 한다.

모든 은행들은 신규로 저축예금계좌와 당좌예금계좌를 확보하기 위한 돈과 광고를 원한다. 그들은 심지어 계좌를 개설하는 사람들에게 경품을 제공한다. 은행에서 저축예금계좌의 개설은 일상적인 일보다 중요하다. 첫째, 당신은 여러 부행장들이나 직원들 중의 한 명과 마주 앉아서, 적어도 30분 동안 질문에 답해야 한다. 만일 약 천 명 이상의 사람들이 각자 5달러나 10달러를 들고는 저축예금계좌를 개설하기 위해 은행으로 밀려들어온다면, 은행의 창구 기능은 마비될 것이다. 또다시 여기에서도 백화점 진입의 경우와 마찬가지로 경찰이 동원될 수 없을 것이다. 어떠한 불법적 점거도 없기 때문이다. 은행은 어려운 상황에 처하게 된다. 은행은 무슨 일이 일어나고 있는지 깨닫지만, 여전히 스스로 예금자라고 하는 사람들을 적대적으로 만들기를 원하지 않는다. 만일 천 명 가량의 자칭 예금자들이 체포되거나 은행 건물에서 강제적으로 내쫓긴다면, 은행의 대중적 이미지는 무너지고 말 것이다.

여기에서도 우스꽝스러운 요소들이 들어온다. 행동과 대응행동의 끊임없는 연쇄작용이 형성된다. 이 일이 있은 뒤 며칠 후에, 사람들은 은행에 되돌아와서는 자신들의 계좌를 청산할 수 있고, 다시 그 후에 신규 계좌를 개설하기 위해 찾아올 수 있다. 이 일은 아마도 엉뚱하게 자신들의 거대 고객들, 예를 들면 중산층 사람들의 조직들이 분명하게 표적이라고 천명한 오염산업들 또는 다른 무엇에게 영향을 미칠지도 모르는 비합리적인 반응을 은행 측으로부터 불러일으킬 것이다. 이와 같은 우회적 공격의 표적은 언제나 난폭한 행동을 당하게 된다. 따라서 은행은 하나의 조직체로서 자신은 결백한데 다른 이의 죄 때문에 벌을 받는다고 생각하기 때문에 더 감정적으로 반응할 가능성이 높다.

동시에 이러한 종류의 행동은 사회적으로도 신선한 호기심을 불러일으켜 사람들이 친구들과 함께 도심에 모여들게 할 뿐만 아니라 사회의 기존 지배질서가 겪는 곤란과 혼란을 구경하는 일반적인 기쁨을 맛보게 해 주는 효과도 함께 거둘 수 있다. 중산층 게릴라들은 자신들의 적들에게 압력을 높여가면서 스스로 즐거움을 맛볼 것이다.

일단 특정한 전술도 한번 사용되고 나면, 더 이상 적의 경험에서 벗어나지 않는다. 머지않아 그는 이전에 효과적이었던 전술을 피할 수 있는 대응책을 강구한다. 최근 어떤 회사의 사장은 나에게 새로운 공장의 청사진을 보여 주면서 넓은 1층 부분을 가리켰다. 그는 낄낄대면서 "이봐, 이것을 설계한 건축기사를 본 적이 있던가!'라고 말했다. "저 큰 현관을 보게나. 저게 우리 공장의 연좌파업용 공간이지! 연좌파업자들이 들어오게 되면, 그들은 안내를 받을 것이네. 커피도 있고, 텔레비전도 있고, 좋은 화장실도 있지. 그들은 하늘이 무너질 때까지 여기에 앉아 있을 수 있지."

이제 당신은 연좌파업을 스미스소니언 박물관으로 보내어야 한다.

그래도 한때 연좌파업은 진정으로 혁명적이었다. 지금에 이르러서도 매우 드문 상황에서 그럴 수 있다. 하나의 생생한 예를 GM 회사에서 1937

년 조직화운동을 할 당시 일어난 전全 미국 자동차노동조합이 일으킨 거의 자발적인 연좌파업에서 볼 수 있다. 사유재산의 점령은 전국적으로 큰 소란을 불러일으켰다. 거의 예외 없이 모든 노동조합운동 지도자들은 운동을 지지하기 위해 달려왔다. 그들에게 이 연좌파업은 너무나 혁명적이었다. 연좌파업자들은 자신들의 행동의 불법성에 대해 그리고 이유와 목적에 대해 걱정하기 시작했다. 바로 그때 모든 C.I.O. 조직가들의 우두머리였던 루이스가 그들에게 근본적 이유를 제공해 주었다. 그는 "사람의 직업의 권리는 사적 소유의 권리를 능가한다! C.I.O.는 단호하게 이 연좌파업자들의 뒤에 서 있을 것이다!"라고 외쳤다.

　GM 회사의 연좌파업자들은 기운이 났다. 이제 그들은 왜 자신들이 지금 하고 있는 일을 자신들이 시작했는지 그리고 왜 자신들이 이 일을 끝까지 할 것인지를 깨닫게 되었다. 여기에서 우리는 교훈을 하나 얻었다. 조직가가 해야 할 중요한 일 중 하나는 우연히 혹은 충동적 분노 때문에 시작된 행동에 대한 근본적 이유rationale를 즉각적으로 만들어 제공하는 것이다. 근본적 이유가 없는 행동은 참가자들에게 설명할 수 없게 되고 급속하게 붕괴되어 패배로 이어진다. 근본적 이유의 확보는 행동에 대해 의미와 목적을 부여한다.

위임장 전술의 기원

나 자신과 조직가가 되려고 하는 사람들 사이의 소통을 가로막는 최대의 장벽이, 전술은 주의 깊고 냉정한 이성의 산물이 아니며 또한 전술은 조직이나 공격계획을 그대로 따르지 않는다고 하는 개념을 전달하려고 했을 때 나타났다. 우연, 당신의 행동에 대응한 예상할 수 없는 반응, 불가피성, 즉흥성 등이 전술의 방향과 성질을 결정한다. 분석적 논리는 당신이 서 있는 위치, 당신이 다음에 할 수 있는 일, 당신이 예상할 수 있는 위험과 희망을 평가하는 데 필요하다. 바로 이러한 분석이 당신을 전술의 맹목적 포로가 되지 않도록 해 주고 또한 당신을 전술에 뒤따르는 우연한 사건으로부터 보호해 준다. 하지만 전술 그 자체는 행동과 대응행동의 자유로운 흐름으로부터 나타나며 조직가에게 표면상의 혼란을 쉽게 수용할 것을 요구한다는 사실은 아무리 강조해도 지나치지 않다.

    조직가는 행동을 통해 앞으로 나아간다. 그의 접근 방식은 자유롭고, 상황 적응에 유연하고, 진부하지 않아야 한다. 또한 비록 어떤 기회나 붙잡아야 할 수단이 그 자신이 특정한 시기에 염두에 두고 있던 논점들이 아닌 다른 논점들을 포함하고 있다고 하더라도, 그의 접근 방식은 그러한 기회나 수단에 예민하게 반응해야만 한다. 조직가는 자신이 어떤 계획이나 일정표 또는 구체적 판단기준을 가지고 있지 않다고 해서 혼란에 빠져서는 안 된다. 위대한 실용주의자인 에이브러햄 링컨은 전쟁이 시작되던 달에 자신의 비서에게 말했다.

"나의 정책은 아무런 정책도 갖지 않는 것이다."

3년 뒤 켄터키에 있는 친구에게 보낸 편지에서 그는 솔직하게 고백했다. "나는 사건들에 지배당해 왔다."

이 생각을 전달하려고 할 때 나타나는 핵심 문제는 그것이 우리에게 강요된 교육체계를 거쳤던 사실상 모든 사람들의 경험에서 벗어난다는 사실이다. 이 교육체계의 결과물이라고 할 사람들은 질서, 논리, 합리적 사고, 방침 그리고 목적을 강조하도록 훈련을 받아왔다. 우리는 그것을 정신교육이라고 부르는데, 그것은 결과적으로 정적이고 폐쇄적이고 경직된 정신구조를 만들어낸다. '마음이 열린' 같은 구절조차 형식적 문구가 되고 만다. 당시에 이해될 수 없거나 또는 축적된 '교육' 패턴에 맞아떨어지지 않는 사건들은 이상하고 의심스럽고 피해야만 할 것으로 생각된다. 어떤 사람이 다른 누군가가 하고 있는 일을 이해하려고 한다면, 그는 그 일을 논리, 합리적 결정, 숙고된 의식적 행동의 틀 안에서 이해해야만 한다. 그러므로 당신이 당신 행동의 이유와 목적을 전달하려고 할 때, 당신은 합리화를 위한 이처럼 논리적이고 합리적이며 구조화된 이유들을 만들도록 강요를 받는다. 하지만 이것은 현실세계에서 실제로 일어나는 것이 아니다.

전술 발전의 본질은 일반적 명제로 묘사될 수 없기 때문에, 그 대신에 위임장 전술 proxy tactic의 발전에 대한 사례 연구를 하나 소개하려고 한다. 위임장 전술은 장래 몇 년 동안 주요 전술이 될 것이다. 독자들도 자기 자신이 겪은 전술적 경험의 방법과 이유를 나중에 숙고할 것이라는 희망을 가지고, 나는 독자들을 나 자신의 경험 속으로 데리고 들어가 보려고 한다.

알다시피 우리는 너무나 분명하게 기업경제 속에서 살아가고 있는 중산계급들이다. 기업경제란 거대 복합기업을 만드는 경향을 지니고 있는 경제이며, 그러한 경제에서는 권력이 어디에 있는가를 알기 위해서는 어느 회사가 어느 회사를 소유하고 있는가를 알아야만 한다. 과거 몇 년 동안 이 일은 동전이 든 컵 찾기 게임과 비슷했다. 그런데 이제는 혼란을 더욱더 불러일으키기 위해 번쩍이는 섬광전구가 존재한다. 한 가지 확실한 것은 미국의 중산계급 대중이 기업화된 미국에 본격적으로 대항할 준비가 되어 있다는 사실이다.

대학생들은 대학 당국이 소유하고 있는 주식의 위임장을 학생위원회에 주어야만 한다고 주장해 왔다. 그들은 이 위임장을 평화를 위한 투쟁과 환경오염, 인플레이션, 인종 차별적 정책 및 다른 폐해들에 대항한 투쟁에 사용하려고 한다.

동부의 볼티모어 시에서 서부의 로스앤젤레스 시에 이르기까지 시민들은 '자신들의' 기업들의 사회책에 영향을 미칠 행동을 위한 표를 모으려고 위임장 그룹을 조직하고 있다. 전국적인 위임장 조직이 처음으로 무엇인가를 할 수 있는 힘을 그들에게 줄지도 모른다고 생각하면서, 그들은 자신들이 가지고 있는 기업주식들이 국방부에 대해 가지는 관련성에 대해 이제는 점점 더 많은 관심을 기울이기 시작했다.

정치적 활동을 위한 이러한 실제적인 수단은 새로운 운동세력을 풀어 놓았다. 최근 나는 위임장의 사용 방법에 대하여 스탠퍼드 대학 경영학과의 학생 세 명과 이야기를 나눈 적이 있다. 나는 그들에게 주요 목표가 무엇이냐고 물었고, 그들은 "베트남에서 빠져나오는 것"이라고 대답했다. 내가 그들에게 이 문제와 관련해서 활동을 해 보았느냐고 물었을 때, 그들은 머리를 흔들었다. "왜 하지 않았지?"라고 나는 물었고, 그들의 대답이 돌아왔다. 그들은 거리에서의 시위가 효과적이라고 믿지 않았고 베트콩 깃발을 들거나 징병카드를 불태우거나 징병을 회피하는 것과 같은 행동을 할 수는 없었다. 하지만 그들은 위임장 사용의 효과에 대해서는 믿음을 가졌다. 이 세 명의 신참을 받아들여라. 당신은 현존 지배질서에 기대어서 그들을 더욱 급진적으로 만들 수 있을 것이다.

모든 새로운 정치적 프로그램과 마찬가지로, 위임장 전술은 이성이나 논리의 결과가 아니었다. 일부는 우연이었고, 일부는 필연이었으며, 일부는 대응행동에 대한 반응이었고, 일부는 상상력이었다. 그리고 이 각각들이 서로 영향을 미쳤다. 물론 '상상력'도 역시 전술적 감수성이다. '우연'이 일어났을 때, 창의적 조직가는 그것을 바로 알아보고, 그것이 그냥 사라지기 전에 붙잡는다.

위임장 전술의 발전의 '역사'에 대한 다양한 설명들은 하나로 연결된 이유, 목적, 명령을 보여주고 있지만, 이러한 것들은 결코 존재하지 않았다. '역사'라는 신화는 주인공 본인에게는 너무나 즐거운 일이기 때문에, 그는 그것을 '겸손한' 침묵 속에서 수용한다. 그런데 이 침묵은 신화가 정당하다고 확인해 주는 결과를 낳는다. 그리고 얼마 지나지 않아 그 자신도 신화를 믿기 시작한다.

신화에는 이 이상의 위험이 있는데, 신화는 목적이 있는 논리와 계획된 활동이라는 잘못된 함의를 담고 있는, '일하고 있는 천재'라는 모습을 퍼져 나가게 한다. 이 때문에 구조화된 접근으로부터 자기 자신을 벗어나도록 하는 일은 더욱 어려워진다. 그러므로 다른 이유가 없다면 신화는 단지 신화로서만 이해되어야 한다.

시카고 시 백어브드야드 지역 위원회의 역사는 이렇게 씌어 있다. "빈민가, 술집, 교회, 노동조합, 심지어 공산당 및 사회당으로부터 그리고 지역의 상인연합, 미국 재향군인회 및 시카고 시 가톨릭 주교 버나드 셰일 Bernard Sheil에 이르기까지, 모든 사람이 1939년 7월 14일 모였다. 7월 14일, 프랑스 혁명 기념일! 그들의 혁명 기념일이었다. 그들은 바로 그날을 실업, 낡아빠진 주택, 질병, 범죄, 절망이라는 장애물을 휩쓸어버리기 위해 함께 모이는 날로 신중하게 그리고 상징적으로 선택하였다."

역사는 바로 이처럼 씌어 있다. 그러나 실제로 일어났던 일은 다르다. 7월 14일이 선택되었던 이유는 그날 공원 내 경기장에서 행사가 없었고 노동조합들도 계획된 회합이 없었으며, 또한 많은 사제가 가장 좋은 날이라고 생각했고 돌아가신 셰일 주교가 한가했던 날이었기 때문이다. 우리 어느 누구의 생각 속에도 프랑스 혁명 기념일이라는 고려는 전혀 없었다.

그날 집회가 개최되기 전에 있었던 기자회견에서 기자 한 명이 나에게 물어보았다. "당신들의 첫 번째 집회를 위해 프랑스 혁명 기념일을 의도적으로 선택한 것은 어느 정도는 너무 혁명적이라고 생각하시지 않나요?" 나는 나의 놀라움을 숨기려고 노력하면서도, '굉장하군! 이런 우연의 일치가!'라고 생각했다. 나는 "전혀 그렇지 않소. 집회를 하기에 적당하였고, 그래서 우리는 선택하였소"라고 대답하였다.

나는 즉시 모든 연설자들에게 "프랑스 혁명 기념일"에 대해 알려 주었고, 그것은 거의 모든 연설의 기본 주제가 되었다. 그리고 역사는 이를 '계산되고, 계획된' 전술로 기록하고 있다.

나는 동부 지역의 어떤 대학에 연구교수로 있었는데, 그때 사실과 역사 사이의 차이를 확실하게 이해할 수 있게 되었다. 그 대학에 있던 학위 후보자 두 명이 공동체 조직화와 범죄학 분야에서 박사학위를 위한 필기시험을 치르고 있었다. 나는 이 대학의 총장을 설득하여 이 시험의 문제를 하나 얻어 달라고 했으며, 내가 질문에 답을 하고 난 뒤에는 학과장이 내 답안지를 채점하도록 하였다. 학과장은 단지 내가 총장의 친구라는 것만 알고 있었으며, 나의 이름은 몰랐다. 질문 중의 세 개는 사울 알린스키의 철학과 동기에 관한 것이었다. 나는 나의 철학이나 동기가 무엇인지 알지 못했다. 그런데 그들은 알고 있었다!

내가 시카고 시 백어브드야드 지역에서 조직화 사업을 하고 있었을 때, 나는 많은 운동을 거의 직관적 판단에 따라서 했던 것으로 기억한다. 그러나 내가 무엇을, 왜 했는가를 설명하도록 요청을 받았을 때, 나는 이유들을 찾아야만 했다. 그 이유들은 당시에는 존재하지 않았다. 내가 당시에 했던 그 일을 내가 했던 것은 바로 그것이 해야 할 일이었기 때문이다. 그것은 해야 할 최선의 일이었거나 또는 할 수 있는 유일한 일이었다. 그렇지만 이유를 강요받았을 때, 나는 나의 과거 행동들에 대한 지적인 근거, 실제로는 합리화 방안을 생각하기 시작했다. 지금도 나는 그 '이유들'이 기억이 나는데, 그것들은 나 자신에게조차 너무나 설득력이 있어서 나는 "왜냐하면, 당연히 나는 그 행동을 이러저러한 이유들 때문에 했다. 바로 그것이 내가 그 일을 했던 이유였다고 나는 분명히 알고 있었다"고 생각할 정도가 되었다.

위임장 전술은 뉴욕 주의 로체스터 시에서 한편에는 이스트만 코닥 회사, 다른 한편에는 우리 재단이 조직화를 도와주었던 FIGHT*라고 불리는 흑인 빈민가 조직 사이에 벌어졌던 갈등 과정에서 생겨났다. 당시 대립을 불러일으켰던 논점들[1]은 현재의 주제와 별 상관이 없다. FIGHT와 협상을 할 책임을 지고 있던 코닥 회사의 부사장은 FIGHT와 합의에 도달했으며,

---

* 〔역주〕 FIGHT는 Freedom, Integration(1967년 이후 Independence), God, Honor, Today의 앞 머리 글자를 합친 것이다.

이제 문제는 해결단계에 이르렀던 것처럼 보였다. 첫 번째 사건이 일어났다. 왜냐하면 코닥 회사는 그때 자기 회사의 부사장을 해고하고는 그가 만든 합의를 받아들이지 않았다. 이 사건으로 싸움이 다시 시작되었다. 만일 코닥 회사가 약속을 어기지 않았다면, 문제는 그 정도에서 해결되었을 것이다.

이제 필요가 발생하였다. 투쟁을 위한 전선이 그어졌으므로, 시위나 대치와 같은 일상적 작전은 별 도움이 안 되리라는 점은 분명해졌다. 코닥 회사의 사옥과 경영진이 로체스터 시에 있긴 했지만, 실제 활동은 미국과 해외의 시장들에서 이루어지고 있었다. 시위는 성가시고 불편하긴 하겠지만, 합의를 끌어낼 정도로 압박을 줄 수 있는 전술이 되지는 못할 것이었다. 이스트만 코닥 회사가 염려하는 것은 로체스터 시가 아니었다. 그 도시에서 그들의 이미지는 언제나 순전히 금권으로만 유지될 수 있었다. 그들의 취약점은 전국적으로 그리고 해외에 퍼져 있었다.

우리는 그때 적절한 전술을 찾기 시작했다. 음화필름 시장에서 코닥 회사가 압도적 지배력을 행사하고 있었기 때문에 불매동맹은 제외되었다. 이

---

1) 코닥 회사와 FIGHT 사이의 싸움에 관련되었던 사람들은 당시 한 가지 문제가 있었다는 것을 알고 있다. "코닥 회사나 다른 어떤 기업이 FIGHT를 뉴욕 주 로체스터 시 흑인 빈민가의 협상 대리인으로 인정할 것인가?" 일단 코닥 회사가 FIGHT를 흑인 빈민가를 대표하는 것으로 인정하고 나면, 우리는 더 많은 흑인의 고용을 포함한 다른 모든 문제를 다룰 협상장에 나올 수 있을 것이었다. 코닥 회사가 FIGHT를 인정하게 되면 다른 회사들에서도 이를 따라하게 될 것이며, 이는 다른 계획들과 문제들로 이어질 것이었다. 코닥 회사가 FIGHT를 계속해서 인정함으로써, 이는 제록스 회사도 같은 행동을 하도록 유도하였으며, 결국 FIGHT가 제록스 회사와의 합작을 통해 흑인이 소유하고 흑인이 경영하는 FIGHTON이라 불리는 공장을 설립하는 일로 이어졌다.

처럼 불매동맹을 호소하는 것은 미국인들에게 사진을 찍지 말아 달라고 요청하는 것일 텐데, 이는 아기들이 태어나고 아이들이 학교를 졸업하고 생일파티를 열고 결혼하고 소풍을 가고 하는 동안에는 분명히 작동하지 않을 것이었다. 불매동맹이라는 생각은 셔만 반독점법에 따라 어느 정도는 그들을 조사하도록 하자는 의견도 나오게 만들었다. 다른 거친 생각들도 상당히 제기되었다.[2]

---

2) "민권운동가들이 전국에서 가장 큰 회사들 중의 하나에 대해 압력을 가하기 위해 중대한 새로운 계획을 구상하였다는 사실을 《내셔널 옵서버》지는 지난주에 알게 되었다. 이 활동가들은 위임장 쟁탈전을 수행할 계획이다. 그들은 경영진이 가난한 백인들과 깜둥이들에게 더 많은 일자리를 제공하도록 밀어붙이려는 기대를 가지고 있다. …

　이스트만 코닥 회사의 경우는 이정표이다. 늦게 시작된 위임장 쟁탈전 이후에야 로체스터 시의 FIGHT는 진전을 이루었다. 위임장 쟁탈전 이전에는 세계적으로 지배적인 사진회사에 대해 압력을 가할 수 있는 방법은 거의 없었다.

　'이스트만 코닥 회사는 FIGHT가 무엇을 할 수 있을 것이라고 걱정하지 않았고, 나는 그들을 비난하지 않는다'라고 알린스키 씨는 말한다. 불매동맹은 전혀 불가능하다. 그것은 모든 사람들에게 사진을 찍지 말라고 요청하는 것이나 마찬가지다. 따라서 새로운 종류의 전술이 필요했고, 우리는 우연히 이것을 생각해 내었다.

　'우리는 모든 종류의 계획을 가졌다. 우리는 엘리자베스 여왕이 코닥 회사의 주식을 가졌다는 것을 들었던 적이 있다. 그래서 우리는 런던의 버킹엄 궁전 주변에 시위행렬을 급히 세우고 궁전 위병의 교대가 사진촬영을 고무하기 위한 음모라고 비난할 생각을 하였다. 그러나 우리는 이 전술이나 다른 많은 일들을 추진할 시간이 없었다. 만일 캠페인 계획을 세울 시간이 있었다면, 그 일은 훨씬 더 효과적일 것이었다.'

　버킹엄 궁전의 시위대열이라는 착상은 우스꽝스러운 것처럼 보이겠지만, 사람들의 주의를 끌어 모을 수 있으면서 동시에 재미가 있을 정도로 터무니없어야 한다는 특징을 지닌 알린스키의 방법에서 전형적인 것이다. 그가 자주 주장했듯이, 그의 기본적인 철학에 따르면, '권력구조'에 도전할 돈이나 권위를 가지지 못한 가난한 사람들은 자신들이 장악하고 있는 유일한 무기인 대중과 홍보를 사용해야만 한다." The National Observer, July 17, 1967.

위임장 아이디어는 처음에 소란을 피우고 선전을 하기 위해 주주총회에 참석할 수 있는 방법으로 등장했다. 그리고 여기에서도 우연과 필연이 각각 역할을 했다. 그 당시 나는 미국 전역의 다양한 지역에 있는 대학들, 종교집회 및 비슷한 조직체들로부터 연설을 해 달라는 수많은 초대를 얼마 전부터 받아들여 놓았던 상태였다. 그들에게 코닥 회사와 FIGHT 사이의 싸움에 대해 이야기하고 위임장을 우리에게 달라고 부탁하지 못할 이유가 어디 있는가? 90개의 다른 장소에서 90일 동안 연속해서 해야 한다고 하더라도, 모든 강연초대를 받아들이지 않을 이유가 어디 있는가? 그 일은 나에게 돈이 한 푼도 들지 않을 것이었다. 이러한 강연 기회들은 나의 조직에 강연료를 가져다주었을 뿐만 아니라 여행경비도 제공해 주었다.

그리고 강연은 특별한 구체적 생각 없이 시작되었다. 다만 이스트만 코닥 회사의 주주들에게 그들의 위임장을 로체스터 시 흑인 조직에게 양도하거나 또는 주주총회에 참석해서 FIGHT에 유리한 투표를 해 주기를 요청할 생각은 가지고 있었다.

그 당시 회사 내부에서 경제적 권력을 획득하거나 회사 중역들을 선출하는 데에 위임장을 사용할 생각은 추호도 없었다. 이는 지금도 마찬가지다. 나 자신도 코닥 회사나 어떤 다른 회사의 임원진에 선출된 두세 사람의 중역을 확보하는 데에 관심이 적을 수는 없을 것이다. 그렇다고 하더라도 반대파들이 다수를 차지하고 있는 한은 소용이 없다. 또한 임원진은 단지 경영진의 허수아비일 뿐이다. 임원진에 '은퇴한 후 들어가 있는' 몇 명의 경영진 인사들을 제외한 나머지 사람들은 일이 어떻게 돌아가는지 알지 못한다.

최초의 실질적이면서 획기적인 진전은 1967년 5월 3일 콜로라도 주 덴버 시에서 있었던 전국 유니테리언교 총회에서 내가 연설을 한 뒤에 이루어졌다. 그 연설에서 나는 유니테리언교 조직이 가지고 있는 위임장을 FIGHT에 줄 결의안의 통과를 요청했고, 나의 요청은 받아들여졌다. 그 지역의 정치인들의 반응을 보고, 나는 재선을 바라는 상들이 자신들의 조사 담당 책임자들에게 몸을 돌려서는 "내 선거구에 얼마나 많은 유니테리언 교인이 있나?"라고 물어 보았을 것이라는 사실을 깨달았다. 위임장 전술이 이제 괜찮은 정치적 간접수단으로 보이기 시작했다. 자신들 선거구의 교회들이 위임장을 우리에게 양도하는 것을 보았던 정치지도자들은 교회들이 투표권도 마찬가지로 양도하는 것으로 보았을 것이다. 이는 정치적 권력을 의미했다. 코닥 회사는 돈을 가지고 있고, 돈은 선거에서 TV 시간, 신문 광고, 정치적 일꾼, 선전, 뇌물과 압박을 의미했다. 만일 이런 일이 표를 얻는 데에 실패한다면, 돈은 정치적으로 무용지물이다. 정치인들이 우리를 지지한다면 얻고자 하는 것을 모두 가지게 될 것은 명백하였다.

만일 거대 회원을 지닌 조직들로부터 위임장이 주어진다면, 위임장은 이제 정치적 의도를 확인시키는 증거로 인식될 것이었다. 교회 조직들은 대규모 회원을 가지고 있었고, 그들은 유권자들이었다! 이는 선전을 의미했고, 선전은 정치후보자들과 현직정치인들에게 압력을 의미했다. 우리는 "당신들의 약속을 지켜라, 당신들의 위임장을 우리에게 달라"는 슬로건을 담은 깃발을 내걸고, 교회라는 바다를 향해 돛을 올렸다. 우리는 여기에서 뜻밖의 결과에 대해 언급하지 않을 수 없다. 자신들이 가지고 있는 정신적 생명을 얻을 권리를 주식 기부의 대가로 팔았던 교회는 가난한 사람들에게 자신들의 위임장을 줌으로써 이제 다시 올바른 생활을 할 수 있게 되었다.

압력이 형성되기 시작했다. 나의 유일한 관심은 코닥 회사가 의미를 파악할 것인가에 있었다. 그때 이전이나 이후에 결코 나는 그토록 정치적으로 무감각한 미국 회사를 만난 적이 없었다. 나는 코닥 회사가 정신을 차려 굴복하기 전에 상원 소위원회의 청문회에 불려가야만 하지 않을까라고 생각했다. 정치적 지지가 구축됨에 따라 두 가지 행동을 위한 기반이 형성될 것이었다. (1) 많은 관행이 세상에 공개되도록 할 상원 소위원회에서의 청문회. (2) 법무부가 주도할 조사의 가능성. 이 두 가지가 남은 대안이라면, 코닥 회사는 우리와 협상을 재고할 것이었다. 나는 우리가 행동할 준비가 되었을 때를 알려 주기 위해, 고 로버트 케네디 상원의원과 의견을 주고받았다. 케네디 의원과의 논의 과정에서 나는 그의 헌신성이 정치적인 것이 아니라 인간적인 것이라는 사실을 느꼈다. 그는 로체스터 시 빈민가의 생활조건에 격분해 있었다.

나는 공격할 수 있는 길들을 찾기 위해 전국의 사정을 총괄적으로 살펴보기 시작했다. 자산투자를 하고 있는 포드Ford, 록펠러Rockefeller, 카네기Carnegie를 포함한 여러 재단들은 사회진보에 헌신하고 있다고 천명하고 있다. 이는 노동조합 퇴직기금의 경우에도 마찬가지다. 나는 그들에게 질문을 던질 계획을 세웠다. "만일 당신들이 공평하다면, 이제 그것을 당신들에게 비용이 하나도 안 드는 방법으로 증명해 보이시오. 우리는 돈을 한 푼 요구하고 있는 것도 아닙니다. 다만 당신들이 가지고 있는 주식의 위임장을 우리에게 양도해 주시오." 재단의 위임장은 교회의 위임장과 달리 유권자들을 대표하지 않았기 때문에, 재단의 위임장이 가져다줄 효과는 당연히 별로 크지 않을 것이었다. 그렇다고 하더라도 그것을 무시해서는 안 되었다.

다른 생각들도 떠오르기 시작했다. 이것은 나에게 전혀 새로운 놀이였으며, 나는 호기심에 가득 차서 이 놀라운 월스트리트의 세계를 될 수 있는 한 많이 돌아다녔다. 나는 내가 어디로 가고 있는지 몰랐지만, 그 자체가 매력의 일부였다. 나는 조금도 걱정하지 않았다. 나는 우연이나 필연 또는 둘 다가 우리에게 "이봐, 여기로 가"라고 말할 것이라고 생각하고 있었다.

내가 불안하거나 혼란스러운 것처럼 보이지 않았기 때문에, 모든 사람들은 내가 비밀스럽고 완전히 조직적인 마키아벨리식 운동을 하고 있다고 믿었다. 어느 누구도 진실에 대해 의구심을 가지지 않았다.《L.A. 타임스》는 이렇게 썼다.

> … 코닥 회사의 위임장 쟁탈전은 기업세계 전체에 파문을 일으켰다. 몇몇 대기업의 사장들과 일부 상호기금의 대표들은 알린스키를 만나 그의 계획의 나머지 부분을 알아내기 위해 노력하고 있다. 어떤 회사 임원은 기자에게 이렇게 말했다. "다음에 무엇을 할 계획인가를 그에게 물었을 때, 그는 자신도 모른다고 말했다. 나는 그 말을 믿지 않는다."
> 기자 한 명도 알린스키에게 위임장을 가지고 다음에 무엇을 할 계획인가를 물었다. 그는 "솔직히 나도 모릅니다"라고 대답했다. "확실히 나는 계획들을 가지고 있습니다만, 당신도 알다시피 이와 같은 일은 그 자체의 가능성들, 당신이 결코 생각하지도 못한 일들에 개방되어 있지요. 보시오, 우리는 공을 가지고 있는 겁니다, 진짜 공을."

이는 완전한 미개척지였다. 과거에 몇몇 개인들이 큰소리를 치기 위해 주주총회에 참석했던 적이 있었지만, 그들은 기껏해야 소수의 방해자들이었다. 지금까지 어느 누구도 위임장을 사회적으로 사용할 운동을 조직하지는 않았다.

당시 그 기업의 기성세력도 언제나처럼 제 역할을 했다. 회사의 임원들이 나를 찾았다. 그들의 걱정스러운 질문은 소위 사적 영역이 공적 책임을 지지 않도록 보호해 주는 귀중한 커튼을 잘라내어 버릴 면도칼을 우리가 가지고 있다는 사실을 나 자신이 확신하도록 해 주었다. 비즈니스 간행물들도 격렬한 공격을 더하였으며, 나는 더욱더 확신을 갖게 되었다.[3] 내가 기성질서와 치른 모든 싸움에서 나는 그들이 그토록 초조해 하는 것을 본 적이 없다. 나는 위임장 소동 안에 다이너마이트가 있다는 것을 깨달았다. 그렇지만 어디에? '어디에'는 '어떻게'를 의미했다.

이 정글을 여기저기 돌아다니면서 몇 종류의 권력 패턴을 찾아본 결과, 나는 사정을 이해하기 시작했다. 한번 살펴보자! 뒤퐁 회사는 코닥 회사의 주식을 꽤 소유하고 있고, 이런저런 회사도 그렇다. 그리고 몇몇 상호기금도 그렇다! 그들은 600억 달러 이상을 주식투자에 넣어 두었으며, 그들의 소유주는 코닥 회사도 포함하고 있었다. 요컨대 상호기금들은 연차회의를 하며 또한 위임장도 가지고 있다. 우리가 미국에 있는 모든 기업들에 대해 위임장을 가지고 있으며 X라는 기업과 싸우고 있다고 가정해 보자. 또한 우리가 기업 X의 주식을 가지고 있는 여러 기업에 대해 위임장을 가지고 있으며, 기업 X의 주식을 가지고 있는 기업들의 주식을 가지고 있는 다른 기업들에 대해 위임장을 가지고 있다고 가정해 보자.

---

[3] 전국적인 비즈니스와 금융 관련 주간지인 *Barron's*의 1967년 5월 1일자 기사 "누가 초점을 벗어나 있나?" : "… 아마도 이번 주간의 가장 기억할 만한 사건은 뉴저지 주의 플레밍튼 지역 Flemington, N.J.에서 일어났다. 그곳에서 이스트만 코닥 회사는 화요일 연차회의를 열었다. 아마도 우연의 일치이겠지만, 전체적으로 시장이 강세를 보인 가운데, 이스트만 코닥 회사의 주가가 급작스럽게 6포인트나 하락했다. … 회사들은 비즈니스에 충실함으로써 주주들에게 이익이 되고 지역공동체들에 도움이 된다. … 〔알린스키는〕 흑인 무슬림들의 조직기관지인 '마호메트가 말하다'(Muhammad speaks)에 의해 '세계적으로 위대한 사회학자와 범죄학자 중의 한 사람'으로 〔평가되었다〕 … 이제 코닥 회사를 포함해 모든 미국의 산업계는 이 부당한 처우를 얌전히 받는 일을 그만 둘 때가 되었다. … 경영진은 다른 사람들의 재산을 지키는 집사이다. 경영진은 자신들의 첫 번째 책임이 어디에 있는가를 결코 잊어버릴 수 없다."

곧 나는 실현 가능한 일들에 도취해 버렸다. 당신은 월스트리트 이사회 전부를 마음대로 움직일 수 있게 될 것이다. 말하자면 당신은 기업 Z에 가서, 당신이 그 회사에 대해 위임장을 소유하고 있다고 말해 주고는, 당신이 그 회사의 나쁜 경영 관행들 몇몇 때문에 그 회사에 대해 약간의 불만이 있다고 언급할 수 있을 것이다. 또한 당신은, 만일 그들이 자신들의 소유주식을 이용해서 기업 Q에 압력을 넣어서 기업 X에 영향을 미치도록 해준다면, (당분간) 그 일에 대해 상관하지 않겠다고 덧붙일 수 있을 것이다. 똑같은 압력이 기업 Q에 대해서도 작동할 수 있을 것이다. 당신은 일을 당신이 원하는 대로 할 수 있을 것이다. 언제나 당신에게 유리하게 움직이는 것이 기업들의 이해관계에 맞아떨어지고, 또한 사실상 그들은 서로를 미워한다. 이것이 내가 기업유술이라고 부르려고 했던 것이다.

최근 나는 주요 기업들의 회장 다수와 오찬회의를 가졌다. 거기에서 그들 중 한 명이 내가 세상일들을 선의와 상식의 관점이 아니라 오히려 오직 권력의 관점에서만 바라보고 있지 않은가라는 두려움을 표출했다. 나의 대답은 이러했다. 그와 그의 회사가 다른 회사들에 대해 급소를 공격하지 않고 상식, 선의 및 협력의 관점에서 접근한다면, 그때는 내가 담소를 나눌 수 있어서 행복한 날이 될 것이다. 그 주제는 더 이상 논의되지 않았다.

위임장은 중산계급의 참여와 관련하여 핵심 요소의 하나이다. 그런데 문제는 그것을 조직화하는 방법이다. 상상력이 작동해야 할 때가 도래한 것이다. 우연과 필연, 또는 두 가지 모두가 작동을 시작할 때가 되었다. 나는 나 자신도 모르게 "우연, 우연, 도대체 어디에 있는 거야?"라고 중얼거리고 있었다.

그러던 중에 때가 왔다! 《L.A. 타임스》가 1면에 위임장 전술에 대한 기사를 실었다. 곧 우리에게 여러 회사의 위임장을 담은 행낭을 포함해서 편지가 쇄도했다. 어떤 편지는 이렇게 쓰여 있었다. "나는 투자할 돈 만 달러 가지고 있습니다. 어떤 종류의 주식을 사야만 할까요? 어떤 종류의 위임장을 필요로 하십니까? 다우 케미컬 회사를 사야 할까요?" 그런데 활동의 다음 단계를 지적하는 우연을 제공한 가장 중요한 편지 두 통이 있었다. "나의 위임장을 동봉하오니 받아주십시오. 혹시 내가 살고 있는 주택지구의 다른 사람으로부터도 편지를 받았는지 궁금합니다. 만일 받으셨다면, 그들의 이름과 주소를 제게 알려주시면 감사하겠습니다. 그렇게 하시면, 제가 집에서 모임을 열어서 인민을 위한 위임장의 샌퍼난도 밸리* 지부를 조직할 수 있을 것입니다." 두 번째 편지는 이렇게 쓰여 있었다. "나는 그 일에 전적으로 찬성합니다. 하지만 나는 어떤 기업들이 공격을 받아야만 하는지 결정할 권리를 왜 당신이 가지고 있는지 모르겠습니다. 어쨌든 그것들은 우리의 위임장이므로 그 일에 대해 몇 가지 말씀을 드리고 싶습니다. 게다가, 우리는 당신이 왜 우리의 위임장을 가지고 임원회의에 가야만 하는지 모르겠습니다. 왜 우리가 우리의 위임장을 가지고 갈 수 없습니까? 물론 우리는 잘 조직되고 우리가 무엇을 원하는지 알고 있어야겠지요. 하여튼 우리는 우리 자신이 가고 싶습니다."[4]

바로 이 두 편지가 문을 활짝 열어젖혔다. 당연하다! 여러 해 동안 나는 누누이 말해 왔다. 권력은 인민에게 있다! 나는 얼마나 어리석었는가? 바로 그랬다! 뉴저지 주의 플레밍튼 지역에서는 이스트만 코닥 회사의 버스들이 회사 주식을 소유하고 있는 종업원들을 12대나 실고 와서는 한 공립학교 강당에 내려놓으면, 그들은 무료 점심(그때에는 부드럽고 괜찮은 점심)을

---

* 〔역주〕 캘리포니아 주 남부에 위치한 도시화 지역으로, 로스앤젤레스 시의 북부와 겹쳐있다.
[4] 필자(알린스키)가 강조한 것임.

주는 유급 휴일 하루 동안 만세*를 외치고는 로체스터로 돌아간다. 이스트만 코닥 회사가 치르는 겉치레행사와 같은 연례적인 속임수들 대신에, 연차 회의를 위임장 소유자들 수천 명이 참석할 수 있는 대도시 뉴워크Newark나 저지시티Jersey City의 야구장에서, 또는 애틀랜틱시티Atlantic City의 야외에서 열도록 만들자. 뉴욕 시의 양키스타디움이나 시카고 시의 군인기념경기장이 나올지도 모르겠다. 하지만 미국 내 많은 기업이 뉴저지 주나 델라웨어 주와 같은 특별보호구역에 세워져 있기 때문에, 그들은 이들 주에서 회의를 개최해야 한다고 주장할 것이다. 그렇지, 닉슨 대통령은 특별보호구역과 관련하여 전례를 만들었다. 낡은 호텔 하나와 두 개의 모텔만을 가지고 있는 뉴저지 주 플레밍튼 지역에 5만 명의 주주들이 몰려들 때 무슨 일이 일어날지 한번 생각해 보자. 주 정부는 주주들이 연차 회의에 참석하지 못하도록 막기 위해 주 방위군을 출동시킬 것인가? 이들이 히피가 아니라 가장 기성질서적인 의미에서 미국 시민들, 주주들이라는 사실을 잊지 말자. 무엇이 그것보다 더 미국적일 수 있는가?

이런 상황을 상상해 보자. 7만 5천 명이 '반대' 투표를 하는데, 한 사람이 "다수를 이루는, 경영진에 양도된 위임장을 대신하여 나는 '찬성' 투표를 합니다. 이제 찬성이 의결되었습니다"라고 말을 한다. 나는 경영진에게 자신이 있다면 자신들을 이런 식으로 노출시켜 보라고 말하고 있는 것이다.

그런데 이 편지들의 실질적인 중요성은 중산계급이 조직화하는 방법을 편지들이 보여 주고 있다는 데 있다. 미국인들의 절대 다수를 차지하고 있는 이 사람들은 거대한 기업경제 하에서 무력감을 느끼며 또한 어느 길로

---

* 〔역주〕 알린스키는 나치 시대를 연상시키는 'Sieg Heil'이라는 단어를 사용하고 있다.

방향을 정해야 할지 모른다. 더욱이 그들은 이제 미국으로부터 멀어지면서 시민으로서의 권리를 포기하기 시작하였다. 그들은 전문가들과 정부가 결국에는 이 모든 일을 잘 처리할 것이라고 말함으로써 자신들의 행동을 정당화한다. 그들은 통탄해 마지않을 상태를 조직화되지 않아서 힘이 없을 때에는 그냥 감수하고 마는 무산자들과 마찬가지다. 위임장은 이 사람들이 조직화할 수 있도록 도와주는 사회적 기구가 될 수 있다. 그리고 그들은 일단 조직화되고 나면, 정치세계 속으로 다시 들어갈 것이다. 위임장을 중심으로 조직화되고 나면, 그들은 기업들이 실시하고 있는 다양한 대내적 또는 대외적 정책들과 관행들을 검토하고 나아가 그것들에 대해 교육을 받을 이유를 가지게 될 것이다. 왜냐하면 그들은 이제 그것들에 대해 무언가를 할 수 있기 때문이다.

거기에는 심지어 '부수적 이득'도 있을 것이다. 주주총회에 참석하기 위한 여행은 그렇지 않다면 재미도 없고 그냥 한 곳에 머물러 있기만 하는 교외 생활에 극적 사건과 모험을 가져다 줄 것이다. 부모와 자식이 국방부와 기업을 상대로 하는 싸움에 함께 참가하기 때문에, 위임장 조직은 세대 간 격차를 메우는 데에도 도움을 줄 것이다.

위임장은 국방부를 겨냥한 효과적인 방침이 될 수 있다. 고 맥아더 Douglas MacArthur 장군은 국회에서 행한 자신의 고별연설에서 절반의 진실을 말했다. "노병은 결코 죽지 않는다. 그들은 다만 사라질 뿐이다." 맥아더 장군은 자신의 연설을 이렇게 마무리해야만 했다. "그들은 록히드, 보잉, 제너럴다이내믹스 그리고 또 다른 기업들 속으로 사라진다." 어떤 장군은 은퇴하기 2년 전부터 이미 자신이 '사라질' 은신처 기업을 찾거나 또는 만들고 있는 모습으로 발견될 것이다.

우리는 어떤 장군이 어떤 기업 임원에게 이런 정보를 주는 장면을 상상할 수 있다. 신경가스, 네이팜, 고엽제 혹은 우리 미국인이 인류의 이익을 위해 수출하고 있는 다른 위대한 생산물들의 제조를 위해 당신 기업에 5천만 달러 어치의 주문이 들어갈 것이다. 그런데 감사의 인사와 함께 "장군, 당신이 은퇴하자마자 당신의 장래에 대해 당신과 이야기하고 싶소"라는 말을 듣는 대신에, 그는 이런 말을 듣게 될 것이다. "음, 보십시오, 장군. 이 계약과 관련하여 당신이 우리를 생각해 주셔서 너무 감사합니다. 하지만 다음 달에 주주총회가 예정되어 있습니다. 수천 명의 주주들이 그 일에 대해 듣게 된다면 무슨 일이 일어나겠소. 음, 장군, 그 일에 대해서는 생각도 하고 싶지 않소. 게다가 우리는 분명 그 일을 비밀로 해 둘 수 없을 것이오. 당신을 만나서 매우 반가웠소."

지금 무슨 일이 일어났는가? 무엇보다도 먼저, 그 장군은 기업들이 모든 전투 현장으로부터 물러나고 있다는 사실을 갑자기 깨닫게 되었을 것이다. 다음으로, 수천 명의 주주들이 이 일에 반대할 것이라는 사실은 그에게는 수천 명의 미국 시민들로 해석되어 다가올 것이다. 그들은 장발족도, 말썽꾼들도, 공산주의자들도 아니고, 200% 진정한 미국인들이다. 이제 특이하다(고 추정되)는 정신 상태를 지닌 국방부에서 일하는 부류들과 의사소통을 할 수 있게 되었다.

여기에서 요구되는 것은 (1) 특정 회사의 소유 주식의 내역, (2) 표적이 된 회사의 주식을 소유하고 있는 다른 회사들의 소유 주식의 내역, (3) 표적 회사와 표적 회사의 주식을 소유하고 있는 회사들에 대한 개인 소유 주식의 위임장의 내역, 이 세 가지를 빠르게 내놓을 수 있는 전산화 작업이다. 자신들의 이웃에게 자신이 얼마나 많은 주식을 소유하고 있는가를 될 수 있으면 알리고 싶어 하지 않는 사람들을 보호하기 위해서, 개인들의 위임장과 관련된 기록들을 기밀로 유지할 필요가 있을 것이다.

나 자신이나 다른 사람들에 의해 세워진 그리고 시카고 시나 뉴욕 시 또는 두 곳 모두에 전국적 차원의 본부를 둔 전국 조직이 등장할 것이다. 뉴욕 시 사무실은 모든 전산화 작업을 처리할 것이고, 시카고 시 사무실은 샌퍼난도 밸리에서 볼티모어에 이르기까지 그리고 그 둘 사이에 있는 모든 장소들을 포함해서, 미국 내 여러 공동체들을 쉬지 않고 돌아다닐 조직가 집단의 본부로서 역할을 할 것이다. 특정 지역의 교외 단체들의 관심과 요청에 응해서, 그들은 조직화 집회를 개최하고 또한 자발적 조직가들을 교육하여 활동을 계속하도록 하는 자신들의 기술을 사용할 것이다. 상근 조직가들은 마음속에 단 하나의 일만을 염두에 두고 각각의 국면에 접근해 나갈 것이다. 그것은 바로 일반 대중에 기반을 둔 중산계급 조직을 출범시키는 것이다. 위임장 전술은 이 모든 단체에 공통된 것이라고 할 수 있으며, 각 단체는 사람들이 조직화를 하도록 만드는 다른 모든 논점들을 끌어 모으려고 할 것이다. 그들은 기업경영을 연구하는 모임을 새로이 만들고, 반드시 '의사소통을 해야' 할 기업들에 관한 권고사항을 작성하고, 또는 자신들 중의 한 사람을 전국위원회에 보낼 대표로 선출하는 일들을 시작할지도 모르겠다. 전국위원회는 표적이 될 기업들과 기업의 문제점들 및 경영방침들에 관한 결정을 내리는 책임을 질 것이다. 전국위원회에 속하는 여러 대표들은 자기 지역조직의 회원들을 모아서 연례 주주총회에 참석하도록 만드는 책임을 또한 질 것이다. 이 전국위원회에는 이 프로그램에 기꺼이 동참하는 모든 종류의 교회들 및 다른 기관들뿐만 아니라 소비자조직들이 대표를 보낼 것이다. 그들은 자신의 조직구성원들의 지지뿐만 아니라 매우 귀중한 기술적 조언도 제공할 수 있을 것이다.

잊지 말아야 할 점이 있다. 위임장 접근법의 목표는 단지 우리의 기업경제와 관련된 권력기구만이 아니라, 중산계급 조직의 발전을 위한 계기를 제공하는 메커니즘이다. 위임장으로부터 시작해서, 이러한 접근법은 지방선거에서 의회선거에 이르기까지, 정치 상황 전체를 향해 다른 로켓들을 점화하게 될 것이다. 일단 일반 대중들이 조직화되면, 그들은 이 논점에서 저 논점으로 계속 움직일 것이다. 대중 권력이 진정한 목표이다. 위임장들은 단지 그 목적을 향한 수단일 뿐이다.

 이러한 활동 전체는 활동에 필수적인 경비를 충당해 줄 특별 기금 조성을 요구할 것이다. 이미 자발적으로 시간과 돈을 내놓고 있는 사람들이 많이 있지만, 기금 조성은 어려울 것이다. 왜냐하면 분명히 기업이나 재단의 기부금이 없을 것이기 때문이다. 또한 어떠한 기부금들도 세금감면을 위한 소득공제의 대상이 되지 않을 것이다.

 의심할 바 없이 기업들은 환경오염 방지 프로그램, 군 관련 계약의 거부 또는 주주들의 다른 요구들이 배당금의 감소라는 결과를 가져올 것이라고 주주들에게 지적하면서 저항할 것이다. 이런 일이 일어날 때가 되면, 주주들은 자신들의 캠페인에서 이미 너무나 큰 만족감과 보람을 발견할 것이기 때문에, 이런 감정들이 배당금의 삭제보다 더 중요하게 될 것이다.

 기업들은 대학들에 대한 자신들의 주식 기부를 바꿀 것이다. 로체스터 대학의 코닥 주식은 대학 당국에 의해 투표권이 행사될 수 없으며 투표권은 코닥 회사 경영진에 의해 계속 사용될 것이라고 하는 소문이 이미 나돌고 있다. 그런데 이는 흥미로운 법적 질문을 제기한다. 이러한 일들은 미국적 상황에서 나타날 위임장 활동의 가능성과 문제점의 일부이다. 이는 대학 당국의 주식 소유와 관련하여 대학 당국에 대항하여 일어난 전혀 새로운 종류의 캠퍼스 운동의 시작을 알린다고 할 수 있다. 1970년 5월 12일 스탠퍼드 대학의 이사들은 주식의 위임장을 경영진에 반대하여 사용하자는 스탠퍼드 대학 학생들의 제안을 무시하고, 대학이 가지고 있는 제너럴모터스 주식 2만 4천 주를 경영진에게 유리하게 투표하였다. 캘리포니아 주립대학은 10만 주를, 미시간 주립대학은 2만 9천 주를, 텍사스 주립대학은 6만 6천 주를, 하버드 대학은 28만 7천 주를, M.I.T.는 29만 1,500주를 가지고 같은 방식으로 행동하였다. 예외는 펜실베이니아 대학과 오하이오 주의 안티오크 대학이었다. 두 대학은 각각 2만 9천 주와 1천 주를 학생들이 지지하는 제안에 따라 투표하였다.

'관련된 대학 교과과정' 에 대해 이야기해 보자! 학생들이 미국의 기업경영을 배우고 대학의 위임장을 통해 주주총회에 참가하기 시작하는 것보다 더 교육적인 것이 어디에 있단 말인가? 여러 해 동안 대학들은 현장 조사 및 활동 프로그램이라고 자신들이 부르는 것을 위해 천연덕스럽게 가난한 사람들 속으로 들어갔다. 그런데 회사들 속에서 조사와 덧붙여 활동을 하는 상황에 이르자, 대학들은 갑자기 뒷걸음치려고 한다. 미국의 회사들은 정신적 빈민가이고, 그들의 오만은 자유로운 사회를 향한 우리의 미래에 대한 주요 위협이다. 이 문제와 관련하여 이 나라의 대학 캠퍼스에서 전면적인 투쟁이 있을 것이며 또한 있어야만 한다.

만일 내가 이 투쟁 속으로 들어간다면, 이는 바로 내가 세웠던 조직인 산업사회재단Industrial Areas Foundation을 30년 만에 떠난다는 것을 의미한다. 십중팔구 일어날 일을 말한다면, 다른 사람들이 나타나 이 운동에 전력을 기울일 것이며, 나 또한 이 운동의 시작과 본격적 출범에 전력을 기울일 것이다. 위임장 전술의 기원과 관련하여 우리가 살펴보았던 것들에 비추어 보았을 때, 인민을 위한 위임장Proxies for People의 탄생은 미리 예단할 수 없으며 또한 이 전술은 우연과 필요, 상상력에 의해 발전해 갈 것이다. 그러나 만일 이러한 사실이 명확하지 않다면, 이 모든 것을 기록하고 있는 나 자신이나 그것을 읽고 있는 당신, 우리 모두는 이제 우리의 시간을 낭비하고 만

셈이다.

　최근 닉슨 대통령의 백악관 핵심 보좌관 중의 한 명이 나에게 말했다. "인민을 위한 위임장은 혁명을 의미할 것입니다. 그들은 결코 당신이 그것을 잘 해내도록 내버려 두지 않을 겁니다." 나는 그것이 "혁명을 의미할 것입니다"라고 말한 점에서 그가 옳다고 믿는다. 그것은 지금까지 침묵을 지켜왔던 일반 대중의 권력을 위한 조직이다. 위임장 운동에 참여하는 행동은 기업화된 미국의 민주화를 의미할지도 모른다. 이는 결국 기업들의 해외 활동에 변화를 가져올 것이며, 나아가 이러한 변화는 국가의 대외정책에 주요한 변경을 야기할 것이다. 이는 우리 시대의 혁명적 변화에서 개별적이면서도 가장 중요한 획기적 진전들 중의 하나가 될지도 모른다.

Rules for Radicals

가야 할 길

The Way

행동을 위한 조직화는 현재 그리고 앞으로 10년 동안 미국의 백인 중산계급에 집중될 것이다. 우리 국민의 4분의 3이 경제학적 관점에서나 그들의 자기정체성의 관점에서 중산계급이라고 할 때에, 그들의 행동이나 무반응이 변화의 방향을 결정할 것은 분명하다. 중산계급의 대부분을 이루는 '침묵하는 다수'는 행동을 하도록 자극을 받아야만 한다. 침묵과 굴복이 하나인 것처럼, 행동과 발언도 하나이다.

우리는 뒤늦게 이것을 이해하기 시작한 것 같다. 우리 주민들 중에서 모든 저소득층—모든 흑인, 멕시코계 미국인들, 푸에르토리코인들, 애팔래치아 지방의 가난한 백인들—이 조직화되더라도 그리고 어떤 천재적 조직화를 통해 그들이 모두 하나의 연합체로 단결된다고 하더라도, 그 연합체는 중대하고 기본적이고 필요한 변화를 가져올 정도로 충분히 강력하지 못할 것이다. 우리는 이를 깨닫기 시작하였다. 그 연합체는 모든 소수자 조직, 소수민족, 노동조합, 정당 또는 작은 조직 등 조직이라면 종류에 상관없이 반드시 해야만 하는 일을 해야 할 것이다. 바로 그것은 협력자들을 찾아내는 일이다. 권력의 실제적 활용이라는 차원에서 다른 어떤 대안도 허용되지 않을 것이다.

미국 빈민들의 유일한 잠재적 협력자들은 몇몇 조직화된 중산계급 집단 속에 존재한다고 할 수 있다. 우리는 세자르 차베스César Estrada Chávez가 이끌었던 이주농업노동자들이 포도불매동맹*으로 중산계급에게 호소하던 것을 보았다. 이스트만 코닥 회사를 상대로 한 싸움에서 뉴욕 주 로체스터 시의 흑인들은 중산계급과 그들의 위임장에 의지하였다.

우리의 대학 캠퍼스 안팎에 있는 행동가들과 급진주의자들, 변화를 헌신하고 있는 바로 그러한 사람들은 완전한 방향전환을 해야만 한다. 아주 드문 경우를 제외하고 우리의 행동가들과 급진주의자들은 우리 중산계급 사회의 산물들이자 동시에 반란자들이다. 모든 반란자들은 그들 사회의 권력계급들을 공격해야만 한다. 우리의 반란자들은 중산계급의 가치와 생활방식을 무례한 태도로 거부했다. 그들은 중산계급을 물질주의적이고 퇴폐적이고 부르주아적이고 이미 타락하였고 제국주의적이고 호전적이고 야만적이고 부도덕하다고 비난했다. 그들은 옳다. 그러나 변화를 위한 권력을 세우려고 한다면 우리는 우리가 서 있는 곳에서 시작해야만 한다. 권력과 일반 대중은 거대한 중산계급 다수자들에게 속해 있다. 그러므로 행동가가 자신의 과거를 자신의 뒤편에 던져 버리는 것은 아무 도움도 되지 않는 제멋대로의 행동이다. 그 대신에 그는 자신의 중산계급 경험이 지닌, 돈으로 살 수 없는 가치를 깨달아야만 한다. 그가 지닌 중산계급으로서의 정

---

* 〔역주〕 캘리포니아 주 델라노 지역의 포도농장에서 일하고 있던 이주노동자들(필리핀인 출신이 대부분이었음)이 연방 최저임금 수준으로 임금을 올려 달라는 요구를 하면서 파업을 하였고, 이에 대해 차베스가 이끌던 멕시코계 전국농장노동자협회가 지원을 하였다. 이 운동은 전국적으로 저임금노동자들에 대한 시민들의 주의를 끌어내었으며, 1965년 9월 식탁용 포도에 대한 불매운동도 불러일으켰다. http://en.wikipedia.org/wiki/Delano_grape_strike 참조.

체성, 중산계급의 가치와 문제에 대한 친숙성은 그 '자신의 사람들' 의 조직화 과정에서 너무나 귀중하다. 그는 되돌아가서 숙고하고 중산계급의 습관을 이해할 수 있는 배경을 가지고 있다. 이제 그는 알아야 할 필수적인 이유를 가지고 있다. 왜냐하면 만일 그가 조직화를 하려고 한다면, 그는 알아야만 하기 때문이다. 의사소통, 전술, 문제제기, 조직화에서 효과적일 수 있기 위해서, 그는 반드시 알아야만 한다. 그는 자신의 부모, 친구들, 그들의 생활방식을 아주 다르게 바라보게 될 것이다. 거부를 나타내는 유치한 연극조의 행동 대신에, 그는 이제 그러한 생활방식을 지금까지 전혀 보지 못한 것처럼 분석하고 검토하기 시작할 것이다. 그는 '고지식한 사람' 이 더 이상 그 자체로 무시되어서는 안 된다는 것을 깨달을 것이다. 오히려 그 자신의 접근법은 행동이 시작되도록 할 수 있을 정도로 충분히 '고지식해야' 한다. 이제는 조직가로서 중산계급에게 되돌아감으로써, 그는 모든 것이 새로운 의미와 취지를 가지고 있다는 것을 깨닫게 될 것이다. 그는 사람들의 경험에서 벗어나는 행동들이 그들에게서 혼란과 반감을 불러일으키는 작용을 할 뿐이라는 사실을 발견하게 된다. 그는 '대학 경험이라는 특권' 을 바라보는 구세대들의 가치관에서의 차이를 그리고 소수이지만 상당한 수의 대학생들이 학내 반항운동에서 사용하는 전술에 대한 구세대들의 통상적 반응을 이해하기 시작한다. 그는 그들이 경찰을 어떻게 바라보고 또한 어떻게 부르고 있는지를 발견한다. 그는 언제나 '돼지새끼' 라고 부르던 말투를 버린다. 적대적인 거부 대신에 그는 세대, 가치 및 다른 것들의 차이를 넘어서 의사소통과 단합을 위한 다리를 찾으려고 한다. 그는 거칠거나 공격적이고 무례하며 불경스런 행동에 대해 예민하게 반응하는 중산계급의 본질적 태도를 전략적 감수성을 가지고 바라보게 된다. 그는 이 모든 것뿐만 아니라 그 외의 다른 것들도 잘 파악하여, 중산계급의 여러 집단을 급진적으로 만드는 데에 이용해야만 하는 것이다.

'중산계급'이라는 개략적 범주는 6,000달러에서 11,000달러의 소득을 버는 하위 중산계급과 12,000달러에서 20,000달러의 소득을 버는 중위 중산계급, 20,000달러에서 35,000달러의 소득을 버는 상위 중산계급으로 분류될 수 있다. 하위 중산계급과 중·상위 중산계급 사이에는 뚜렷한 문화적 차이가 존재한다. 우리는 하위 중산계급에서 자신들이 가진 비교적 얼마 되지도 않는 것을 지키기 위해 자신의 모든 삶을 바쳐 투쟁하고 있는 사람들을 만나게 된다.

교사와 같은 약간의 예외를 제외하고, 그들은 결코 고등학교 이상을 다녀본 적이 없다. 그들은 성공, 출세, 안전과 같은 가치에 헌신적이며, '개인 소유' 주택, 자동차, 컬러TV 및 친구들을 가지는 데에 전념한다. 그들의 인생은 90%가 충족되지 못한 꿈으로 이루어져 있다. 자신들의 좌절감으로부터 벗어나기 위해, 그들은 자기 자식들이 대학교육을 받아서 자신들의 이루지 못한 꿈을 실현시키게 되기를 마지막 희망으로 가지고 있다. 그들은 소심한 사람들이기 때문에 모든 방면으로부터 위협을 받고 있다고 생각한다. 언젠가는 다가올 퇴직이라는 악몽 그리고 인플레이션에 의해 줄어들고야 말 사회보장에 의존해야 하는 노년기라는 악몽, 침체하는 경제로 인한 실업—문화적 갈등 때문에 이미 두려움을 불러일으킬 뿐만 아니라 직업 경쟁에서도 위협적인 흑인들과 부딪치도록 만드는—이라는 그림자, 장기투병이 가져올 높은 비용이 그들을 위협한다. 또한 끝으로 그들은 아직 다 지불하지 못한 융자금과 함께, 자신들의 주거지역으로 유색인종들이 들어옴에 따라 부동산 가치가 떨어질 것을 걱정한다. 그들은 시, 주, 연방 정부 등 온갖 차원에서 소득, 식품, 부동산, 자동차 등에 부과되는 세금들로 시달림을 받고 있다. 자신들이 중시하는 가치를 위해 월부 구입을 하였기 때문에,

그들은 자신들이 현재의 생활비는 말할 것도 없이 장기할부금을 간신히 조달해 나갈 수밖에 없다는 것을 깨닫는다. 식품과 의약품을 필요 이상으로 사라고 요구하는 TV 광고의 희생자가 된 뒤에, 그들은 이러한 생산품에 대한 구매가 대부분 자신이 애써서 번 돈의 낭비임을 보여주는 상원 위원회의 청문회를 담은 뉴스를 상업광고들 사이에 보게 된다. 그들은 사고의 경우에도 보험 덕분에 보장을 받고 있다고 생각하지만, 사고가 일어나면 오늘날 가장 형편없는 신용사기 중의 하나인 보험사기에서 깨알 같은 글씨로 적혀 있는 약관 부분의 회피수단을 경험할 뿐이고 그 때문에 반복적으로 재정위기를 맞게 된다. 그들의 기쁨은 단순하다. 교외에서도 변두리에 있는 단조로운 구획 안에 작은 주택이나 목조 단층집, 또는 획일적으로 싸게 지은 집을 마련하여 그 집 뒤에 조그마한 뒤뜰을 가꾸고, 일요일에는 시골로 차를 몰고 나가고, 하워드 존슨 음식점 같은 데로 일주일에 한 번 저녁 외식을 나가는 것이 그들의 기쁨이다. 소위 안전모를 쓰는 많은 노동자, 경찰, 소방관, 위생시설근로자, 다수의 공무원, 기계공, 전기공, 건물관리인, 반숙련노동자가 이 계급에 속한다.

    그들은 실업빈민들을 '일반국민'이라 할 자기 자신들이 지급하는 비용에 의해 운용되는 광범위한 공공프로그램의 아주 다양한 지원을 받는 기생적이고 의존적인 사람으로 바라본다. 그들은 가난한 사람들이 입학자격을 다 채우지도 않고 특별재정지원을 받으면서 대학에 가는 것을 본다. 대부분의 경우 하위 중산계급은 바로 이러한 사정 때문에 대학 입학의 기회가 허락되지 않았다. 그들의 분노는 그들이 이 대학들을 위해 그리고 소방, 치안, 공중위생, 사회복지 등 공공서비스의 증가를 위해 세금을 낸다는 점 때문에 더 증폭된다. 그들은 빈민들이 사회복지를 '권리'로서 요구한다는 사실을 들어 알고 있다.

인생에서 뭔가 의미를 찾으면서, 그들은 극단적이고 배타적인 애국주의자로 바뀌고 '미국적' 신조의 옹호자가 된다. 이제 그들은 무의미하고 좌절로 가득 찬 삶을 합리화하기에 이른다. "이는 공산주의자들의 위협이다!" 이제 그들은 법과 질서를 옹호하는 데에서 가장 큰 목소리를 낼 뿐만 아니라 선동적인 조지 월리스,* 존 버치 협회, 영원한 공산주의 위협Red-menace perennials 같은 존재들의 손에 쉽게 떨어지는 희생자들이다.

급속하게 변화하고 있는 현대 세계 속에서 불안함을 느낀 나머지, 그들은 실재하지 않은 기준점에 매달린다. 물론 그들에게는 이러한 기준점이 매우 실제적이다. 그들은 당신의 입장을 자신들의 세계 속에 억지로 집어넣어 고정시키기 위해 대화마저도 한 방향으로 몰고 간다. "나는 당신과 논의를 하고 싶지 않소. 우리의 국기가 당신에게 뭘 의미하는지만 말해 보시오." 또는 "인생에서 하루도 일하지 않는 저 대학생 펑크족을 어떻게 생각하시오?" 그들은 "선동적인 국외자들"이나 "말썽꾸러기들" 같은, 뜻이 분명히 드러나는 단어들을 사용하거나 "최근 당신 아내를 언제 때렸소?" 같은 질문을 던진다.

다른 한편 그들은 중계급이 진보적이고 민주적이고 잘난 체하는 태도를 취하고 있으며 또한 하급직 빈민들의 편협성을 비난하고 있다고 생각한다. 그들은 중계급이 모든 종류의 탈세 방안을 통해 자신들이 져야 할 조세 부담을 교묘히 회피하고 있을 것이라고 생각한다. 결국 중이 져야 할 부담의 대부분이 (그들이 보고 있듯이) 하위 중산계급인 그들에게 되돌아온다

---

* [역주] 조지 C. 월리스, Jr.는 민주당 출신이면서도 인종차별주의에 찬성을 했던 앨라배마 주지사(1962, 1970, 1974, 1982)였다.

고 생각한다.

그들이 보는 바에 따르면, 미국 상원은 대략 3분의 1이 백만장자들이고 나머지도 아주 드문 경우를 제외하고는 상당한 부자들이다. 상원의원들의 재산을 대중에게 완전히 공개할 것을 요구하는 그리고 상원법안 1993(아마도 이는 이 법안이 최종적으로 통과될 연도를 가리킨다고 하겠다)이라고 예언적으로 이름이 붙여진 법안이 '위원회에 회부되어' 있다. 그들은 이를 확인하고, "정부는 우리가 아니라 상층계급을 대표한다"고 스스로에게 말한다.

하위 중산계급의 많은 사람은 노동조합, 교회, 볼링클럽, 우애조합, 봉사조직, 교민조직의 회원들이다. 우리가 관심과 이해, 호의를 가지고 주민들 중 일부와 함께 일하려고 한다면, 우리는 그러한 조직이나 사람들과 반드시 함께 일해야만 한다.

그들을 거부하는 것은 애초부터 그들을 잃기로 작정하는 것이다. 그들은 줄어들거나 사라지지 않는다. 당신은 방향을 바꿀 수도 그들을 제거할 수도 없다. 바로 이것이 당신의 급진적인 이상 세계 속에서 당신이 해왔던 것이라고 하더라도, 그들은 여기에 존재하고 있고 앞으로도 존재할 것이다. 우리가 그들을 우리 편으로 만들지 못한다면, 월리스나 스피로 T. 닉슨*이 그들을 자신들 편으로 만들 것이다. 의심할 필요조차도 없이, 발언은 애그뉴의 것일지 모르지만, 그 내용을 이루는 보복적 비방은 닉슨의 것이다. 부통령은 자기 상관의 의견을 선전하는 사람의 역할을 충실하게 하

---

* 〔역주〕 스피로 T. 닉슨은 미국 39대 대통령이었던 리처드 M. 닉슨과 부통령 스피로 T. 애그뉴를 합친 것이다.

거나 또는 그렇지 않다면 침묵을 지키거나 해야 한다. 그렇게 하지 않은 부통령은 존재하지 않았다.

비록 당신이 하위 중산계급을 당신의 편으로 끌어들이지 못하더라도, 적어도 그들 중 상당 부분은 잊지 말고 반드시 설득하여야만 한다. 그리하여 그들과 최소한의 의사소통이 이루어지고, 또한 변화가 일어날 때 그들이 격렬한 반대를 하지 않도록 불완전한 형태로나마 합의들이 이루어지고 또는 자발적인 참여가 나타나야만 한다. 그들에게는 개혁을 위한 핵심적인 예비 과정에서 자신들이 해야만 할 역할이 있다. 다시 말해 미래를 향한 과거의 약속과 과거의 방식이 더 이상 작동하지 않으며 우리는 이제 전진해야만 한다는 사실을 받아들이는 역할을 그들은 해야만 한다. 우리가 나아갈 방향은 정해져 있지도 확실하지도 않지만, 우리는 나아가야만 한다.

사람들은 의존적 존재로 변형되지 않도록, 또한 절망 때문에 독재를 받아들이고 자유를 포기하게 되지 않도록 '개혁되어야만' 한다. 이제 '침묵하는 다수'는 상처와 분노를 안고 있으며, 의심이 많으며, 무시되고 궁지에 몰려 있다고 느낀다. 많은 측면에서 이처럼 어려운 상황은 현재의 인종 위기만큼이나 폭발하기 쉽다. 자신들의 무기력한 상태에 대한 공포심이나 좌절감은 사람들을 악마처럼 변질시켜서 가장 협소한 의미의 생존 법칙에 호소하도록 만들 수 있는 정치적 편집증의 상태에까지 다다랐다. 이러한 감정들은 극우파적인 전체주의로 나아갈 수도, 또는 미국 독립혁명의 제2막으로 발전할 수도 있다.

1972년의 논점들은 "대표 없는 곳에 세금 없다"는 말로 표현된 1776년의 논점들이라고 하겠다. 실질적인 대표를 가진다는 것은 하위 중산계급의 구성원들이 정치적 공직에 오르기 위한 선거운동을 할 수 있도록 공공기금이 선거비용으로 사용 가능하게 되는 것을 포함할 것이다. 이 일은 하위 중산계급을 그리고 중위 중산계급의 핵심 계층을 동원하는 사안이 될 수 있다.

나머지 중산계급은 극소수의 예외는 있지만 교외에 거주하면서, 현실에서 일부나마 벗어나 있다는 환상 속에서 살아간다. 교양이 더 있음에도 불구하고, 그들은 어떻게 살아야 할지 더 알지 못한다. 아무것도 합리적으로 보이지 않는다. 교외에 있는 복층 구조의 단독주택, 자동차 2대, 컬러TV 2대, 컨트리클럽 회원권, 은행 예금, 좋은 대학진학코스 사립학교에 다니고 그 뒤에는 대학에 다닐 자녀들, 이 모든 것을 자신들이 이룩했다고 그들은 생각했다. 그들은 그것을 이루었는데, 결국에는 자신들이 그것을 갖지 못했다는 것을 깨닫게 될 뿐이다. 많은 이가 자신들의 자녀들을 잃어버렸다. 자녀들은 시야를 벗어나 세대차라고 불리는 것 속으로 사라져 버렸다. 그들은 자신들이 신성시해 왔던 가치들이 조롱받는 것을 보았으며, 자신들조차 구식 사람이나 죽은 세상의 유물처럼 웃음거리가 되는 것을 발견하였다. 그들을 둘러싸고 있는 발광적인 광경은 그들을 너무나 어리둥절하게 만들어서, 그들은 사회적 정신분열이라는 독특한 병적 현상을 보여 주는 자기 혼자만의 세계, 존재하지 않는 과거 속으로 들어가 버리고 싶은 유혹을 받거나, 아니면 그것을 직시하고 행동을 하게 된다. 만일 사람들이 행동하기를 원한다면, 난관은 방법과 장소이다. 시간은 쉬지 않고 흘러가고 있으므로, "언제?"라는 질문은 의미가 없다. 명백하게 때는 바로 지금이다.

엄청난 근본적인 변화가 앞에 놓여 있다. 우리는 우리가 하는 어떤 일도 합리적이지 않은 시대를 살아가고 있는데, 우리는 이러한 우리 시대의 허무주의적인 불합리성 속에 그대로 머물러 있을 수는 없다. 우리 주변의 사정은, 만일 우리가 조금이라도 제정신을 차리려고 한다면, 우리가 빨리 눈길을 돌려야 할 것이라고 강요하고 있다. 우리는 우리 자신이 만들어내는 쓰레기 속에 우리 자신을 서서히 묻어 버리고 있는 환경오염의 시대를 살고 있다. 우리의 물이 우리 자신의 배설물, 살충제, 합성세제로 오염되고 있다고 널리 알리고 있으면서도, 우리는 아무것도 하지 않는다. 멍청한 사람조차도 제정신이라면 오래전부터 간단하면서도 분명한 일을 해 왔을 것이다. 이는 바로 모든 합성세제를 금지하고, 새로운 무공해 살충제를 개발하고, 오염물 처리장을 즉시 건설하는 것이다. 오히려 우리는 분명 깨끗한 셔츠를 입은 송장이 되려는 것 같다. 우리는 '먼지가 옷깃을 둘러싸는 것'보다도 오염된 공기가 우리를 둘러싸 질식시키는 것을 더 좋아한다. 마지막에 이르러서도 우리는 빛나는 하얀 셔츠에 싸여 묻힐 것이다. 현재 우리가 사용하는 살충제를 우리가 끈질기게 사용함으로써, 우리는 곤충들이 이 세상을 물려받도록 확실하게 보장하고 있는 셈이다.

우리 주변에 있는 이 모든 환경오염 중에서 그 어떤 것도 국방부의 정치적 오염에는 비교되지 못한다. 자멸적이면서도 동시에 대규모로 적을 죽이는 베트남 전쟁에서부터, 점점 더 깊고 광범위하게 빠져듦으로써 벗어날 수 있으리라고 생각하는 터무니없는 정책, 앞으로 6개월 이내에 전쟁에서 '이길' 것이라는 멍청한 정보까지도 억지로 만들어내었던 국방부 보고서들, 세상에 있는 다리들보다도 더 많은 다리를 베트남에서 파괴하는 일, 헬리콥터에서 적의 시체를 세어서 보고하는 일—"좋아, 조, 15분 동안이나 여기 있었잖아, 돌아가서 150명의 시체가 있다고 보고해."—, 미라이 학살*로 우리의 젊은 세대를 짐승처럼 만들어 버리고 우리 자신이 만든 뉘른베

---

* 〔역주〕 미라이 학살은 1968년 3월 16일 베트남에서 미군들이 무장하지 않은 대부분 여자와 아이들로 이루어진 베트남 시민 수백 명을 학살한 사건을 가리킨다.

르크 재판의 원칙을 위반하는 일, 우리 병사들을 마약의 수렁 속으로 밀어 넣음으로써 우리 자신은 이제 갇혀 있는 힘이 터져 나오려 하는 상황에 직면해야만 하는 일 등에 이르기까지, 국방부의 정치적 오염은 끝이 없다. 이러한 국방부는 경제적인 낭비와 부패로 우리 조국을 경제적으로뿐만 아니라 도덕적으로 파산시키고 있으면서도, 록히드 항공사가 생산의 4분의 1을 (상원 세출위원회 위원장으로서 국방비 지출 결정 과정에서 강력한 영향력을 행사했던 인물이었던) 고 러셀Richard B. Russell, Jr. 상원의원의 조지아 주 작은 시골 마을로 가져가도록 허가하고, 또한 그다음에는 록히드 회사가 자신의 재정적 실패로부터 벗어날 수 있도록 해 주기 위해 록히드 회사의 수백 만 달러의 원조 요청을 연방 정부에 전달하였다. 더 나쁜 것은 하원 군사위원회 소속이었던 고 멘델 리버스Mendel Rivers 하원의원의 선거구의 상황이다. 이 선거구는 국방부의 돈을 받으려고 경쟁하는 기업들로부터 모든 종류의 군사시설과 관련하여 놀라울 정도로 리베이트를 받았다. 경직된 사고를 가진 부통령조차도 그 일은 자신의 생각에도 어느 정도 우습긴 하지만 자유를 사랑하는 모든 미국인에게는 믿을 수 없는 비극이라고 표현했다.

… 1,150명의 장군들, 의원들, 국방 관련 계약업자들이 워싱턴 시 힐튼 호텔 대회의실에서 박수갈채를 보낼 때, 애그뉴 부통령은 리버스 씨가 "종종 불신을 받는 소위 군산복합체를 자발적으로 지지하였다"고 칭찬했다.
… 애그뉴 씨는 자신은 "추악하고 악의적이고 비겁한 소문을 묻어 버리기"를 원한다고 말했다. 이 소문에 따르면, 리버스 씨가, 그의 사우스캐롤라이나 주 찰스턴 선거구는 군사 시설로 가득 차 놀라고 있는데도, "국방부를 조금씩 사우스캐롤라이나 주로 옮기려고 노력하고 있다"는 것이다. 부통령이 "찰스턴 시가 무거운 짐 때문에 바다로 가라앉을 것처럼 보이

는 때라고 하더라도"라고 말했을 때, 리버스 씨의 대답은 "내가 단지 하나의 하원의원 선거구만을 나의 조국에 가지고 있어서, 다시 말해 나의 조국에 줄 수 있어서, 참으로 유감스럽다"라는 것이었다.

—《뉴욕타임스》, 1970년 8월 13일

거의 1만 6,000톤에 달하는 독가스를 생산한 것은 바로 국방부였다. 그러니까 그들은 대량파괴무기를 대량 파괴하는 일을 제외하고는, 모호한 태도를 보일 이유가 없다. 어느 누구도 이런 질문을 제기하지 않았다. 누가 계약을 맺었는가? 대가가 무엇이었나? 리베이트가 어디로 갔는가? 지금 여기에서 중요한 질문은 독가스가 잘 관리되지 않으면서 우리 사이로 흘러들 위험성이 있을 때 어떻게 그것을 처분하는가 하는 것이다. 국방부는 독가스의 침하가 위험이 없지만, 지금부터 자신들이 안전한 방법을 찾아낼 것이라고 공표하고 있다. 개인의 행동에 대해 개인적 책임을 진다는 분명한 미국식 방식은 완전히 무시되고 있다. 그렇지 않다면 국방부가 그것을 만들었으므로 그것을 보관해야 하고, 국방부 청사의 지하 창고에 그것 모두를 저장해야 한다. 또는 대통령은 우리 전군의 최고지휘관으로서 독가스 67톤을 바다 속에 가라앉히는 것이 그토록 안전하다고 믿는다면, 왜 캘리포니아 주 샌클레멘트 시 닉슨 대통령이 1968년 대통령의 여름 별장을 샀음-옮긴이 앞바다 속으로 그것을 가라앉힘으로써 자신의 믿음을 증명해 보이지 않았는가? 이들 행동 중 어느 하나라도 일어났다면, 적어도 이는 조국의 미래를 위해 약간의 희망을 주었을 것이다.

공식적인 기록은 어떠한 일탈도 없이 온전한 상태를 향해 나아가고 있는 것으로 되어 있다. 군대는 주 방위군에 의해 저질러진 켄트 주 학살 사건*을 조사하는 대통령위원회의 청문회 마지막 날을 골라, M-16 소총이 그

가야할 길 275

때 주 방위군에게 지급되었을 것이라고 발표하였다. 대통령위원회의 보고서는 새해 첫날에 열리는 축구경기들 이후에나 발표되어야 한다고, 그것도 워싱턴 시에서 일시정지일Moratorium Day*이라는 이름 하에 역사상 가장 큰 행진이 있었던 오후에 TV 축구경기를 본 대통령에 의해 발표되어야 한다고 결정되었다. 우리의 장군들 및 그들의 '과학적인' 작은 악마들은 네바다 주의 핵실험으로부터 어떠한 방사능 위협도 없다고 보증한 지 12년이 조금 지난 지금에 이르러서는 250평방마일약 650km², 즉 가로세로 25.5km-옮긴이을 '유독한 방사능 물질인 플루토늄 239로 오염된 지역'이라고 출입금지를 시켰다 (《뉴욕타임스》, 1970년 8월 21일). 이것이 1958년의 실험폭발로부터 일어난 일이다! 1970년의 '안전한' 독가스 처리는 지금부터 12년이나 그보다 조금 짧은 세월이 지난 뒤에도 여전히 '안전할' 것인가? 단지 우리는 그들이 대서양에서 약 250마일을 어떻게 봉쇄할 것인지가 궁금할 뿐이다. 우리는 방금 말한 바로 그 '과학적인' 작은 악마들이 추가로 비축된 독가스 수만 톤을 처리할 책임을 맡게 될 것이라고 추정할 수 있다. 그중 대략 15,000

---

* 〔역주〕 켄트 주 학살 사건 또는 켄트 주 발사 사건은 1970년 5월 4일 오하이오 주 켄트 시에 있는 켄트 주립대학에서 오하이오 주 방위군이 대학생들을 향해 발사한 사건이다. 대학생들은 1970년 4월 25일 닉슨 대통령이 재가한 미군의 캄보디아 침공에 대해 항의하는 집회를 열었으며, 주 방위군의 발사로 학생 4명이 죽고, 9명이 부상을 당했다. 1970년 6월 13일 닉슨 대통령은 캠퍼스 소요 관련 대통령위원회를 구성했다.

‡ 〔역주〕 일시정지일(Moratorium Day), 또는 '베트남 전쟁 종식을 위한 일시정지'(Moratorium to End the War in Vietnam)는 미국의 베트남 전 참가를 반대하는 전국적 단위의 대규모 시위였다. 1969년 10월 15일 1차 시위가 있었으며, 이때 보스턴 시에 약 10만 명이 참가하였다. 2차 시위는 한 달 뒤인 1969년 11월 15일에 개최되었으며, 이때 워싱턴 시에 약 50만 명이 집결하였다.

톤은 오키나와 섬에 있는데, 어떤 다른 섬으로 옮겨질 것이다.

　이런 일을 현재 일상적으로 일어나고 있는 일들과 결합해 보자. 현재 우리는 캄보디아에 있다. 아니 현재 우리는 그곳으로부터 빠져나와 있다. 현재 우리는 그곳 안에 있지 않고, 우리의 폭격기들을 가지고 단지 그곳 위에 있을 뿐이다. 우리는 베트남에서처럼 캄보디아에서 연루되지는 않을 것이다. 하지만 우리는 캄보디아를 보호하지 않고는 베트남에서 빠져나올 수 없다. 우리는 지금 이 일을 하고 있지만, 실제로는 다른 일을 하고 있다. 이 모든 미친 짓을 이해할 수 있도록 해 주는 유일한 실마리는 백악관으로부터 나오는 논평이다. 절반 정도는 도움이 되는 논평은 이렇다. "우리가 말하는 것을 듣지 말고, 오직 우리가 하는 것만을 보시오." 이러한 성명이나 행동은 우리가 감당하기 힘들 정도의 혼란이나 정신을 잃을 정도의 불신에 빠져 옴짝달싹하지 못하도록 만들기에 충분하다. 바로 이 때문에 절반 정도는 도움이 된다. 지금은 "신들은 자신들이 파괴하려고 하는 사람들을 먼저 제정신이 아닌 상태로 만든다"(에우리피데스)는 오래된 격언이 우리의 머리를 맴도는 바로 그러한 시대이다.

　중산계급은 정신이 마비되고 당황하고 겁을 먹어 아무런 말도 하지 못하고 있다. 그들은 자신들이 할 수 있는 어떤 것이 있다고 하더라도 그것이 무엇인지 알지 못한다. 절망의 잿더미에 바람을 불어넣어 투쟁의 불길로 바꾸는 일, 바로 이것이 오늘날의 급진주의자들이 해야 할 일이다. 이렇게 말해야 한다. "당신은 우리 세대의 많은 이가 그랬던 것처럼 포기할 수 없다!", "당신은 피할 수 없다. 이 일을 생각해 보시오. 함께 이 일을 바꾸어 봅시다!", "우리를 보시오. 우리는 당신의 자녀들이요. 우리 서로를 포기하지 맙시다. 그러하지 않으면 우리 모두 파멸하고 말 것이오. 힘을 합치면 세상을 우리가 원하는 방향으로 바꿀 수 있소. 여기에서 그리고 바로 거기에서 시작합시다. 앞으로 나아갑시다!"

희망을 가져다주기에 앞서서, 모든 조직가는 언제 어디서나 모든 사람과 모든 계급과 함께 해야만 하는 일을 하기에 앞서서 해야 할 임무가 있다. 그것은 사람들이 이 일 또는 저 일, 또 다른 일들을 할 수 있는 힘을 가지고 있다고 깨달을 수 있도록 만들어 주는 수단 혹은 전술을 알려 주는 것이다. 대부분의 경우 오늘날의 중산계급은 가난한 사람들보다 더 큰 패배감과 혼란에 빠져 있다.

그러므로 당신은 소위 중산계급이 사는 도시 교외의 현장으로 돌아간다. 그곳에는 사친회로부터 여성유권자동맹, 소비자단체, 교회, 동호회에 이르기까지 다양한 조직이 존재한다. 이제 해야 할 일은 이 다양한 활동의 지도자들을 찾아 그곳에서의 주요 문제점들을 확인하고, 공통의 합의 지점을 발견하고 그리고 중산계급의 지루한 삶에 극적인 사건과 모험을 가져다 줄 수 있는 전술을 가지고 그들의 상상력을 자극하는 것이다.

전술은 중산계급의 경험 내부에서 그리고 거칠고 무례하고 투쟁적인 행동에 대한 그들의 반감을 수용하면서 출발해야만 한다. 그들이 편안하게 시작하도록 만들어라. 그들이 놀라서 달아나게 하지 마라. 상대편의 대응행동들이 중산계급에게 '교육'이나 급진화의 기회를 제공할 것이다. 상대편은 언제나 그 일을 한다. 이미 앞에서 설명했듯이, 여기에서도 전술은 계속되는 행동과 대응행동의 연속과정 속에서 발전해 나갈 것이다. 환경오염, 인플레이션, 베트남, 폭력, 인종, 세금 및 그 외의 다른 문제들과 관련하여 행동을 할 조직을 만들 기회는 바로 우리에게 달린 것이다. 주식 위임장과 같은 전술이나 그 외의 다른 전술들은 공격에 사용되기만을 기다리고 있다.

혁명은 미국 내 상황에 대한 기업들의 현실적 평가에 의해 기업의 영역에서 나타나야만 한다. 기업들은 '사적 영역'과 관련된 자신들의 터무니없는 생각을 잊어버려야 한다. 이는 단지 정부의 계약이나 보조금이 오래전부터 공적 영역과 사적 영역의 경계선을 희미하게 만들었다는 뜻이 아니다. 오히려 모든 미국의 개인이나 회사가 사적일 뿐만 아니라 공적이라는 뜻이다. 우리가 미국인이고 또한 우리나라의 복지에 관심을 가지고 있다는 점에서 우리는 공적이다. 우리는 이중의 책무를 가지고 있고, 기업들은 자기 자신들의 생존을 위해 이것을 인정하는 것이 낫다. 빈곤, 차별, 질병, 범죄, 이 모든 것은 이윤과 마찬가지로 기업의 중요한 관심사이다. 기업이 논란에 빠지지 않기 위해 홍보활동을 하고, 위험을 무릅쓰지 않으려고 하고, 민주당 혹은 공화당 소비자들, 광고주들이나 사업파트너들의 기분을 상하지 않게 하려는 시절은 이제 끝났다. 이윤을 더 많이 차지하려는 변함없는 돌진이 조금이나마 진보를 향한 노력으로 바뀔 수 있다면, 그때 우리는 전혀 새로운 국면을 열어젖히게 될 것이다. 이 새로운 정책(행동방침)은 그것을 실행하는 사람들에게 자신들이 하고 있는 일에 대한 이유, 곧 의미 있는 삶의 기회를 줄 것이라는 말을 나는 여기에서 하고 싶다.

   소비재의 품질 및 가격과 관련하여 중대한 싸움이, 소비자를 현혹시키고 또한 비용을 소비자에게 전가하는 대규모 광고 활동들을 특별 대상으로 삼는 싸움이 일어날 것이다. 이 싸움은 뉴욕 시 매디슨 가에 집결해 있는 광고업계에 대항한 일반 대중의 싸움, 곧 '허풍 떠는 언덕에서의 전투'가 될 것이다.

   어떠한 예정표도 단지 추측일 뿐이겠지만, 중산계급 조직의 예언은 1972년에 이미 벽에 쓰여 있다고 해도 좋을 것이다.*

---

* [역주] 이 부분은 알린스키가 다니엘서 5장 5절의 일부(In the same hour came forth fingers of

두 번째 혁명을 위한 인간의 외침은 인생의 의미와 목적—살아야 할 명분 그리고 필요하다면 목숨을 바칠 명분—을 향한 외침이다. "지금은 인간의 영혼을 시험하는 때이다"라는 토머스 페인Thomas Paine의 말‡은 미국 독립혁명의 도입부보다는 제2막에 더 어울린다.

위대한 미국의 꿈은 별에 도달했지만 줄무늬 사이에서 방향을 잃어버렸다.‡ 우리는 우리가 어디에서 왔는지 잊어버렸다. 우리는 우리가 어디에 있는지 알지 못한다. 그리고 우리는 우리가 어디로 가고 있는지 두려워하고 있다. 두려움에 휩싸여, 우리는 행복을 추구하는 영광스러운 모험을 포기하고는, 질서가 잡혀 있고 계층화되어 있고 판에 박힌 듯한 사회 속에서 환상에 불과한 안전을 추구하는 쪽으로 방향을 바꾼다. 군사력이 우리의 생활방식을 세상에 드러내는 형식이 되고 있다. 국내에서 우리는 형제가 갇혀 있는 감옥의 간수가 되어버림으로써 형제의 보호자가 되는 것을 비웃고 있다. 미국인들이 별을 더 이상 볼 수 없을 때, 그 시대는 비극의 시대이

---

a man's hand, and wrote over against the candlestick upon the plaister of the wall of the king's palace …: 갑자기 사람의 손가락 하나가 나타나서 등잔대 맞은 쪽 왕궁 벽에 붙어 있는 판에 글자를 썼다…. 이것으로부터 the writing on the wall이라는 표현이 나왔다. 영문은 King James Version을 이용하였다)를 가져와서 비유적으로 표현한 것으로 판단된다. 알린스키의 원문은 이렇다: "… the writing of middle-class organization had better be on the walls by 1972".

‡ 〔역주〕 "These are the times that try men's souls." 이 문장은 1776년 후반에 시작된 토머스 페인의 《미국의 위기》The American Crisis라는 연속 팸플릿의 서두이다.

‡ 〔역주〕 이 구절은 별과 줄무늬로 이루어진 미국의 국기(the Stars and Stripes)를 가리키고 있다. 13개의 가로줄은 독립 당시의 13개 주를, 50개의 별은 현재의 50개 주를 의미한다.

다. 우리는 반드시 믿어야만 한다. 지금은 아름다운 신세계가 밝아오기 전의 어둠이다. 우리가 그것을 믿을 때, 우리는 그것을 보게 될 것이다.

역자후기

　수년 전부터 참여연대에서 젊은 활동가들과 함께 일하면서 그들의 열정과 희생에 고마움과 함께 미안함을 느껴왔다. 이 번역서는 이러한 마음을 그들에게 전달하기 위한 노력의 하나이다. 이 책이 참여연대 활동가들뿐만 아니라, 사람이 살 만한 사회를 만들기 위해 애쓰고 계시는 여러 시민단체 활동가들, 자원활동을 하시는 시민들과 학생들에게 도움이 되기를 바란다.

　시민들 스스로가 삶의 방향을 결정할 수 있는 힘을 갖고 사회질서의 변화에 참여할 때, 많은 사회문제는 느리지만 올바른 방식으로 해결되어 갈 것이다. 알린스키는 평범한 시민들에 대한 믿음과 참여민주주의에 대한 희망을 가지고 시민운동을 해 나가라고 활동가들에게 말한다. 이 책에서 제시하는 "현실적 급진주의자를 위한 실천적 규칙"은 시민운동가들이 자신들이 살아가고 있는 현실에서 꿈을 이루기 위해 가져야 할 실천적 지혜들이다. 이 지혜들은 한편으로는 시민운동의 조직론이자 행동론이지만, 다른 한편으로는 시민운동 활동가들의 인생론이다.

　1970년대 후반 우리 주변에서는 책들이 때로는 몇 권씩 묶여서, 때로는 종이상자에 담겨서 이 집 저 집을 떠돌아다녔다. 어떤 때에는 주인을 알 수 없는 책들이 방 한 구석에 머물면서 우리의 지적 호기심을 자극하기도 했다. 그때 떠돌아다니던 책들이 지금 우리의 기억 속에 온전히 남아 있을 리 없다. 하지만, 그 연유를 알 수 없으나 삼십 년이 지난 뒤에도 검은 천으로 된 표지를 하고 특유의 책 냄새를 가지고 있던 책 한 권이 나의 곁을 떠나지 않고 남았다. 이제 이 책은 낡고 빛이 바랬지만, 여전히 알 수 없는 매력을 가지고 있다. 이 책의 힘을 독자들과 함께 나누어 가지고 싶다.

비록 작은 책이지만, 이 책이 번역되어 나오는 과정에서 많은 도움을 받았다. 먼저, 바쁘신 가운데도 훌륭한 추천사를 써 주시고 또한 알린스키에 대해 관심을 갖도록 해 주신 오재식 선생님께 감사드린다. 조효제 선생님은 이 책의 가치를 도서출판 아르케에 알려 주셨다. 오래 기다려 준 아르케출판사 여러분, 특히 번역문을 독자가 쉽게 읽을 수 있도록 애를 써 주신 박은아 씨께 감사드린다. 물론 잘못된 번역이나 이해하기 어려운 문장이 있다면, 이는 전적으로 번역자들의 책임이다.

질풍노도의 시기를 힘들게 보내면서도 책을 함께 번역한 딸 지우에게 그리고 게을러지지 않도록 사랑의 잔소리를 아끼지 않은 아내 김문화에게 사랑의 마음을 전하고 싶다. 박지우는 서문에서 4장(조직가의 교육)까지를 번역하였으며, 영어 실력이 부족한 공동 번역자가 책 전체에 걸쳐 부딪친 어려움을 해결해 주었다. 번역을 마치면서, 우리 자신이 균형점에 서 있기를 바라지 않고 오히려 우리가 어느 한 쪽에 서 있음으로 해서 우리 사회가 균형을 잡을 수 있기를 바라는 마음을 다시 한번 되새겨 본다.

번역자들을 대표하여
박순성

지은이

사울 D. 알린스키 (1909~1972)

1930년대 후반부터 시카고 시 빈민가에서 빈민대중운동을 시작했으며, 이후 미국 전역에서 빈민지역의 공동체 조직운동을 전개, 지역공동체 조직운동가들의 교육프로그램을 운영하였다. 그리고 1940년 시카고에서 산업사회재단(Industrial Areas Foundation)을 설립하고 공식 교육프로그램을 개설하였다. 1950년대 후반부터는 미국 민권운동의 핵심 지도자로서 활동하며 60년대 말부터 중산층 운동을 통한 미국 민주주의의 개혁을 시도하였다. 주요저서로는 『급진주의자를 위한 규칙』(1971), 『급진주의자여 일어나라』(Reveille for radicals, 1946, 2nd edition 1969), 『존 루이스』(John L. Lewis: An Unauthorized biography, 1949) 등이 있다.

옮긴이

박순성 | 동국대학교 사회과학대학 북한학과 부교수, 참여연대 운영위원장, 코리아연구원 연구기획위원
장프랑스 파리10대학 경제학 박사
저서 『아담 스미스와 자유주의』, 『북한 경제와 한반도 통일』, 『윤리학과 경제학』(공역) 등

박지우 | 서울대학교 공과대학 입학, 기계항공공학부 수학
현재 미국 스와스모어칼리지(Swarthmore College) 재학, 종교학, 경제학 전공

급진주의자를 위한 규칙 — 현실적 급진주의자를 위한 실천적 입문서

1판 1쇄 펴냄 2008년 2월 29일
1판 2쇄 펴냄 2016년 1월 15일

지은이 사울 D. 알린스키 | 옮긴이 박순성·박지우
펴낸이 이형진 | 펴낸곳 도서출판 아르케
출판등록 1999. 2. 25. 제 2-2759호
강원도 홍천군 내촌면 연계동길 97-12
대표전화 (02)336-4785~6 | 팩시밀리 (02)336-4786
E-Mail arche21@gmail.com | Homepage www.arche.co.kr

값 18,000원

ⓒ 아르케, 2016

ISBN 978-89-5803-145-1 03300